ANDRÉ LEBON

LA PACIFICATION DE MADAGASCAR

1896-1898

Avec des lettres inédites adressées par
Hippolyte Laroche, Paul Bourde et Galliéni
au Ministre des Colonies

LIBRAIRIE PLON - PARIS

LA PACIFICATION
DE MADAGASCAR

ANDRÉ LEBON

LA PACIFICATION DE MADAGASCAR

1896-1898

*Avec des lettres inédites adressées
par Hipp. Laroche, Paul Bourde et Galliéni
au Ministre des Colonies*

PARIS

LIBRAIRIE PLON

LES PETITS-FILS DE PLON ET NOURRIT

IMPRIMEURS-ÉDITEURS — 8, RUE GARANCIÈRE, 6e

Tous droits réservés

AVANT-PROPOS

MM. F. Charles-Roux et G. Grandidier ont récemment publié (1) diverses lettres adressées par Gallieni à des tiers durant les neuf années qu'il a gouverné Madagascar.

Ces lettres sont fort belles et révèlent les directrices essentielles du puissant esprit et du cœur ardent de ce grand homme. Mais elles constituent principalement ou des tableaux synthétiques de l'œuvre déjà accomplie ou des programmes d'avenir.

J'ai pensé qu'il serait intéressant de montrer l'application pour ainsi dire quotidienne des idées et des méthodes du plus éminent colonial de notre temps pendant la période difficile et souvent tragique de notre installation dans la grande île africaine. Je me détermine donc à faire connaître les correspondances personnelles que je recevais de lui en tant que ministre des Colonies, et qui venaient éclairer et en quelque sorte vivifier ses rapports officiels. Je les ai fait précéder de celles de même nature que m'envoyèrent les premiers administrateurs, MM. Hippolyte Laroche et Paul Bourde, auxquels la France avait tout d'abord confié la gestion de sa nouvelle possession.

Encore, pour bien comprendre la portée et les contrastes

(1) Société d'éditions géographiques, maritimes et coloniales, 1 vol., 1928.

de ces correspondances, convient-il de les situer dans le cadre des événements qui se sont déroulés de 1896 à 1898. A cet effet, plutôt que de les morceler et de les défigurer par des interruptions ou des annotations répétées, je reproduis en guise d'introduction, et seulement avec d'insignifiantes corrections de détail, le récit d'ensemble que j'ai fait, il y a bientôt trente ans, de cette phase vraiment passionnante de notre histoire coloniale (1).

Puisse cette série de documents initier l'opinion aux conditions fondamentales de l'action et lui prouver qu'il lui faut demander aux serviteurs du pays les qualités du caractère plus encore que celles de l'intelligence!

A. L.

Paris, octobre 1928.

(1) *La politique de la France en Afrique de 1896 à 1898*, Plon, 1900.

LA PACIFICATION

DE MADAGASCAR

(1896–1898)

LA PACIFICATION DE MADAGASCAR
(1896-1898)

Parmi les récentes entreprises coloniales de la France, il n'en est peut-être pas qui, dans un délai plus court, ait à la fois occasionné plus de difficultés et procuré de plus rapides succès que l'occupation de Madagascar ; il n'en est pas non plus dont l'histoire mette mieux en lumière et la vanité de l'esprit de système et le rôle capital des individualités en semblables matières. A ce titre seul, elle mérite de retenir l'attention du public, trop souvent porté à méconnaître la complexité de la tâche qu'il attend des serviteurs du pays et la valeur relative des idées et des hommes.

A d'autres points de vue encore, cette histoire n'est pas indifférente : l'infinie multiplicité des questions diplomatiques, militaires, administratives ou financières qui se posent simultanément lorsqu'une grande puissance européenne prend possession d'un aussi vaste territoire ; l'enchevêtrement parfois inextricable de ces questions, l'insuffisance des moyens dont on dispose pour les résoudre, l'impatience qu'une opinion trop souvent fébrile et impressionnable met à laisser s'accomplir, avec la lenteur et les précautions nécessaires, les évolutions utiles ; la variété et l'ingéniosité des expédients auxquels il faut avoir recours quand on doit se résigner à tourner les obstacles qu'on ne peut supprimer ; tout cela, et bien d'autres choses encore, comme la rareté des véritables chefs tant militaires que civils, l'adaptation de chacun d'eux à un milieu ou à un moment déterminé, la peine qu'il y a à les tenir disponibles dans l'instant précis où l'on en a besoin, tout cela est communément ignoré, quoique constituant les éléments essentiels de la politique coloniale.

Les pages qui suivent n'ont d'autre but, en retraçant la période critique de Madagascar, que d'initier le lecteur français à maint détail qu'il ne soupçonne pas et de lui montrer par quels moyens divers, et souvent détournés, a pu se réaliser l'œuvre de la réduction de la grande île africaine à notre domination. Les résultats seuls de cette œuvre sont aujourd'hui connus ; les moyens qui en ont procuré l'accomplissement ne sont pas indifférents. Mais il est impossible d'aborder un tel sujet sans considérer avec soin au préalable les événements qui ont succédé immédiatement à l'entrée du général Duchesne à Tananarive et la politique suivie par la France à l'égard des Hovas durant les premiers mois de 1896.

I

LA PÉRIODE DU PROTECTORAT

Les initiateurs de l'expédition de 1895 n'avaient eu, au début, d'autre pensée que de rendre effective et efficace la convention de protectorat consentie en 1885 par la reine Ranavalo à la France, à la suite d'un premier effort militaire de celle-ci. Cette convention avait été sans cesse méconnue depuis lors par le gouvernement hova. La France voulait seulement, comme on l'a dit, reconduire et réinstaller par la force à Tananarive le résident général et son escorte, que la rupture de 1894 avait contraint d'en rappeler. Les instructions premières données au général Duchesne ne comportaient pas autre chose que le renouvellement, avec les précisions indispensables pour éviter tout malentendu dans l'avenir, des arrangements de 1885. Ces instructions sortirent tout leur effet dans le traité du 1er octobre 1895, que le commandant en chef imposa à Ranavalo, aussitôt prise la capitale hova.

Avant même que cet acte eût été signé, des modifications étaient cependant survenues dans les plans du cabinet de Paris, sous la pression des circonstances et d'une émotion assez vive de l'opinion. La résistance des Malgaches avait été beaucoup plus prolongée qu'on ne l'avait d'abord supposé. Les sacrifices d'hommes et d'argent que la France dut faire en conséquence, les craintes même que l'on conçut durant quelques semaines sur le succès définitif de l'expédition, avaient peu à peu développé une nouvelle idée dans le public et jusque dans le gouvernement même : puisque aussi bien l'on avait tant fait, autant valait profiter de l'événement pour rendre plus étroite la dépendance de Madagascar à l'égard de la France, et pour enlever du premier projet de traité diverses dispositions qui laissaient aux Hovas trop de facilités pour se considérer comme les égaux de leurs vainqueurs. De plus, il faut bien le reconnaître, la formule du protectorat, malgré les bienfaisants résultats que son application a produits en Tunisie, ne jouissait pas parmi nos publicistes d'une faveur excessive : elle n'est point assez simple pour les exigences logiques et quelque peu impérieuses de notre esprit national ; elle implique le maintien des conventions diplomatiques conclues par l'État protégé avec des tierces puissances avant l'établissement du protectorat, et l'on pouvait invoquer l'exemple de la Tunisie elle-même pour montrer que les privilèges des étrangers en matière de juridiction, de concessions ou de commerce survivent à cet établissement (1). A quoi bon, disait-on, avoir dépensé près d'une centaine de millions et vu périr, de maladies il est vrai plus que de faits de guerre, plusieurs milliers de nos soldats, si demain notre domination doit être aussi précaire qu'hier, notre commerce aussi peu protégé contre la concurrence étrangère, nos nationaux établis dans l'île aussi exposés aux intrigues de leurs rivaux européens? Il n'y a point de proportion entre l'effort accompli et le but atteint, si l'on s'en tient aux instructions originelles du général Duchesne, d'autant que, lui et ses troupes partis de Madagascar, rien ne dit que les Malgaches seront plus scrupuleux que devant à tenir leurs engagements ; tout fait croire, au contraire, qu'il faudra périodiquement avec eux recommencer un nouvel effort.

De là, dès le 18 septembre 1895, des ordres complémentaires, envoyés par la voie rapide au général Duchesne : on lui commandait d'alléger la convention dont il était porteur, notamment en supprimant les articles où le gouvernement de la République s'engageait à prêter son appui à la « reine de Madagascar » et à lui faciliter la conversion de l'emprunt contracté par elle en 1886 auprès du Comptoir d'escompte. Mais la « voie rapide » est souvent, aux colonies, fort lente : ces instructions, qui durent être expédiées par estafette de Majunga, point d'atterris-

(1) On sait que c'est en 1897 seulement, quinze ans après la conquête, et à la suite de très laborieuses négociations, que les divers traités de ce genre conclus par la Tunisie avec les grandes puissances européennes ont pu être revisés et permettre d'accorder un régime de faveur au commerce français. Encore a-t-il fallu faire à ces puissances quelques concessions transitoires pour leur arracher cette solution.

sement du câble, à Tananarive, n'atteignirent pas le général Duchesne en temps utile. Le commandant en chef, lorsqu'il les reçut, venait de signer le traité du 1er octobre ; il jugea, non sans raison, qu'il serait peu convenable de solliciter, à si bref intervalle, la modification de ce traité et que les changements réclamés par son gouvernement ne compenseraient pas l'inconvénient qu'il y aurait à se donner les apparences de telles incertitudes de conduite. Les traités, au surplus, valent bien moins par eux-mêmes que par le parti qu'en sait tirer une politique avisée et tenace.

Le mouvement d'opinion contre la formule du protectorat persistait cependant dans la métropole. Le cabinet Ribot, auteur des instructions de septembre, fut renversé sur ces entrefaites. Le ministère Léon Bourgeois, qui lui succéda au début de novembre, crut devoir faire un pas de plus dans le sens des adversaires du traité du 1er octobre. Sa prétention était qu'au regard des tiers, et principalement de l'Angleterre et des États-Unis, l'occupation de Madagascar par la France produisît les mêmes effets qu'une annexion formelle, tandis que, pour l'administration intérieure de l'île, les rapports des vainqueurs et des vaincus resteraient réglés selon les principes du protectorat. Il résulta des déclarations faites le 27 novembre au Palais-Bourbon par M. Berthelot, ministre des Affaires étrangères, que la France avait « pris possession » de Madagascar et qu'elle le signifiait aux puissances. D'autre part, lorsque M. Laroche, nommé résident général à Tananarive, rejoignit son poste, il eut pour mandat de substituer à la convention bilatérale du 1er octobre un acte unilatéral, que signerait seule la reine de Madagascar et qui constituait une sorte de capitulation de celle-ci : le mot de protectorat, que les tiers eussent pu opposer à la France comme laissant subsister les traités antérieurs à la conquête, disparaissait entièrement du texte ; mais les stipu-

lations expresses de l'acte unilatéral ne comportaient **pas**
autre chose que l'acceptation par la reine de la tutelle généralement impliquée par ce mot, sans que la France émît
la prétention d'administrer directement la grande île (1).

Encore prenait-on de minutieuses précautions pour que
cette tutelle n'apparût pas comme trop lourde : « Vous
ferez valoir, recommandait-on à M. Laroche, que la reine
conserve intacts ses honneurs, ses privilèges et ses revenus. Vous insisterez sur le soin que nous prendrons de
l'entourer des plus grands égards. Loin d'affaiblir les liens
qui lui rattachent ses sujets, notre contrôle, par l'esprit
dans lequel il sera exercé, contribuera à les fortifier, en

(1) Les instructions données par M. Berthelot à M. Laroche
sont du 11 décembre ; on aura l'occasion d'y revenir par la suite.
Le texte complet s'en trouve aux annexes, pièce A.

M. Laroche fit signer l'acte unilatéral par la reine Ranavalo dès
son arrivée à Tananarive, c'est-à-dire le 18 janvier 1896. En voici
les dispositions :

« S. M. la reine de Madagascar, après avoir pris connaissance de
la déclaration de prise de possession de l'île de Madagascar par le
gouvernement de la République française, déclare accepter les
conditions ci-après :

« ARTICLE PREMIER. Le gouvernement de la République française
sera représenté auprès de la reine de Madagascar par un résident
général. — ART. 2. Le gouvernement de la République française
représentera Madagascar dans toutes ses relations extérieures. Le
résident général sera chargé des rapports avec les agents des puissances étrangères ; les questions intéressant les étrangers à Madagascar seront traitées par son entremise. Les agents diplomatiques
et consulaires de la France en pays étrangers seront chargés de la
protection des sujets et des intérêts malgaches. — ART. 3. Le gouvernement de la République française se réserve de maintenir à
Madagascar les forces militaires nécessaires à l'exercice de son autorité. — ART. 4. Le résident général contrôlera l'administration
intérieure de l'île. S. M. la reine de Madagascar s'engage à procéder
aux réformes que le gouvernement français jugera utiles au développement économique de l'île et au progrès de la civilisation. —
ART. 5. Le gouvernement de S. M. la reine de Madagascar s'interdit
de contracter aucun emprunt sans l'autorisation du gouvernement
de la République française. »

améliorant le fonctionnement de l'administration locale,
et par suite la condition des populations. » Puis, comme
si la pensée dirigeante n'eût pas été assez clairement
exprimée, on y revenait plus loin : « Je crois devoir, en
terminant, attirer votre attention sur l'intérêt qui s'attache
à éviter avec soin tout acte de nature à affaiblir sans nécessité l'autorité de la reine aux yeux des populations qui lui
sont soumises. Le concours du gouvernement malgache est,
en effet, indispensable pour accomplir l'œuvre que nous
allons entreprendre... Vous devrez veiller à ce que nos
compatriotes, ou les colons appartenant à d'autres nationalités, s'abstiennent de toute provocation à l'égard des
gens de la reine ainsi que de tout abus, de toute vexation
à l'égard des populations. »

On peut dire que ces lignes constituent le testament
politique du ministère des Affaires étrangères en ce qui
concerne l'administration intérieure de Madagascar. Le
jour même, en effet, où elles furent écrites par M. Berthelot, un décret rattachait service et crédits au département des Colonies, et ce fut le titulaire de ce dernier
portefeuille, M. Guieysse, qui édicta les dispositions régle-
mentaires destinées à assurer le fonctionnement du nouveau régime. Le Pavillon de Flore reçut du Quai d'Orsay
l'enfant qu'on lui offrait tel qu'il était présenté et paré :
une série de décrets (1) organisa la résidence générale, le
secrétariat général, les résidences des provinces, la justice, la fusion de nos anciens établissements de Diégo-
Suarez, Nossi-Bé et Sainte-Marie de Madagascar dans le
système d'ensemble, etc.

Presque tout, dans ces décrets, était inspiré par les précédents et les exemples de la régence de Tunis. Sur deux
points, l'organisation fut particulièrement fâcheuse. Le

(1) 11, 28, 29 décembre 1895, 7 et 28 janvier 1896.

décret du 28 décembre sur la justice promulgua en bloc à Madagascar l'ensemble des lois françaises pour toutes les affaires civiles, commerciales ou répressives « autres que celles dans lesquelles il n'y a que des indigènes en cause », ce qui exigea du premier coup l'envoi d'un nombre de magistrats professionnels extraordinaire, absolument inusité du moins dans les colonies de récente formation. Puis, chose infiniment plus grave, le décret du 11 décembre sur les attributions du résident général, reniant les leçons les plus évidentes de l'expérience coloniale, établit une scission à peu près complète entre le pouvoir civil et le pouvoir militaire, au risque d'instituer entre eux, ce qui ne manqua pas d'arriver, un conflit permanent : le résident général n'avait point autorité sur le commandant des troupes ; s'il se trouvait dans la nécessité de recourir à l'action militaire, il devait « se concerter » avec lui et, à défaut de concert comme de possibilité d'en référer à l'administration centrale, procéder par voie de réquisition ; le commandant des troupes correspondait, d'ailleurs, directement avec les ministres militaires de la métropole, même pour les matières qui n'étaient point exclusivement techniques. En un mot, on ouvrait la porte aux rivalités de corps et à l'anarchie, dans un moment où la plus complète unité de vues et de direction était particulièrement nécessaire. Il eût pourtant suffi d'un coup d'œil jeté sur l'histoire de l'Indo-Chine pour s'épargner une si fâcheuse erreur (1).

(1) L'ordre n'a été rétabli entre les divers services de l'Indo-Chine que lorsque le décret du 27 janvier 1886 eut stipulé que le résident général « a sous ses ordres le commandant des troupes de terre et de mer », et que celui-ci peut correspondre directement avec les ministres militaires « pour les questions techniques, dans les limites autorisées par le ministre des Affaires étrangères ». On sait qu'en Algérie, à la suite des troubles de 1898-1899, il a fallu prendre des mesures analogues.

II

LES PREMIERS TROUBLES

Tandis que ces dispositions organiques, plus théoriques que pratiques, s'élaboraient à Paris, la situation évoluait à Madagascar et révélait peu à peu les difficultés auxquelles un prochain avenir allait nous condamner à faire face. Aussitôt en possession du traité du 1er octobre, le général Duchesne avait pris ses dispositions pour rapatrier le plus rapidement possible la majeure partie du corps expéditionnaire, comptant seulement laisser, après son propre départ, deux mille cinq cents hommes à Tananarive, cinq cents à Fianarantsoa, deux compagnies à Tamatave, autant à Majunga. Le général Metzinger commença ce mouvement d'évacuation dès le 22 octobre, repliant toutes les troupes d'étapes entre la capitale hova et Majunga. En même temps, pour éviter un retour offensif des Hovas après la diminution de nos effectifs, on procédait à leur désarmement méthodique : on ne se borna pas à retirer fusils et munitions des mains des anciens soldats réguliers du gouvernement malgache, mais on poussa le zèle, sur de nombreux points du territoire, jusqu'à enlever les sagaies détenues par les populations villageoises des frontières de l'Émyrne.

Les premiers résultats de ces opérations parurent assez satisfaisants pour que le général Duchesne pût écrire à Paris le 22 octobre (1) : « Notre situation s'améliore tous

(1) Arrivé le 6 décembre 1895.

les jours et le gouvernement hova se montre très empressé
à nous satisfaire. C'est pourquoi j'insiste d'une manière
toute particulière sur la nomination immédiate d'un résident général. Il faut, en effet, je crois, profiter de la bonne
volonté et de la docilité que la reine et les ministres nous
témoignent en ce moment, pour mettre en train et régler
même définitivement certaines questions urgentes, que je
crains d'engager dans une voie qui ne serait pas conforme
à celle que le futur résident général se proposerait de
suivre. » De son côté, M. Ranchot, que le ministre des
Affaires étrangères avait placé comme conseiller aux côtés
du commandant en chef, qui connaissait bien Madagascar
pour y avoir longtemps séjourné, et qui avait signalé
l'inconvénient de désarmer trop complètement les villages
frontières, écrivait cependant le 31 du même mois : « On
peut considérer comme un fait définitivement acquis
aujourd'hui que la prise de Tananarive a coupé court aux
hostilités. Nulle part, aucune menace sérieuse de rébellion,
de résistance aux instructions du gouvernement local ou
au nouvel ordre de choses établi. Si des actes de brigandage provoquent des troubles sur certains points de l'île,
les moyens de police dont disposent les indigènes doivent
suffire à les réprimer sans que nous ayons besoin de faire
intervenir nos troupes. Les sacrifices exigés par l'expédition de Madagascar auront été considérables, nos pertes
sensibles, mais il est juste aussi de constater que jamais
expédition coloniale n'aura pris fin avec autant de rapidité et de netteté. »

Cet optimisme se trouvait encouragé par un incident
de palais, où la reine Ranavalo avait sans doute commencé
par résister, sauf à céder ensuite, aux incitations du
général Duchesne, mais où l'on attribuait ses résistances
à des motifs exclusivement féminins, n'ayant rien de
commun avec la politique. L'ancien premier ministre,

Rainilaiarivony, dont nous avions eu tant à nous plaindre, avait été incarcéré dès l'entrée des troupes françaises à Tananarive (1). Il y avait lieu de lui choisir un successeur, et voici le récit pittoresque, quoique officiel, que fit le commandant en chef des péripéties de ce choix (2) :

« Le nouveau premier ministre, Rainitsimbasafy, est bien accepté de la population. Par contre, j'ai eu assez de peine à décider la reine. Vous savez qu'ordinairement, à Madagascar, le premier ministre est l'époux de la souveraine, bien que la loi malgache ne prescrive rien d'obligatoire à ce sujet. Or, M. Rainitsimbasafy est un homme déjà âgé, obèse et n'ayant rien de séduisant au point de vue physique. Aussi Sa Majesté faisait-elle la grimace et a-t-elle posé à différentes reprises la question de savoir si elle serait obligée d'avoir avec lui des rapports personnels. J'ai dû lui donner l'assurance qu'il n'en serait rien, et elle a consenti, enfin, après de longs pourparlers, à accepter notre candidat ; mais il m'a fallu, en sa présence, spécifier à M. Rainitsimbasafy qu'il n'habiterait pas avec la reine et qu'il ne devait pas se considérer comme un mari ayant des droits sur elle, ce que l'interprète a traduit en lui disant qu'il serait seulement son premier ministre « fotsy », c'est-à-dire un premier ministre « à blanc ». Devant ces assurances, la reine a donné son consentement après une conférence qui a duré trois heures... Je lui ai proposé d'attribuer le ministère de l'Intérieur à M. Rainandriamanpandry, gouverneur actuel de Tamatave, en remplacement du premier ministre actuel. Sa Majesté a agréé mon candidat, qui m'a paru accepter très franchement la situation actuelle (3). »

(1) M. Laroche l'envoya spontanément en Algérie dans le courant de février 1896. Il y mourut le 17 juillet suivant.
(2) Même rapport du 22 octobre.
(3) Ce personnage avait dirigé la résistance de Tamatave durant

Évidemment, si la reine se montrait d'aussi bonne composition, et dans des circonstances où ses premières répugnances étaient si excusables, il n'y avait aucune raison de concevoir des soupçons ou des craintes. On n'en conçut, en effet, ni à Tananarive, ni à Paris, et lorsque M. Bourde, nommé secrétaire général à Madagascar, quitta la France en janvier 1896, on lui remit, non pas des instructions à proprement parler, puisque le document n'était pas signé du ministre, mais une sorte de mémorandum détaillé, résultat de nombreux entretiens qu'il avait eus avec le chef du département des colonies, et où les vues générales formulées par M. Berthelot un mois auparavant étaient seulement amplifiées et précisées.

Ce document, très considérable à tous égards (1), avait trait à une multitude de questions qui seront examinées par la suite. Quant au point spécial des rapports à entretenir avec les Hovas, quelques passages en sont particulièrement significatifs. « Ce n'est que plus tard, y lisait-on, lorsque l'amélioration des finances et la création des milices et des forces indigènes pouvant assurer la sécurité du pays, concurremment avec les troupes fournies par la métropole, vous auront procuré les moyens indispensables, que vous pourrez songer à entreprendre d'étendre à toute l'île, de proche en proche, notre domination effective. Le gouvernement de la République estime, du reste, que cette extension doit s'opérer par des procédés plus politiques que militaires et qu'il y aura lieu d'user de persuasion et de pression morale plus que de violence... Vous n'admettrez qu'un budget pour toute l'île et qu'un pouvoir législatif pour les indigènes, celui de la reine de Tananarive, à laquelle le gouvernement de la République a conservé

la guerre, mais n'avait fait aucune difficulté pour se soumettre lorsqu'il sut la conclusion de la paix.

(1) Voir aux annexes, pièce B.

son titre de reine de Madagascar. Mais, pour éviter de créer une prépondérance exclusive aux Hovas, vous recruterez autant que possible les fonctionnaires indigènes des provinces parmi les familles influentes du pays ; vous ferez... une part aussi large que possible aux races autres que la race hova, afin de contre-balancer l'influence de celle-ci et d'être toujours en état de les opposer les unes aux autres à un moment donné... Toutes les fois que vous ..... à créer des institutions appelées à gérer des intérêts qui seront communs aux colons et aux indigènes, vous vous préoccuperez d'y assurer une représentation à chacune des races, de manière que l'une ne puisse pas être opprimée par l'autre... Vous exercerez l'action de la France surtout par voie d'avis et de contrôle ; vous ne commanderez que quand vos conseils seront méconnus... Afin de marquer sa situation vis-à-vis du gouvernement français, vous inviterez la reine à se servir, à l'avenir, de la formule de promulgation suivante : « Moi, Ranavalo, par la grâce de Dieu « et la volonté de la République française, reine de Mada- « gascar... » Vous maintiendrez à l'administration indigène le droit de régir à son gré les associations et les réunions. Afin d'être armé contre la propagande étrangère, vous soumettrez la presse à l'obligation de l'autorisation préalable pouvant toujours être retirée... »

A les bien prendre, il y avait dans ces recommandations quelques arrière-pensées et certaines contradictions : le souci, très légitime d'ailleurs, de se réserver la possibilité d'opposer quelque jour les unes aux autres les diverses races autochtones, ne témoigne pas d'une confiance aveugle dans le zèle des Hovas pour notre cause ; le soin avec lequel on marquait que « la grâce de Dieu » n'avait pas suffi à maintenir la reine sur son trône, mais qu'il y avait fallu aussi « la volonté », plus précaire sans doute, de la République, affirme notre prépondérance. Quoi qu'il en soit de ces nuances, la pensée dominante est claire : c'est, pour les usages intérieurs de l'île, le protectorat, le gouvernement indirect par l'entremise de la reine Ranavalo, sans faiblesse assurément, mais surtout sans violences (1).

Or, dans le temps même où M. Bourde naviguait vers Madagascar, des nouvelles parvenaient à Paris qui contrastaient singulièrement avec l'optimisme des premiers rapports. Le 22 novembre, en effet, dans une localité située à 40 kilomètres à l'ouest de Tananarive, une bande de « brigands » — ainsi les qualifiait la dépêche officielle — avait détruit les édifices religieux des protestants ainsi que ceux des catholiques et assassiné le missionnaire anglais, M. Johnson, avec sa femme et son enfant. Que l'idée du vol eût présidé à cette opération, cela ne semblait pas douteux. Mais, une fois l'entreprise engagée, des habitants de la région s'étaient joints aux « brigands », et, en relatant ces faits, le représentant du ministère des Affaires étrangères à Tananarive ne dissimulait pas (2) que « les

(1) L'on trouve cependant, dès cette époque, des traces des embarras de diverse nature que pouvait entraîner l'application stricte de la formule du protectorat. A propos du personnel « Réservez à nos nationaux accès fonctions publiques (télégramme du 25 décembre)... Vous prie suspendre toute nomination personnel jusqu'à ce que conditions accessoires fonctions aient été concertées avec département (télégramme du 7 janvier). » Pour le commerce : « Gouvernement a décidé qu'en principe les produits français seront exempts des droits de douane à l'entrée de Madagascar ; ils ne pourront être assujettis qu'à un ´ ble droit de statistique. Toutefois, cette décision ne pourra ı cevoir exécution qu'après conversion, emprunt malgache étant actuellement garanti par droits de douane sur ensemble marchandises importées. Cette conversion sera très prochainement effectuée (télégramme du 5 janvier). » En réalité, il y avait, comme on le verra, d'autres motifs plus sérieux pour ajourner la mesure. Mais l'on peut constater à cette date qu'il n'avait pas suffi d'une formule, si ingénieuse fût-elle, pour déblayer la route.

(2) Rapport du 20 novembre, transmis aux colonies le 28 janvier.

excitations dirigées contre nous durant la guerre par la presse anglo-malgache paraissaient avoir eu pour résultat de faire attribuer par la population à tous les étrangers indistinctement les noirs desseins qu'on nous prêtait. »

Des informations de police avaient fait connaître à l'avance que quelque chose d'insolite se préparait. Le premier ministre hova avait envoyé des délégués chargés de rétablir l'ordre, de se livrer à des enquêtes et de faire arrêter les individus compromis, « cette façon de procéder, qui laissait aux autorités locales le soin d'assurer la police du pays, correspondant au régime du protectorat. » Mais les délégués avaient trouvé les autorités locales sans moyens pour disperser les bandes en formation, puisque aussi bien la plupart de leurs armes leur avaient été retirées par mesure de précaution. Un détachement indigène, formé tout exprès pour la circonstance, fut surpris et mis en pièces par les « brigands ». Ceux-ci disaient ouvertement « que, le gouvernement (hova) et la reine étant aux mains d'étrangers qui ne poursuivaient d'autre but que l'asservissement de la population, il fallait, à tout prix, empêcher une pareille situation de s'établir et pour cela massacrer tous les étrangers ». Le 24, une colonne, envoyée par le général en chef, se heurta à trois mille « rebelles », leur tua pas mal de monde, mais fut étonnée de leur « audace incroyable ». Le 26, la colonne revint sur ses pas, après avoir brûlé quelques villages « dont les habitants avaient fait cause commune avec les révoltés ». « La rapidité et la vigueur de la répression, disait M. Ranchot, semblent avoir eu pour effet de décourager le zèle des rebelles ». Quant aux causes profondes de ce mouvement inopiné, on restait dans le doute : « Certains l'attribuent à l'hostilité du gouvernement, qui serait complice des révoltés. Je ne puis partager cette opinion, qu'aucun fait précis ne vient appuyer... Avec plus d'apparence de raison, on pourrait supposer que la rébellion est due aux agissements de la famille de l'ex-premier ministre... » Mais M. Ranchot voyait surtout l'origine de ces faits dans les excitations de la presse anglo-malgache qui avaient représenté les troupes françaises comme venues pour le pillage, le viol, l'établissement du service militaire, l'aggravation de la corvée et des impôts, etc. « En quelques mois, ajoutait-il en terminant, une région qui a été évangélisée d'une façon ininterrompue depuis trente-cinq ans, et qui était couverte de temples, d'églises et d'écoles, est revenue au culte des idoles. A la première occasion favorable, les excès que nous avons à regretter se sont produits. Et, dans ces circonstances, les premières victimes ont été ces mêmes Anglais qui ont propagé ou laissé propager les excitations dirigées spécialement contre nous. »

Il n'était pas inutile de relater en détail ce premier accident de la pacification : dans tous ceux de même genre qui se reproduisirent durant les mois suivants, se retrouvèrent les mêmes symptômes, la même impuissance dans les moyens de répression employés, et aussi les mêmes mobiles. Néanmoins, comme la répétition tarda à venir, on n'y attacha que très peu d'importance tant à Tananarive qu'à Paris. Le général Duchesne n'en quitta pas moins Madagascar à l'heure dite, laissant au général de brigade Voyron le commandement du reliquat de l'ancien corps d'expédition. A Paris, non seulement on ne modifia rien ni à l'organisation créée, ni aux instructions données, mais, comme si l'on craignait que la résidence générale se laissât trop impressionner par le contact immédiat des événements, on lui recommanda surtout, le 3 mars, d' « éviter les exécutions trop nombreuses ». M. Laroche n'avait d'ailleurs aucune tendance à se laisser aller à de pareils méfaits : outre que tout d'abord il n'attribua aucun « caractère politique » aux actes de « brigandage »

qui lui étaient signalés, et qu'il proclamait volontiers que
« l'autorité française était entourée ç prestige et respectée
partout » (1), il était plutôt enclin à juger que tel officier,
le capitaine F..., déployait une cruauté inutile à faire
mettre à mort, après capitulation, des prisonniers sans
défense, tandis que tel autre, le commandant G..., usait
de procédés peu recommandables pour « inspirer la terreur de nos armes » (2).

Ainsi se révélait dès le début, par des dénonciations
mutuelles qui n'en étaient malheureusement qu'à leur
début, la divergence de vues dont la division des pouvoirs civil et militaire était la cause première et que le
caractère respectif des divers agents qui représentaient
la France à Madagascar ne fit qu'aggraver par la suite.
« Fausse con^ ion des moyens convenant à la répression »,
disaient les civils en parlant des militaires. « Coupable
tolérance à l'égard des intrigues du palais », ripostaient
ceux-ci en visant les premiers. Et la polémique continua,
dans la presse tout autant que dans les rapports officiels,
jusqu'au moment où elle se compliqua de dissensions
survenues entre civils d'une part, entre militaires de
l'autre.

Dans l'intervalle, cependant, les faits de rébellion se
multipliaient. Le 2 février, la résidence générale rapporte
que l'est commence à se remuer dans la région côtière,
mais que le mouvement paraît dirigé contre les Hovas
et respecte les blancs. Le 11, il y a des menées factieuses
au nord de l'Émyrne et à l'ouest, à 60 kilomètres de la
capitale. Le 12 mars, le brigandage s'étend au nord, et
surtout aux environs d'Ambatondrazaka. Le 22, l'insurrection éclate à Ambayomamby, assez près de la capitale,

(1) 1er et 16 mars 1896.
(2) 2 février 1896.

sous la direction de gouverneurs hovas. Le 25, celle du nord prend un caractère nettement antieuropéen et antichrétien. Le 30, trois Français sont assassinés dans la direction sud-est de Tananarive, à Manarintsoa. Le 13 avril, le « fahavalisme » — toujours le brigandage — existe à peu près partout dans l'Émyrne, à l'état sporadique tout au moins, et l'approche de la saison sèche, époque normale, des déprédations commises par les voleurs de bestiaux et de récoltes, fait croire qu'il va s'étendre.

Contre les progrès de cette envahissante gangrène, que fait l'autorité militaire? Préoccupée par-dessus tout de ne pas éparpiller les maigres effectifs dont elle dispose, elle organise des « colonnes », elle expédie successivement des détachements importants à l'est, au nord, au sud ; ces détachements répriment aisément les délits commis, mais ne réussissent pas à en prévenir le retour : après avoir rasé quelques centres d'habitation, fusillé quelques coupables, ils rentrent à Tananarive sans seulement avoir pu rejoindre les bandes hostiles. L'autorité civile a une vision plus juste des nécessités de la situation : elle croit qu'avec un réseau serré de petits postes, où seraient placés des miliciens indigènes avec des cadres français, on parviendrait à prévenir, on n'aurait plus à réprimer, parce qu'on empêcherait ainsi la formation des bandes, ou qu'en faisant le vide autour d'elles on les affamerait. Mais, pour constituer solidement de pareilles milices, il faut des sous-officiers ; l'armée ne peut en prêter qu'un nombre dérisoire, une quinzaine, sous peine d'affaiblir outre mesure les troupes régulières ; on devra donc attendre — et l'on attendit, en effet, plusieurs semaines — qu'on en envoie de France, avec l'autorisation de disposer d'armes inutilisées par les corps réguliers, et qui sont emmagasinées à Tananarive et à Majunga.

On était donc loin, au printemps de 1896, des espérances

conçues à l'automne de l'année précédente. Certes, rien d'irrémédiable n'était accompli, et l'expérience a prouvé que le remède était relativement aisé à découvrir et à appliquer. Mais enfin, après sept mois écoulés depuis l'entrée des troupes françaises à Tananarive, l'œuvre primordiale de la pacification paraissait compromise. Au point de vue international, l'on était tout aussi peu avancé : la formule de la « prise de possession » n'avait pas mis fin aux difficultés diplomatiques ; celle qui fondait le gouvernement de la reine « sur la volonté de la République » n'avait ni empêché ni arrêté le développement de la rébellion. Pour terminer, au regard des tiers, la question toujours pendante des juridictions consulaires et du régime douanier, il convenait de prendre une position à la fois plus connue des chancelleries et plus définie. Pour vaincre l'insurrection, il fallait trouver une méthode et un homme. C'est à quoi s'appliqua le cabinet Méline dès sa constitution (29 avril 1896).

III

LA LOI D'ANNEXION

« En vue de lever certaines difficultés diplomatiques, le gouvernement juge nécessaire de proposer au Parlement de déclarer Madagascar colonie française. Cette décision ne modifie pas le statut personnel des indigènes et ne change pas l'organisation intérieure de l'île. La reine est maintenue dans ses honneurs et avantages. La méthode administrative reste la même. Seulement, nous restons les seuls juges de toutes les mesures à prendre à l'avenir, dans la plénitude de nos droits. »

Ainsi s'exprimait, à la fin de mai, le nouveau ministre des Colonies dans un télégramme au résident général. Les difficultés d'ordre diplomatique auxquelles il faisait allusion étaient grandes. Deux puissances, l'Angleterre et les États-Unis, avaient, avant l'ex,édition de 1895, des traités réguliers avec Madagascar, l'Allemagne et l'Italie ne possédant que le régime de la nation la plus favorisée. Or, en accusant réception de l'acte qui lui faisait connaître la « prise de possession » de Madagascar par la France, et en répondant à des notes plus explicites où le cabinet de Paris avait signifié qu'il entendait notamment réserver un traitement de faveur aux produits français à leur entrée dans l'île, le Foreign Office avait riposté qu'il ne connaissait pas le sens de la « prise de possession » : à ses yeux, l'annexion n'ayant pas été prononcée, les effets de son traité avec le gouvernement malgache subsistaient tout entiers. De son côté, dans une dépêche très nette, le cabinet de Washington avait réclamé des déclarations catégoriques de la part de la France.

De là des embarras extrêmes pour l'action française à Madagascar. En avril, M. Guieysse avait dû rappeler à l'ordre un résident trop zélé qui, de son initiative privée, avait avisé les sujets étrangers, comme une conséquence évidente du nouveau régime, qu'ils étaient désormais justiciables de nos tribunaux ; le ministre avait recommandé alors à M. Laroche de n'engager « aucune opération pouvant susciter les réclamations des autorités anglaises, avant d'en avoir référé à Paris » ; en même temps, il avait invité son agent à faire de son mieux pour que le consul américain à Tamatave envoyât à ses chefs un rapport convenable, tant sur la question des juridictions que sur celle du futur régime douanier. En mai encore, faute de solution satisfaisante intervenue dans les négociations en cours, le pavillon de Flore était obligé d'empêcher le procureur général de Madagascar de poursuivre aucun Anglais devant les tribunaux correctionnels.

Les conversations de chancellerie n'aboutissant pas, force était de sortir de peine par un coup d'autorité. Le 30 mai, le cabinet Méline déposa à la Chambre un projet de loi déclarant colonie française « Madagascar avec les îles qui en dépendent », dans le dessein, très nettement indiqué par l'exposé des motifs, d'affranchir la diplomatie française de toutes les arguties que lui imposaient ses rivales et « d'assurer à nos nationaux et à nos produits une situation privilégiée dans la grande île ».

Les doctrinaires du protectorat, oubliant volontiers les dépenses militaires ou judiciaires que la France fait en Tunisie pour ne se souvenir que des beaux côtés du système d'administration inauguré par elle dans la régence, firent un assez médiocre accueil au projet concernant Madagascar. Assurément, ils ne contestaient point sa portée diplomatique ; mais ils gémissaient plus que de raison sur les conséquences administratives qui leur semblaient en découler. Parmi les régimes très variés que la France applique à ses diverses colonies, ils ne savaient rien ou ne voulaient rien savoir du mode très simple, très économique et très « indirect » qui est usité notamment dans nos récents établissements de la côte occidentale d'Afrique ; ils ne voyaient ou ne voulaient voir que l'appareil compliqué et coûteux des Antilles et de la Réunion ; ils affectaient de prophétiser déjà pour Madagascar les misères et les dépenses qui résulteraient pour la grande île africaine de l'institution d'organes administratifs du type français, avec tout le cortège de complications qu'entraînent la séparation des pouvoirs, la pluralité des juges, les conseils élus, la représentation parlementaire et le suffrage universel.

Les déclarations du ministre des Colonies devant la commission de la Chambre et le rapport fait au nom de cette commission par M. Le Myre de Vilers firent justice de ces objections tendancieuses.

« Le projet de loi présenté par le gouvernement, avait dit le ministre, n'implique aucune conséquence nécessaire qui puisse entraîner des modifications dans l'administration du pays et obliger à l'application immédiate de notre législation, dans son ensemble, aux diverses tribus qui se partagent les vastes territoires de l'île. En d'autres termes, la formule de « colonie française » appliquée à Madagascar n'entraîne pas la création d'une administration compliquée, parce qu'il est possible de la mettre en pratique et d'organiser notre nouvelle colonie en utilisant le concours des autorités et des institutions locales ; des instructions ont d'ailleurs été données déjà au résident général en ce sens. En outre, cette mesure n'est pas de nature à substituer, *ipso facto*, les institutions de la métropole à celles du pays, parce que les intentions bien définies du gouvernement ne tendent qu'à une amélioration progressive de la législation des autochtones, en empruntant à la nôtre, au fur et à mesure des besoins et suivant les circonstances, ce qu'elle peut avoir d'applicable à des populations de races différentes, pour la plupart fort éloignées encore de nos idées de civilisation.

« La loi en projet, au point de vue international, annule la personnalité de l'État malgache, qui disparaîtra comme entité juridique en devenant *dépendance de la souveraineté française*, mais elle ne peut avoir pour effet d'anéantir, par la vertu d'un vote des Chambres, le statut personnel des indigènes, lesquels ne peuvent être soumis raisonnablement, sans transition, aux exigences de notre

« vie civile », ni d'abroger les lois ou usages locaux. »

« C'est à tort — ajoutait le rapporteur — que l'on confondrait l'annexion et l'assimilation. L'annexion est le fait d'incorporer, soit par cession, soit par conquête, soit par achat, un nouveau territoire dans le domaine national, en lui donnant ou en lui laissant le gouvernement qui convient le mieux à ses besoins ; l'assimilation constitue un mode d'administration en tout conforme à celui de la métropole. Cette méthode, applicable seulement lorsqu'il s'agit de populations de même origine, arrivées au même degré de civilisation, ne saurait convenir à des natifs ayant des mœurs différentes.

« ...Dans nos colonies de nouvelle formation, remontant au plus à trente-cinq ans, nous nous sommes toujours inspirés de ces principes. En Indo-Chine seulement, nous pratiquons six régimes différents : au Tonkin, le protectorat le plus serré ; en Cochinchine, la domination directe avec des conseils électifs dont font partie les indigènes ; au Cambodge, le protectorat sous sa forme la moins étendue ; en Annam, un gouvernement oligarchique, placé sous la surveillance d'un résident ; au Laos, un système mixte qui participe à la fois du protectorat et de la domination ; dans les territoires militaires, le commandement. La même diversité se rencontre à la côte occidentale d'Afrique, où la Guinée, la Côte d'Ivoire et le Dahomey ont des institutions appropriées aux besoins des populations et aux intérêts de nos colons.

« Nous avons pu ainsi réduire les charges de la métropole à leur dernière limite. La Cochinchine paye l'intégralité de ses dépenses civiles et militaires, plus un tribut de vassalité qui, en 1888 et 1889, dépassa 8 millions. Le Cambodge, le Laos, la Guinée, la Côte d'Ivoire, le Dahomey, ne figurent pas au budget. Malgré le voisinage de la Chine, qui a rendu la pacification laborieuse, l'Annam-Tonkin ne coûte à la France que l'entretien des troupes : 25 millions pour une population de 15 millions d'âmes, 1 fr. 70 par habitant. Ces possessions, presques toutes prospères et soumises au tarif général des douanes, ont créé un marché important pour la métropole, avec laquelle elles font 60 millions d'affaires, qui constituent aujourd'hui le principal aliment de notre marine marchande au long cours, sans compter les remises de fonds, provenant de bénéfices ou d'économies réalisées, qui atteignent une cinquantaine de millions, et viennent grossir chaque année l'épargne nationale.

« De pareils résultats font le plus grand honneur à notre administration coloniale. Pourquoi n'obtiendrait-elle pas les mêmes à Madagascar? Ce sera facile, si le Parlement et le gouvernement décident en principe que les possessions d'outre-mer doivent payer sur le budget local, au début, leurs frais de souveraineté civile, et ultérieurement, les frais de souveraineté militaire, quand la sécurité sera définitivement assurée et l'outillage économique constitué. Nous ne craignons pas d'affirmer qu'en dehors des points de ravitaillement des flottes ou de pénétration d'influence, un établissement qui ne peut payer son administration civile et ses dépenses militaires est ou mal administré ou doté d'institutions au-dessus de ses ressources et de ses besoins ».

Ces fortes et judicieuses considérations, secondées par l'évidente nécessité de prendre une position nette vis-à-vis des puissances, triomphèrent de l'opposition, d'ailleurs assez molle, faite sur ce point au gouvernement. Le projet fut voté sans trop d'encombre dans les deux Chambres (1). Il devint, après deux mois de procédure, la loi du 6 août 1896.

(1) Nous parlerons plus loin de l'incident relatif à l'esclavage.

L'horizon diplomatique s'éclaircit aussitôt. Les notifications d'usage ayant été faites à Washington et à Londres, le gouvernement put aviser le résident général, dès la fin d'août, que les produits français munis des certificats d'origine nécessaires seraient désormais affranchis du droit de 10 pour 100 *ad valorem* à leur entrée dans l'île, et, ce qui était plus urgent au point de vue politique, il l'invita à donner des ordres aux « autorités judiciaires françaises pour qu'en toute matière elles exerçassent, sans distinction de nationalité, les pouvoirs qui leur étaient impartis », sous la seule réserve que les juridictions consulaires pourraient liquider les affaires déjà inscrites à leur rôle.

L'exécution de ces mesures n'alla point toutefois sans susciter quelques protestations : certains des consuls visés par les instructions relatives aux attributions juridictionnelles jugèrent ces instructions excessives ; en revanche, nombre d'industriels français proclamèrent insuffisant le droit de 10 pour 100 qui les protégeait maintenant contre la concurrence étrangère.

Des premiers, il n'y a pas grand'chose à dire : deux d'entre eux, qui représentaient l'Angleterre à Tananarive et à Tamatave, étaient, non pas des consuls de carrière, mais de simples commerçants, investis des fonctions consulaires, et qui trouvaient fort déplaisant de se voir subitement dépouillés du prestige et des émoluments qu'ils retiraient de l'exercice de la juridiction civile, commerciale ou criminelle sur les sujets de Sa Majesté Britannique. Durant quelques mois encore, ils assaillirent les autorités françaises de réclamations, chaque fois que leurs nationaux étaient impliqués dans un procès devant quelqu'un de nos tribunaux. Cela n'empêcha plus un instant la justice régulière de suivre son cours, mais, comme le bruit que faisaient ces personnages devenait à la longue difficilement tolérable, on les menaça expressément de rupture des relations officielles, officieusement d'expulsion (1). Ils se résignèrent et se turent.

Infiniment plus compliqué était le règlement de la situation douanière. Avant même que la loi du 6 août eût été promulguée, les industriels français avaient revendiqué la protection du tarif général de 1892 pour leurs importations à Madagascar ; ce fut bien pis après que l'île eut été proclamée colonie française. Mais les obstacles étaient nombreux et sérieux, qui s'opposaient mome anément à la réalisation de ce vœu.

Et tout d'abord, le revenu des douanes formait la partie la plus claire des recettes, pour ne pas dire l'unique recette, du budget local de Madagascar, dans une période de troubles intenses comme ceux que l'on traversait alors. Comment équilibrer le budget, soit en 1896, soit même en 1897, si l'on commençait par affranchir de tous droits d'entrée les produits français et par fermer la porte aux produits étrangers? Il était de toute nécessité que la pacification précédât l'application du tarif, de manière à permettre la création préalable ou simultanée de taxes indigènes, de droits de consommation, etc., qui viendraient combler le déficit probable et pourvoir aux dépenses civiles de l'île, sans contraindre la métropole à augmenter ses sacrifices pécuniaires.

Puis, que signifierait l'établissement de droits protecteurs considérables dans un pays pourvu d'une immense étendue de côtes, si l'on n'avait auparavant organisé d'une manière efficace le service douanier sur toute la périphérie de l'île? L'augmentation des tarifs douaniers n'est pas autre chose qu'une prime donnée à la contrebande, prime d'autant plus forte que l'élévation des taxes est plus grande, lorsqu'elle n'est point accompagnée par

____

(1) Février 1897.

une surveillance étroite de la frontière. Sans doute, on pouvait simplifier la question en n'ouvrant qu'un petit nombre de ports au commerce extérieur, et en obligeant les navires qui voudraient charger ou débarquer sur d'autres points de la côte à se faire suivre, à leurs frais, par des agents du service des douanes. Assurément encore, sans constituer du premier coup un personnel spécialement affecté à la perception des droits d'entrée et de sortie, on pouvait investir de ces attributions d'autres agents, comme des commis de résidence, voire des sous-officiers, qui se feraient eux-mêmes assister d'indigènes. Mais, même avec ces simplifications (1), on avait besoin d'hommes, d'argent, de bateaux, pour croiser devant le littoral et réprimer la fraude, et l'on ne pouvait songer à installer des postes de douanes, fût-ce en nombre restreint, dans les régions qui n'étaient point encore soumises, ni seulement occupées par nos troupes. Avant d'atteindre, dans cette direction, un résultat utile, il fallait du temps, beaucoup de temps.

Il y a mieux : quel bienfait immédiat pouvait-on attendre d'une brusque surélévation des droits d'importation? Aucun pour l'industrie métropolitaine. Par contre, une sérieuse aggravation de charges devait en résulter pour la population indigène, qui, déjà peu fortunée en temps normal, se trouvait encore appauvrie par la guerre, l'insurrection et le chômage qui en était la suite. C'était le régime des cotonnades qui préoccupait surtout nos industriels de l'Est et de l'Ouest. Or ces articles, qui sont de grande consommation à Madagascar, et qui, pour la plupart, étaient de provenance américaine ou anglaise, revenaient à Tamatave à 8 fr. 40 la pièce de 40 yards (36 m. 40) ; l'application qui leur serait faite des droits français devait

____

(1) Elles firent l'objet d'instructions spéciales le 28 mai 1896.

augmenter le prix de revient de la même pièce d'étoffe, suivant qu'il s'agirait du tarif général ou du minimum, de 2 fr. 95 ou de 2 fr. 30, du tiers par conséquent, sans que — les intéressés le reconnaissaient eux-mêmes — l'industrie française pût en retirer le moindre produit actuel, *parce qu'elle ne fabriquait pas encore les marchandises usitées par les Malgaches.*

Par bonheur, la loi douanière métropolitaine de 1892 laissait au ministre un délai d'un an pour rendre le tarif applicable aux colonies, en y introduisant, pour chacune d'elles, les modifications essentielles commandées par les circonstances locales. Il utilisa ce délai, d'une part à organiser le service douanier dans l'île, au fur et à mesure des progrès de la pacification ; de l'autre, à s'entendre avec les industriels français, et sur le changement d'orientation à introduire dans leur fabrication, et sur les modifications à apporter aux tarifs. Les tissages de coton traversaient à cette époque une crise sérieuse : il y avait un assez grand nombre de métiers inoccupés. Aussi obtint-on sans trop de peine des fabricants qu'ils voulussent bien fournir désormais aux Malgaches, sinon au même prix, du moins dans des conditions identiques, voire supérieures, de qualité et de dimensions, les articles auxquels les indigènes étaient accoutumés. Quant aux modifications du tarif, ce furent presque exclusivement des simplifications : au lieu de maintenir les innombrables catégories de tissus prévues par la loi métropolitaine, et qui exigent de la part du service douanier un examen très long et très minutieux des produits importés, on fit pour Madagascar ce qu'on avait fait antérieurement pour l'Indo-Chine : on ramena toutes les catégories à sept types principaux, facilement reconnaissables, chacun d'entre eux étant frappé du droit moyen des diverses classes d'étoffes qu'il englobait.

Ce fut l'objet de la loi du 16 avril 1897 et du décret

réglementaire du 28 juillet suivant, qui, sauf une erreur
de calcul au détriment de l'une des classes de tissus, erreur
qui fut rectifiée en mai 1898, subsistèrent longtemps à la
satisfaction générale, et qui ont facilité la substitution
des produits français aux importations étrangères sans
que la consommation locale en ait souffert. Il n'avait pas
fallu moins de onze mois d'études, de correspondances,
de conférences et de négociations pour en arriver là (1).

IV

L'EXTENSION DE L'INSURRECTION

Lorsqu'une question est réglée et que la solution intervenue a donné satisfaction aux intérêts, aux idées et aux
sentiments qui étaient en conflit, on est fort tenté, en

(1) A la faveur de ce régime, l'importation des tissus français, qui,
par rapport à l'importation totale, était de moins du quart en 1896,
a dépassé les trois quarts en 1898, en montant de 1 800 000 francs
à 6 250 000 francs ; elle a atteint plus de 17 millions sur
18 349 000 francs en 1913 ; en 1925, elle était de plus de 90 pour 100
en poids. Voici, au surplus, quelle a été la progression du commerce général de l'île dans ces dernières années : 1890, 9 millions ;
1893, 12 millions ; 1896, 16 millions ; 1897, 23 millions ; 1898, 27 millions ; 1899, 36 millions ; 102 en 1913, 936 avec doublement du poids
en 1925. Dans ce dernier total, les importations sont de 492 millions en valeur, 116 000 tonnes en poids, les exportations de 444 millions et 230 000 tonnes. Pour les importations, la part de la France
est d'environ 90 pour 100 ; le chiffre d'affaires de l'Angleterre et
des États-Unis a baissé des cinq sixièmes. On peut dire qu'en fait
le marché malgache est désormais réservé aux produits français.
De même pour la navigation : le mouvement commercial s'accomplit pour 85 pour 100 sous pavillon français dès 1900 et en 1913,
88 pour 100 en 1925.

général, de croire que les promoteurs de cette solution n'ont éprouvé aucune difficulté à la concevoir ni rencontré aùcun obstacle à la faire prévaloir. De fait, vus dans la perspective toujours un peu brumeuse d'ı passé, la plupart des événements apparaissent comm᷉ logiquement enchaînés à ceux qui les ont précédés, e conduisant fatalement à ceux qui les ont suivis. Il n'er a pas précisément ainsi dans la réalité : quiconque a jamais été mêlé à l'action publique et a ressenti ses responsabilités et ses angoisses sait qu'il y a des heures où l'on a l'impression aiguë que, selon que l'on infléchira sa propre décision dans un sens ou dans l'autre, une série de conséquences visibles, et d'autres imprévues, se produiront ; où, dans la contrariété des témoignages, il est fort malaisé de discerner sa voie ; où enfin, une fois un plan tracé, il est difficile de rencontrer l'artisan ou les artisans de son exécution. Si l'on ajoute à cela l'éloignement où le ministre des colonies se trouve placé, par la force des choses, des éléments qu'il doit manier ; l'impossibilité où il est d'entrer en contact direct avec les hommes et les événements, l'obligation pour lui de ne juger les uns et les autres qu'au travers de rapports écrits qui doivent être interprétés en tenant compte du caractère plus ou moins exalté de leurs auteurs, la lenteur des communications (1), l'impuissance d'être rapidement renseigné et obéi, on sera mieux à même d'apprécier le milieu tout spécial où se meut ici la direction gouvernementale.

Les informations parvenues de Madagascar au pavillon de Flore de mai à juillet 1896 ne faisaient que confirmer, si même elles ne les accentuaient, les conclusions que l'on

---

(1) Les télégrammes de ou pour Tananarive devaient encore à cette époque être remis à Tamatave, qu'aucun câble ne reliait ni à Majunga ni à Port-Louis de Maurice. Il fallait souvent deux ou trois semaines pour qu'ils parvinssent à destination.

devait tirer des rapports des mois précédents. L'insurrection ne cessait pas de gagner du terrain. Le 7 mai, elle enveloppait Tananarive dans un rayon de 16 kilomètres. Les rebelles étaient incapables de résister à toute attaque des troupes régulières, mais fort agiles pour défier leur poursuite. Sept officiers royaux qui avaient voulu se mêler d'arrêter un prêtre idolâtre, avaient été brûlés vifs. Les voyageurs isolés ne pouvaient pas, sans péril pour leur vie, se hasarder sur la piste muletière que le génie militaire était en train d'achever pour relier la capitale à Tamatave. Le 12, les incendies de villages par les rebelles continuaient, et l'on jugeait utile de faire intervenir la reine Ranavalo pour décréter que les « peines les plus graves » seraient prononcées contre les insurgés qui ne feraient pas leur soumission avant le 15. A la fin du mois, la mission norvégienne d'Antsirabé dut soutenir un siège de trois jours contre une bande de 1 500 hommes, dont les assauts répétés ne furent finalement repoussés que par le retour inopiné du résident français, M. Alby, avec une poignée de soldats. Le 15 juin, nouveaux assassinats d'Européens, à Amboimanga, à Ambatomainty et sur la route de Majunga. Le 20, la province de Vonizongo était considérée comme perdue.

Ces accidents répétés ne semblaient point troubler la sérénité de M. Laroche. « L'expérience est faite maintenant, disait-il (1), et permet de conclure avec certitude qu'il ne faut pas augmenter l'effectif des troupes ; ce serait une grosse dépense tout à fait inutile ; les troupes sont trop lourdes pour un ennemi toujours en mouvement. Les milices, au contraire, ont une extrême mobilité... mais des caporaux français sont nécessaires pour les encadrer... Si ma demande est satisfaite, je me charge d'en finir en deux

____

(1) 7 mai 1896.

mois avec l'insurrection ». Et encore (1) : « Une vive émotion règne parmi beaucoup d'Européens de Tananarive, trouble leur jugement et leur suggère des propositions folles. Notre situation, cependant, ne présente aucun danger, je vous en donne l'assurance formelle. Nous avons seulement besoin de caporaux pour la milice ».

Telle n'était point l'opinion de tout le monde ; on peut même dire que parmi les personnages connaissant les affaires malgaches, et que l'on pouvait consulter utilement à Paris, un sentiment très différent prédominait. On commençait à redouter que l'insurrection, en s'étendant, n'aboutît à un massacre général des Européens qui résidaient dans l'île ; on réclamait l'envoi aussi prompt que possible de gros renforts militaires. trois mille hommes pour le moins, avec un nombre aaʼquat de généraux ; on dénonçait l'anarchie des pouvoirs   caux (2), on soupçonnait la sincérité de la cour hova à notre endroit, on demandait enfin plus de cohésion et plus d'autorité.

Dès ses premières dépêches, datées des 23 et 31 mai, le nouveau titulaire du portefeuille des Colonies essaya d'obtenir, avec les agents de la France déjà présents à Madagascar, une impulsion différente de celle qu'ils avaient jusque-là donnée aux affaires. Il rappela à M. Laroche que les instructions originelles du département avaient prévu le cas où, si des troubles éclataient, des territoires militaires devraient être constitués avec réunion de la totalité des pouvoirs entre les mêmes mains, ajou-

(1) 15 juin.
(2) Cette anarchie n'était que trop évidente : au conflit permanent entre civils et militaires, qui se traduisait par des dénonciations presque publiques des clients indigènes des uns et des autres, était venue s'ajouter une incompatibilité d'humeur radicale entre le résident général et son principal collaborateur civil, laquelle obligea le ministre à les séparer dans le courant de juillet. ʼeu après, M. Bourde dut rentrer en France pour raisons de sa

tant que le moment était assurément venu de recourir à cette manière de procéder, tout au moins sur les frontières de l'Émyrne. Il mit le résident général en défiance contre la cour hova, dont la docilité excessive, pour ne pas dire la passivité, devant nos suggestions (1) « pouvait indiquer que les fonctionnaires indigènes voyaient sans déplaisir l'état de trouble des diverses parties de l'île, à supposer même qu'ils n'en fussent pas les complices ou les instigateurs ». Il le convia à rendre délibérément responsables les chefs de service indigènes et les chefs de villages des désordres qui pourraient survenir dans leur sphère d'action, comme à ne pas se faire le restaurateur aveugle des fonctionnaires hovas là où leur influence sur les tribus dissidentes était contestée et où leurs déprédations antérieures avaient laissé de fâcheux souvenirs.

Malheureusement, étant donnés les décrets de décembre, le ministre ne pouvait que s'en remettre à « l'autorité morale » du résident général pour amener le commandant des troupes à se prêter à l'exécution de ces premières mesures. Or, cette « autorité morale » était déjà fortement ébranlée par les dissidences locales et les polémiques de presse, le plus souvent injustes, qui s'étaient déroulées tant à Madagascar qu'en France même ; puis, il ne suffisait plus d'une « autorité morale » quelconque, il fallait une autorité effective et concentrée pour mettre fin au désarroi général.

____

(1) M. Laroche avait écrit le 13 avril : « La cour donne l'exemple d'une soumission absolue à nos volontés. Toute indication de nous est obéie comme un ordre. Nous sommes même embarrassés parfois de cette excessive abnégation. Je voudrais plus de hardiesse, sinon à me tenir tête, du moins à discuter avec moi les inconvénients et les avantages des mesures auxquelles je songe et que peut éventuellement contre-indiquer telle ou telle considération impliquant une connaissance intime du pays, comme peuvent seuls l'avoir les ministres indigènes. »

Quelle autorité unique convenait-il de constituer? Quel homme en devait-on investir? A quel moment fallait-il opérer le changement? Autant de problèmes délicats et mêlés, quoi qu'on en puisse croire, de maintes considérations étrangères au sujet. Subordonner M. Laroche au generaı Voyron, on n'y pouvait pas songer : ce dernier ne semblait pas avoir un sentiment très exact des nécessités politiques spéciales à Madagascar et des moyens propres à réprimer l'insurrection ; de plus, il atteignait le 10 septembre le terme de sa « corvée » coloniale, et avait manifesté son désir d'être remplacé à l'échéance réglementaire. L'inverse non plus n'était point possible : trop de froissements, trop de querelles avaient marqué ses six premiers mois de règne pour que M. Laroche, s'il venait à rester seul maître du terrain, obtînt des militaires, non pas seulement la subordination, mais le concours actif et spontané qui était désirable. Le choix d'un homme nouveau s'imposait, particulièrement pour les régions troublées, et, précisément parce qu'elles étaient troublées, cet homme devait être un officier. Tout au plus, en conservant ses fonctions nominales, M. Laroche pouvait-il être utilisé à inspecter les provinces côtières, auxquelles les soucis absorbants de l'Émyrne ne lui avaient pas encore permis de prêter l'attention voulue.

Mais quel officier? Il ne suffit pas d'être pourvu du même nombre de galons ou d'étoiles pour apporter une valeur égale dans l'accomplissement d'une tâche déterminée. Cette tâche, d'ailleurs, n'était pas exclusivement militaire. Commandant en chef pour toute l'île, mais seul chef, aussi bien civil que militaire, dans le plateau central, le successeur du général Voyron devait avoir une capacité administrative et politique supérieure à ses talents professionnels : sa mission ne pouvait se borner à faire le désert pour établir la paix ; elle devait consister à se concilier les indigènes plutôt qu'à les terroriser, à les fléchir plutôt qu'à les courber. Or, le nombre n'est pas grand des hommes à intelligence assez vaste, à esprit assez souple, à vues assez lointaines pour conduire utilement une œuvre aussi complexe. Tel candidat, excellent soldat du reste, ne concevait pas qu'il y eût autre chose à faire à Tananarive que de baptiser la reine Ranavalo catholique ; tel autre préconisait exclusivement l'emploi de la force. L'officier qui fut définitivement choisi (1), — ce ne fut pas sans peine, car, paraît-il, son « tour d'embarquement » n'était pas arrivé, au gré des bureaux de la Marine, — le colonel, bientôt général Gallieni, n'avait point d'idées préconçues et n'en voulait point avoir. Son passé, tant au Soudan qu'en Indo-Chine, montrait qu'il savait conquérir, plus encore que du territoire, de l'ascendant et des sympathies. Quand on lui offrit de prendre connaissance des dossiers officiels avant d'accepter une aussi lourde charge, il déclina cette offre, « craignant par-dessus tout, disait-il, de se former des opinions à Paris ». Quand on lui parla des renforts qu'il croirait nécessaires, il déclara tranquillement que les effectifs présents dans l'île, employés autrement qu'ils ne l'avaient été, lui semblaient suffisants, mais qu'à tout hasard il aimerait à emmener 600 hommes de la légion étrangère, de manière à pouvoir, le cas échéant, « mourir convenablement ».

Intelligence et courage, le général Gallieni en était largement doté. Sa santé, malheureusement, n'était pas alors en rapport avec sa volonté ; il rentrait à peine du Tonkin,

(1) Ce choix me fut inspiré en partie par la correspondance privée du maréchal — alors commandant — Lyautey qui servait à ce moment au Tonkin, correspondance que m'avait communiquée un ami et qui a été publiée depuis. Un chef provoquant des appréciations si enthousiastes et si raisonnées de son subordonné m'apparut aussitôt, et était en effet, digne des plus hauts emplois.

atteint d'une maladie sérieuse qui n'était point encore guérie, et qui, ravivée par la saison des pluies de Madagascar, faillit l'emporter dès ses premiers mois de séjour (1). Quelques semaines de plein repos lui étaient indispensables pour qu'il pût s'embarquer sans péril. On décida qu'il partirait le 10 août, de manière à atteindre Tamatave au début de septembre. Dans l'intervalle, force était de laisser les choses en l'état dans la grande île : à quoi bon, en annonçant leur prochain rappel, enlever à ceux qui s'y trouvaient le crédit dont ils disposaient encore, donner aux indigènes le sentiment de notre instabilité de v ies et de personnel, avant que les moyens d'inaugurer un ˜ouveau système eussent été réunis sur place ; dével٬   ٥r enfin l'anarchie parmi nos agents, en leur laissant e   ˜voir la précarité de leurs chefs? C'eût été, à n'en pas douter, aggraver le mal, sans aucun profit pour la chose publique. Mieux valait même, pour donner aux Malgaches l'impression qu'ils ne se trouvaient pas en présence du caprice d'un homme, mais de la volonté réfléchie de la France, faire commencer par ceux-là, sauf à ce qu'elle fût achevée par d'autres, l'évolution nécessaire.

Tout fut donc disposé de manière qu'au moment opportun un simple télégramme pût changer les facteurs déterminants du problème. Un décret du 12 juillet, promulgué le 30 août seulement, rendit applicable à Madagascar les dispositions qui, en Indo-Chine, ont, dès 1886 et 1890, subordonné l'autorité militaire aux seules directions du ministère des Colonies et de ses agents immédiats. Le 4 du même mois, une direction autonome des finances et du contrôle, le 3 août un conseil d'administration, furent institués auprès de la résidence générale. Le cadre était tracé

---

(1) Pendant longtemps, et malgré un labeur écrasant, il dut, à Tananarive, se soumettre au régime lacté.

pour que d'autres mœurs, avec d'autres hommes, fussent introduites dans l'île. Une dernière circonstance activa l'évolution commencée dès le mois de mai précédent : M. Laroche, dans l'isolement moral presque absolu où il se trouvait, avait fini par se décourager devant la persistance et l'acharnement des attaques dirigées contre lui ; dans ses lettres personnelles, il parlait de la possibilité de son départ, voire de son désir d'obtenir un autre poste (1) ; il n'avait plus que l'ambition de marquer son passage à Madagascar par quelque acte décisif, avant de remettre ses pouvoirs. Or, il était un de ces actes que le gouvernement, à la requête de la Chambre, était tenu d'accomplir à bref délai. M. Laroche reçut, le 14 septembre, l'ordre d'abolir l'esclavage, et, comme cette décision menaçait de provoquer de nouveaux troubles dans les régions jusque-là indemnes, il fut invité à renoncer à explorer la côte et à rentrer en France, en laissant à titre intérimaire au général Gallieni la plénitude des pouvoirs civils et militaires dans l'île tout entière (2).

V

LA SUPPRESSION DE L'ESCLAVAGE

La question de l'abolition de l'esclavage à Madagascar est une de celles où se révèle, avec le plus d'intensité, l'extraordinaire méthode apportée par le Parlement et

(1) « La France, en faisant l'expédition de Madagascar, s'est mis sur les bras une bien grosse affaire. J'ai peur... qu'elle n'ait pas aperçu toutes les difficultés et les charges du lendemain... Si vous jugez mon maintien ici un embarras pour le cabinet, relevez-moi, ce sera une délivrance !... » (Lettre du 13 juillet.)
(2) M. Laroche accepta noblement son sort. Il écrivait le 26 sep-

l'opinion dans la solution des problèmes les plus complexes : point d'initiative pour le gouvernement, mais, en revanche, toute la responsabilité, et, de temps à autre, de brusques ressauts de sentiment, parfois mél ngés de savantes manœuvres parlementaires, qui risqu t d'entraver les combinaisons les mieux préparées et de compliquer des situations déjà peu maniables.

Il n'était pas un des ministères mêlés à l'affaire de Madagascar qui n'eût admis, comme une conséquence inéluctable de l'établissement de la France dans la grande île, l'abolition de l'esclavage ; pas un non plus qui, étant données l'ancienneté et l'importance de cette institution, la gravité des intérêts en jeu, la préoccupation de ne point fournir une arme de plus aux fauteurs de troubles, n'eût proclamé la nécessité de mener cette délicate opération avec des précautions, des tempéraments et des délais analogues à ceux que le législateur de 1848 lui-même avait reconnus indispensables lorsqu'il édicta l'abolition dans les colonies françaises.

« La question de l'esclavage, disait le 9 avril 1895 à M. Ranchot M. Hanotaux, ministre des Affaires étrangères (1), s'impose impérieusement aux préoccupations du gouvernement. Des nombreuses observations qui ont été recueillies, il résulte que l'esclavage revêt à Madagascar un caractère particulier qui le différencie sensiblement de l'esclavage africain : il a cessé, en fait et en droit, de s'alimenter par la traite, et, en règle générale, il ne se

tembre : « J'avais une grosse partie à jouer. J'ai eu mauvais jeu. J'ai perdu. Je vous remercie de m'avoir soutenu : ce n'était pas possible plus longtemps, en présence de la formidable campagne de presse à laquelle l'éloignement ne me permettait pas de répondre avec opportunité... Le général Gallieni, en possession des moyens et de l'unité de direction qui n'étaient pas entre mes mains, réussira dans sa mission ; il soumettra Madagascar. »

(1) *Livre jaune*, 1895, p. 70.

perpétue que par les naissances d'enfants issus de femmes esclaves. Dans la pratique, il paraît être devenu une sorte de servage domestique ; on s'accorde aussi à reconnaître que les Hovas sont doux et humains envers leurs esclaves et que la condition de ces derniers n'est point matériellement malheureuse.

« Les considérations de fait ne sauraient, malgré tout, nous faire oublier l'immoralité de cette institution et les inconvénients qu'elle pourrait avoir pour le développement ultérieur de la colonisation française dans la grande île. Les principes de notre civilisation et nos traditions nationales exigent que l'esclavage disparaisse d'une terre soumise à l'influence française. La France ne va pas seulement à Madagascar pour y faire respecter ses droits, mais aussi pour y faire acte de puissance civilisatrice... Il est évident cependant qu'à l'heure présente, en raison même des obscurités de la situation actuelle, nous ne pouvons que poser en principe l'abolition de l'esclavage, en nous réservant le choix du moment et des voies et moyens. Rien ne s'oppose, d'ailleurs, à ce que nous mettions dès maintenant à l'étude l'adoption de certaines mesures propres à amener la suppression graduelle de l'esclavage, telles que l'interdiction de la vente des esclaves, la faculté pour les esclaves de se racheter, la proclamation de la liberté en faveur des enfants qui naîtront à l'avenir des femmes esclaves, etc. »

Ces lignes étaient écrites au début de l'expédition de 1895, alors que le gouvernement s'en tenait encore à la stricte conception du protectorat. La substitution de la « prise de possession » au protectorat, celle de ministres radicaux à des ministres modérés, ne modifièrent point la pensée directrice : « Dans la mesure où les mœurs, les usages et les nécessités locales le permettront, recommandait M. Guieysse à M. Bourde en janvier 1896, vous vous efforcerez de rapprocher la législation malgache de la législation française. Vous vous donnerez notamment pour tâche de préparer l'extinction de l'esclavage, mais en prenant, à cet égard, les mesures de transition nécessaires. Vous aurez pourtant de suite à examiner les dispositions à prendre pour arrêter toute vente ' 'esclaves, le gouvernement français ne pouvant, en dehors des principes toujours proclamés par lui en cette matière, accepter de trouver des ressources budgétaires dans le prix d'enregistrement des actes de vente d'esclaves. Vous examinerez aussi les mesures compensatrices à me proposer pour arriver, tant à la libération des enfants d'esclaves au moment de leur naissance, qu'à la faculté de rachat des esclaves en général. En raison de l'importance des intérêts privés engagés dans la question, il vous est recommandé de procéder avec beaucoup de prudence et de ne poir provoquer de troubles par des mesures prématurées. Vou trouverez peut-être la solution d'une partie du pro blème dans une faculté de rachat accordée aux esclaves à un tarif fixé par une loi. L'emploi de la corvée à des travaux agricoles, dont les produits seront partagés entre les prestataires et le gouvernement, pourra fournir aux esclaves l'occasion de se constituer le pécule nécessaire et le moyen de se libérer sans perte notable pour les propriétaires (1). »

Le successeur de M. Guieysse au ministère des Colonies ne tint pas un autre langage à M. Laroche. Le 9 juin, après échange de vues avec la résidence générale, il lui envoya le texte d'un projet de loi destiné à régler la question dans un délai maximum de dix ans, tout en proclamant libres sans compensation aucune les enfants nés

(1) Une dépêche du 9 mars au résident général, en lui communiquant pour avis deux propositions de loi déposées à la Chambre sur l'abolition de l'esclavage, insista sur les mêmes idées.

depuis le 1ᵉʳ octobre 1895, date de l'occupation de Tananarive par les troupes françaises (1) ; en même temps il
prescrivait de ramener désormais l'usage de la corvée à
la pratique d'une prestation normale, d'en cesser toute
affectation aux particuliers, et d'en limiter l'emploi aux
travaux d'intérêt général.

Cette politique, que commandait la sagesse la plus élé-
mentaire et qu'avaient conseillée tous les hommes sans
exception possédant quelque compétence et quelque autorité dans les choses malgaches, eut tout d'abord la rare
fortune d'être approuvée par les commissions compétentes
de la Chambre des députés. Celle des colonies, à laquelle
avaient été renvoyées deux propositions de loi, l'une de
M. Denys Cochin, l'autre de M. de Mahy sur l'abolition

(1) Voici quel était ce projet, qui devait être mis en vigueur
aussitôt après qu'une commission consultative, dont le ministre
prescrivait la réunion immédiate à Tananarive, aurait formulé
son avis :

« ARTICLE PREMIER. Le commerce des personnes, sous quelque
forme qu'il soit, est interdit à Madagascar. Tout auteur d'un contrat écrit ou verbal stipulant vente ou achat de personnes sera puni
d'une amende de 500 à 1.000 francs et d'un emprisonnement d'un
à trois mois. — ART. 2. Les enfants nés ou à naître à partir du
1ᵉʳ octobre 1895 sont libres. — ART. 3. Toute personne qui voudra
se libérer n'aura qu'à verser une somme de 100 francs dans une
caisse de l'État. Le récépissé, enregistré gratuitement par l'agent
du Trésor, tiendra lieu d'acte d'affranchissement. Cette taxe sera
réduite de 10 francs par an jusqu'au 31 décembre 1905, époque à
laquelle elle cessera d'être perçue, la libération étant acquise pour
tous à compter de ce même jour. — ART. 4. Les familles ne pourront
être disjointes. En cas de cession successorale ou judiciaire, la mère
et les enfants suivront le sort du père. — ART. 5. En cas de vente
ou de saisie des biens du débiteur par le créancier, un serviteur, de
quelque classe ou condition qu'il soit, ne pourra être assimilé à une
propriété susceptible d'être vendue ou saisie. — ART. 6. Le serviteur d'une femme indigène vivant en mariage concubin avec un
étranger sera libéré sur sa simple demande, adressée au président
du tribunal jugeant en référé ou au résident de France dans les circonscriptions non pourvues de tribunal. »

de l'esclavage, comprit qu'il y avait des distinctions à faire à Madagascar entre les esclaves proprement dits, les individus condamnés à la servitude pénale à l'égard du gouvernement et les débiteurs insolvables forcés à travailler pour leurs créanciers ; elle admit l'esprit général des mesures de transition préconisées par le ministre ; elle reconnut qu'une abolition immédiate, intégrale, qui ne serait point accompagnée de diverses précautions, aurait le grave inconvénient de jeter inopinément dans la misère les femmes, enfants et vieillards jusqu'alors nourris et assistés par leurs maîtres, et de précipiter dans le vagabondage le demi-million d'adultes astreints au travail ; elle ajourna donc les propositions Cochin et de Mahy jusqu'à plus ample informé.

De son côté, la commission chargée d'examiner le projet relatif à l'annexion de Madagascar, qui avait eu incidemment à considérer le même problème, conclut, par l'organe de son rapporteur, M. Le Myre de Vilers, que le gouvernement restait maître absolu de son action. « Sans doute, disait-elle, le fait de déclarer Madagascar colonie française y rendra applicable le décret-loi du 3 mars 1848 sur l'abolition de l'esclavage. Mais, ajoutait-elle aussitôt, la loi ne saurait être rendue exécutoire à Madagascar du jour au lendemain, sans mesures préparatoires, sur de vastes territoires plus étendus que la France, où notre autorité ne s'exerce pas, où même les explorateurs n'ont pas encore pénétré. En agissant avec trop de précipitation, nous compliquerions singulièrement la lourde tâche de la pacification et du rétablissement de la sécurité. Que deviendraient les enfants, les vieillards, les infirmes, s'ils ne trouvaient plus un abri dans la maison de leur maître? Du reste, le législateur de 1848, malgré toutes les ardeurs de la lutte parlementaire engagée devant l'Assemblée nationale, prescrivait des délais et laissait au gouvernement le soin de fixer la date de promulgation. Nous pensons que la même prudence devra présider à la grande réforme que nous poursuivons et que, tout en s'efforçant d'arriver le plus rapidement possible à l'affranchissement des esclaves, à la suppression de cette plaie sociale, il sera rationnel de procéder par étapes successives dans les différentes tribus. »

La prudence avait triomphé dans les délibérations paisibles et secrètes des commissions, où les hommes politiques, mis en contact presque direct avec les réalités pratiques, sont accessibles au raisonnement et susceptibles de pondération. Elle ne résista pas, en séance publique, à un assaut combiné des visées humanitaires et des ardeurs antiministérielles. Le 20 juin, quelques paroles vibrantes de MM. Jaurès et Deproge emportètent, comme un vent de tempête, le fragile échafaudage des mesures préparatoires et transitoires élaborées dans les bureaux administratifs ; en vain le gouvernement, la commission, d'autres orateurs en leur nom personnel, cherchèrent-ils à enrayer le mouvement. La Chambre se donna la satisfaction de voter à l'unanimité un ordre du jour ainsi conçu : « L'esclavage étant aboli à Madagascar par le fait que l'île est déclarée colonie française, le gouvernement prendra des mesures pour assurer l'émancipation immédiate. »

Il y avait bien, dans cet ordre du jour, l'emploi d'un verbe au futur qui permettait au gouvernement de choisir son heure et de s'armer pour parer à certains des inconvénients qui pouvaient résulter d'une décision aussi radicale. Mais l'affirmation impérieuse du début suffisait à elle seule à entraîner après elle toutes les conséquences politiques et sociales que l'on avait redoutées. Au vrai, ce dernier résultat eût été atteint, sans qu'il eût été besoin d'un vote formel, par cette seule circonstance que le débat avait été abordé publiquement et avait obligé tous les orateurs sans exception à faire des déclarations catégoriquement hostiles au principe même de l'esclavage. **Que** l'émancipation fût désormais immédiate ou seulement **pro**-chaine, qu'elle se fît sans conditions aucunes ou **avec de** médiocres tempéraments, cela devenait en définitive **assez** indifférent, l'effet moral étant maintenant produit, **soit** en bien, soit en mal. Dès lors, rien n'eût servi d'avoir l'**air** de marchander ou d'hésiter : tout retard même eût **risqué** d'empirer la situation en privant la France des **sympathies** que pouvait lui procurer une mesure décisive **et rapide** parmi les nouveaux affranchis, fort excités sans doute **par** la perspective d'une prompte libération et fort **peu** experts sur la valeur toute relative qu'on attribue **en** général aux ordres du jour parlementaires. La **sagesse,** qui commandait naguère des atermoiements, **imposait** maintenant de la hâte. On se hâta en effet.

Un échange de télégrammes, aussi rapide que le **permet**-tait la lenteur coutumière des communications, eut **lieu** entre Paris et Tananarive. « La loi d'annexion, manda **le** ministre le 23 juin, n'est pas encore adoptée par le Sénat. Cependant, il ne paraît plus possible de donner suite à **mes** instructions du 9 courant, relatives au rachat. **Aucune** action ne peut naturellement être intentée devant les **tri**-bunaux français ou avec le concours des autorités **fran**-çaises, se rapportant sous une forme quelconque, pénale ou civile, à l'esclavage. Mais je vous prie en outre, **dès** aujourd'hui, de préparer les mesures propres à **réaliser** le vœu de la Chambre. Étudiez également l'établissement de libres contrats de travail ou de location des terres occu-pées par les anciens esclaves non encore propriétaires. Enrôlez dans les milices, pour essai, les affranchis **sans** travail et pouvant utilement servir. Quinze gardes euro-péens partiront le 10 juillet (1) ; d'autres suivront. Appli-

---

(1) Ils étaient destinés à former des cadres pour la milice.

quez tous vos efforts à exécuter les décisions du Parlement
et à assurer l'ordre. » A quoi M. Laroche répondait le
10 juillet (1) : « Je suis prêt à abolir l'esclavage quand
vous voudrez ; si la chose doit se faire, mieux vaut la
brusquer. » Le 10 août, il transmit par la poste un projet
d'arrêté préparé par la commission locale, dont l'institution avait été prévue par les instructions du 9 juin et qui
réalisait l'émancipation immédiate et complète. Parvenu
à Paris le 10 septembre, cet arrêté fut aussitôt approuvé
par le ministre dans le câblogramme du 14 et promulgué
le 26 à Tananarive par M. Laroche, à l'heure où ce dernier
remettait ses pouvoirs au général Gallieni (2).

(1) Arrivé le 21 à Paris.
(2) Voici le texte de cet arrêté :
« ARTICLE PREMIER. Tous les habitants de Madagascar sont des
personnes libres. — ART. 2. Le commerce des personnes, sous
quelque forme que ce soit, est interdit à Madagascar. Tout contrat
écrit ou verbal stipulant vente ou achat de personnes est nul, et ses
auteurs seront punis d'une amende de 500 à 5 000 francs et d'un
emprisonnement de deux mois à deux ans ; en cas de récidive, ces
peines seront triplées. Seront passibles des mêmes peines les officiers publics qui auraient enregistré le contrat ou contribué à en
faciliter l'exécution. — ART. 3. Le maximum des mêmes peines
frappera toute personne qui aura usé de contrainte pour en entraîner
une autre hors de sa province en vue de la vendre, et tout officier
public qui, informé de cette contrainte, n'aura pas usé de ses pouvoirs pour y mettre obstacle. — ART. 4. Les hommes rendus libres
par le bienfait de la présente loi, mais qui se trouvaient auparavant
dans la condition d'esclave auprès de maîtres dont ils désirent ne
pas se séparer, pourront rester chez ces anciens maîtres, s'il y a
consentement réciproque. — ART. 5. La France s'interdit de frapper
sur le peuple malgache aucune contribution de guerre. Des secours,
sous forme de concessions territoriales, pourront être accordés aux
propriétaires dépossédés qui seraient reconnus dans le besoin. »
   La question de la corvée était intimement liée à celle de l'esclavage. L'ancienne loi malgache conférait à l'autorité un droit arbitraire d'arracher les indigènes à leurs travaux personnels pour les
affecter à des services publics ou particuliers. L'administration
française renonça, comme de juste, à ce dernier emploi, qui était une
source d'effroyables abus. Quant au service public, elle limita à 52,

La mesure fut accueillie avec enthousiasme par les affranchis de l'Émyrne, à tel point même qu'on put se demander si, édictée un an plus tôt, au moment de la prise de Tananarive, elle n'eût pas empêché la naissance et le développement de l'insurrection en fournissant, dès le début, à la domination française un point d'appui moral qui lui avait presque totalement manqué (1). Seuls des vieillards et des infirmes, incapables de subvenir à leurs besoins et désormais privés des secours que leurs maîtres étaient naguère tenus de leur fournir, se plaignirent et durent être assistés par l'administration ; de même, il fallut recueillir un assez grand nombre d'enfants en bas âge. Pour les maîtres, leur esprit avisé et calculateur eut bientôt fait d'inventer un moyen de ne point trop souffrir dans leurs intérêts : avec de légers salaires, parfois même avec la simple promesse de leur fournir logement, nourriture et vêtement, ils retinrent à leur service la majeure partie de leurs anciens esclaves.

L'arrêté d'émancipation contenait cependant une grave lacune : contrairement aux instructions ministérielles, il n'édictait aucune règle sur le libre contrat de travail, d'où une instabilité redoutable pour les colons en quête de main-d'œuvre et qui, embauchant un jour des ouvriers agricoles ou autres, les voyaient disparaître subitement quelques semaines plus tard, sans qu'aucun moyen légal s'offrît à eux pour assurer la marche des travaux en cours. L'arrêté ne prévoyait non plus aucune répression du vagabondage, et comme, au début tout au moins, de nombreux affranchis

puis à 30, le nombre des journées de prestation dues par les indigènes, mais en même temps elle assura la nourriture des prestataires et leur alloua un salaire.

(1) Rapport du colonel Bouguié, gouverneur de Tananarive, 18 novembre 1896. Chez les Sakalaves, où le commerce des esclaves était fort actif, l'excitation fut, au contraire, assez grande et joua un rôle important dans les troubles que les troupes françaises eurent à réprimer par la suite.

se montraient plus soucieux de jouir de leur récente liberté
que de se pourvoir d'un gagne-pain, une masse flottante se
constitua, qui formait une réserve de recrutement tout indiquée pour le brigandage ou l'insurrection, suivant les cas.

Le général Gallieni eut à se préoccuper de la question :
sur l'avis d'une commission spéciale, il prit, à la date du
2 janvier 1897, des dispositions complémentaires obligeant tous les habitants de l'île à justifier de moyens
d'existence réguliers, et, sous peine d'emprisonnement
d'abord, puis de travail forcé sur les chantiers de l'État,
à ne pas rompre pour plus de cinq jours les contrats de
travail qu'ils auraient passés avec des particuliers. Ces
mesures rigoureuses de répression, imposées par l'absence
de procédés préventifs, auxquels la politique improvisée
par la Chambre avait empêché d'avoir recours, furent
approuvées par celle-ci (1). On put s'en départir par la
suite ou tout au moins en atténuer la sévérité, mais l'expérience prouva une fois de plus qu'il est matériellement
impossible de passer brusquement du régime de l'esclavage
à celui de la liberté, sans traverser une époque intermédiaire
où le travail obligatoire est une nécessité sociale.

VI

LA MISSION DU GÉNÉRAL GALLIENI

Le général Gallieni s'embarqua à Marseille le 10 août.
Il était accompagné des seuls renforts qu'il eût demandés,
soit quatre compagnies de la légion étrangère (2). Il avait

(1) Question de M. Deville ; séance du 23 mars 1897.
(2) En arrivant à Tamatave, il demanda deux compagnies d'in-

en outre l'autorisation d'employer les fusils et munitions en réserve à Madagascar pour armer les populations indigènes et les mettre en état de résister par elles-mêmes à l'insurrection. Bien que les derniers télégrammes du résident général signalassent une légère amélioration, et que M. Laroche « se sentît maître de la situation autant qu'on peut l'être au milieu de circonstances de force majeure qui créent de si fâcheux embarras (1) », l'état de choses que le nouveau commandant en chef allait trouver à son arrivée dans l'île n'était pas particulièrement brillant ni rassurant.

Il est inutile, et il serait trop triste, d'insister sur les conséquences variées qu'avait produites l'anarchie des services français : le spectacle que présentaient les populations indigènes suffit à montrer l'intensité du mal. « A Tananarive, disait dès la fin de mai un haut fonctionnaire civil, très attaché pourtant aux conceptions de l'administration tunisienne, à Tananarive, on commence à se faire une idée de ce que nous voulons, parce que tous les jours nous conférons avec quiconque se présente à nous. Mais en province, à des centaines de kilomètres, chez des gens qui n'ont jamais vu un blanc, comment voulez-vous qu'on comprenne quelque chose à ce phénomèce inouï dans les annales malgaches d'un gouvernement battu à plate couture et qui subsiste? Faut-il lui obéir encore ou prendre sa revanche des griefs passés? La reine est-elle réellement libre? La générosité invraisemblable des Français durera-t-elle, et ne vont-ils pas prendre les terres et les femmes? ne vont-ils pas émanciper les esclaves? ne va-t-on pas supprimer les privilèges des nobles? Les bruits les plus absurdes trouvent créance parmi ces gens ignorants et

fanterie de marine stationnées à la Réunion. Elles lui furent aussitôt expédiées. On lui envoya en outre de France dix mille fusils Gras et un approvisionnement de cartouches correspondant.

(1) Télégramme du 20 juillet.

crédules. Tous les intérêts se sentent vaguement menacés. Quand un fonctionnaire tourne, toute la population tourne avec lui, comme il est arrivé dans le Nord. Ou bien des tribus entières se mettent en insurrection, en croyant sincèrement servir la France, comme sur la côte est. » Un mois plus tard, le même correspondant avait écrit : « Je sens le pays s'effondrer sous nous... Si l'on ne change pas de tactique... l'insurrection deviendra générale, nous serons bloqués dans Tananarive, et l'expédition sera complètement à recommencer. » Puis encore, en juillet : « Notre situation a peu changé, et, par le seul fait qu'elle ne s'améliore pas, elle s'aggrave. Tout croît en effet, avec le temps : la démonstration de notre impuissance, la ruine du pays insurgé, qu'on achève de piller et d'incendier ; l'inquiétude des pays encore tranquilles, la désaffection générale, l'exaspération qui échauffe tous les esprits parmi les Français, militaires, fonctionnaires, missionnaires et civils, et nous met en pleine anarchie. »

Cette ébauche de la situation à Madagascar, vers le milieu de 1896, est très exacte et montre quelle était l'extrême variété des causes qui avaient déterminé les troubles et favorisé leur développement. Sans doute, une idée simple s'en dégageait : il fallait avant tout concentrer des pouvoirs jusque-là trop divisés ; il fallait encore affirmer d'une manière éclatante aux yeux des indifférents et des hostiles l'autorité, désormais définitive, de la France. Mais cela même ne suffisait pas : une application soutenue était indispensable pour démêler les fils des intrigues qui s'entre-croisaient dans les milieux malgaches, appliquer à chacune des passions contraires qui provoquaient l'incertitude et la rébellion le remède convenable, et, une fois l'autorité restaurée, imprimer une direction effective et sagace aux agents de tous ordres, européens ou indigènes, appelés à concourir à l'œuvre de la pacification.

Pour éloignées de nous que semblent de prime abord les civilisations africaines, lors même que, comme celle de Madagascar, elles sont fortement imprégnées d'éléments asiatiques, une analyse minutieuse n'en conduit pas moins à y retrouver les traits essentiels et communs de toutes les sociétés humaines : sous d'autres formes et sous d'autres noms, et aussi dans une mesure différente, les mêmes conflits de personnes, d'intérêts ou de coteries s'y élèvent, les mêmes difficultés s'y rencontrent à concilier des principes opposés, les mêmes procédés de règne s'y imposent.

Or, Madagascar était, depuis le début du siècle, en proie à une lutte soutenue entre les nobles *(andriana)* et les bourgeois *(hovas)* : expropriés une première fois des fonctions publiques en 1828, à la suite d'une révolution de palais, ayant fait un vain effort pour se ressaisir de l'exécutif trente-trois ans plus tard, les nobles s'étaient retirés dans leurs fiefs après la décision prise par leurs adversaires de ne plus appeler au trône que des femmes, qui seraient tenues d'épouser un premier ministre choisi dans la caste hova. Trois règnes s'écoulèrent ainsi, sans que les *andriana* eussent réussi à reprendre faveur, lorsque, la vieillesse de notre grand adversaire Rainilaiarivony aidant, ils parvinrent, depuis 1891, à s'insinuer auprès de la reine Ranavalo et à se faire attribuer un assez grand nombre d'emplois. La considération, au moins extérieure, dont le général Duchesne d'abord et M. Laroche ensuite entourèrent celle-ci, fit espérer au parti noble qu'il parviendrait à recouvrer ses anciens privilèges et à se débarrasser de la concurrence des bourgeois. Il affectait, par mainte délation, de représenter les *hovas* comme hostiles à l'influence française, sous le prétexte qu'ils avaient hérité des traditions et des haines de Rainilaiarivony (1). En réalité, il

____

(1) Rasanjy, ancien collaborateur de ce dernier, que M. Ran-

nous restait foncièrement adverse, et, par le crédit dont il disposait dans les provinces, il était, avec la fourberie de sa race, l'âme même de la révolte.

Dans ce dernier rôle, il disposait de la complicité de la reine, qui se considérait comme le chef des nobles, et qui — on ne le sut qu'à la fin de 1896 — était en communications presque constantes avec les insurgés, cachant aux autorités françaises les rapports qu'elle recevait sur les mouvements en préparation, laissant circuler dans les régions troublées des papiers revêtus du sceau royal, et entretenant dans son entourage immédiat des sentiments à peine déguisés d'animosité. Ranavaio ne donnait pas précisément l'impulsion au mécontentement, mais ses confidents laissaient clairement entendre qu'elle le voyait avec satisfaction se manifester sous la forme violente qu'il avait revêtue. La reine et les nobles espéraient que du désarroi général ne pourrait résulter qu'une amélioration de leur position matérielle et morale.

Ce mécontentement, soigneusement entretenu par les intérêts que la domination française semblait plus directement menacer, rencontrait dans les couches profondes de la population l'écho des passions idolâtres ou fétichistes. On a beaucoup disserté, et l'on dissertera beaucoup encore apparemment, sur la sincérité et la solidité de la foi chez ceux des Malgaches qui se sont convertis au christianisme, en se plaçant soit sous l'égide des protestants, soit sous celle des catholiques (1). Toujours est-il que les défaites militaires avaient eu pour premier et très significatif

chot avait fait nommer secrétaire général du gouvernement malgache en octobre 1895, et que le général Gallieni plaça et maintint à la tête des services indigènes, fut particulièrement l'objet de leurs dénonciations. On alla jusqu'à fabriquer des faux pour l'impliquer dans un prétendu complot contre la France.

(1) La question religieuse et celle des rivalités entre confessions chrétiennes sera traitée plus loin.

résultat d'exciter un réveil prononcé du fétichisme. Dans les destructions d'édifices religieux auxquelles procéda l'insurrection, les coups furent répartis entre protestants et catholiques dans la proportion même où les deux confessions se partageaient la clientèle locale : deux tiers des premiers contre un tiers des seconds. Les prêtres 'idoles allaient, en effet, répétant en tous lieux que, si le pays avait été envahi par les blancs, cela tenait à l'abandon et au dédain où l'on avait laissé la religion des ancêtres. Il fallut de nombreuses et sanglantes expériences pour prouver aux imaginations mobiles des indigènes que les amulettes ne protégeaient pas mieux les combattants contre les balles ennemies que ne l'avaient fait les scapulaires ou les *tracts*.

L'intérêt de caste et la réaction antichrétienne avaient ainsi fourni aux habituelles et périodiques déprédations (1) un appoint assez fort pour que, de simple opération de brigandage au début, l'agitation se fût rapidement transformée en insurrection politique proprement dite. Contre l'assaut combiné de ces mobiles variés, les vieux cadres de l'administration hova n'étaient plus à même de résister. Rainilaiarivony n'était plus là pour les mener avec sa rudesse habituelle. Son élève Rasanjy n'occupait enfin que des fonctions secondaires et était plus anxieux de défendre contre les intrigues de cour que de se compromettre pour le service des Français, qu'il sentait faibles et incertains. Dans les provinces, le désarmement commencé par le général Duchesne, et qui avait été effectué, non par les Français eux-mêmes, mais par des intermédiaires indigènes, avait, comme par hasard, laissé les braves gens

___

(1) Tous les ans, à l'approche de la saison sèche, et après avoir fait leurs propres récoltes, les *fahavalos* de la périphérie de l'île avaient coutume de remonter vers les plateaux pour y voler des bestiaux.

sans défense et les mécréants armés. La police locale elle-même n'existait plus : par exemple, on ne voyait plus fonctionner, contrairement aux plus antiques traditions locales, la responsabilité collective des villages, avec la faculté pour eux d'emprisonner ou de livrer à l'autorité centrale les individus soupçonnés de pouvoir mettre quelque jour en jeu cette responsabilité par leur mauvaise conduite. L'ancien système s'était écroulé ; aucun autre ne lui avait été substitué ; si bien qu'à toutes les causes de troubles déjà existantes venait encore s'ajuster celle-ci, que, dans les régions autres que l'Émyrne, les autochtones, toujours plus ou moins disposés à secouer le joug hova, pouvaient, avec quelque apparence de bonne foi, se figurer qu'ils seraient agréables à la France en achevant de détruire ce qu'elle ne semblait nullement disposée à maintenir.

Tels étaient les faits — moins connus alors dans leur détail qu'ils n'étaient soupçonnés dans leur ensemble — qui fournirent le texte des instructions données, aux dates des 6 et 8 août 1896, au général Gallieni et au résident général (1).

La loi d'annexion, aussitôt promulguée dans l'île, devait avoir pour conséquence immédiate de substituer des arrêtés du résident général aux lois de la reine Ranavalo : tout au plus celle-ci aurait-elle, au même titre que les autres chefs de tribus indigènes, à « communiquer » les décisions de l'autorité française à ses sujets. « La loi du 6 août fait entrer Madagascar dans notre domaine colonial, et vous avez désormais à conformer tous vos actes à l'esprit de cette loi, qui coupe court à toute hésitation dans la politique à suivre. Vous n'avez pas à songer à administrer directement un pays aussi vaste, mais bien

(1) Voir aux annexes, pièces C et D.

à utiliser également tous les éléments de gouvernement que vous offre l'organisation sociale des tribus de l'île, en tenant compte de leur diversité de races (1). » A cette affirmation de la souveraineté française étaient jointes des prescriptions relatives à l'unité de direction : le commandant en chef ne devait correspondre qu'avec le ministre des Colonies ; il ne pouvait le faire que par l'intermédiaire du résident général, lequel était tenu de transmettre les rapports originaux, en les accompagnant ou non de ses observations. Puis, comme cela encore ne suffisait pas à assurer la cohésion et la rapidité des efforts à accomplir, ordre était donné de constituer sans retard les régions troublées, et particulièrement l'Émyrne, en territoire militaire sous l'unique autorité du général Gallieni, avec mandat complémentaire de faire disparaître, dans les tribus de la périphérie, les signes apparents de l'ancienne hégémonie hova, pour y substituer le drapeau français (2).

Au général Gallieni, chargé de la tâche la plus difficile et la plus pressante, le ministre rappelait (3) que sa mission ne consistait pas seulement à rétablir l'ordre dans l'Émyrne, mais aussi à garantir la liberté sans cesse menacée des communications de Tananarive avec la côte, par Tamatave d'une part et Majunga de l'autre :

« Je tiens à définir le double rôle que vous réserve la confiance du gouvernement dès votre arrivée à Madagascar, en tant que commandant supérieur du corps d'occupation et des territoires militaires à établir dans la région des hauts plateaux, centre de la rébellion.

« Comme commandant supérieur des troupes, vous aurez à vous préoccuper tout d'abord d'assurer les relations de la capitale avec les côtes (d'une part de Tananarive à

____

(1) Dépêche du 8 août au résident général.
(2) Instructions du 8 août.
(3) 6 août.

Tamatave, d'autre part jusqu'à Majunga) et avec Fianarantsoa, à l'intérieur de l'île. Ces lignes d'opérations sont
les plus essentielles. Tous vos efforts, général, devront
tendre à établir fermement notre puissance dans la partie
centrale de l'île, d'abord, et dans ses principales lignes
d'accès aux côtes, ensuite. Nous n'avons pas à penser
actuellement à augmenter davantage les limites de notre
occupation effective.

« Vous aurez toute initiative pour activer la formation
des régiments indigènes, dans les strictes limites des crédits dont vous pourrez disposer et pour les substituer aux
troupes africaines, tout en gardant de ces dernières
troupes le noyau indispensable pour parer à toute éventualité grave. La diversité même des races des peuplades
de l'île vous est un sûr garant de réussite dans le recrutement des troupes indigènes, dès que vos informations et
votre connaissance personnelle du pays vous permettront
de bien saisir les caractères qui différencient ces races
et de profiter de leur division même pour utiliser leur
concours militaire suivant les régions et les événements.

« Avant tout, vous devrez vous préoccuper d'éviter,
autant que possible, l'envoi de troupes d'Europe. Seuls,
les cadres seront obligatoirement empruntés à la métropole, et en nombre suffisant, au début surtout, pour
imposer le respect aux nouvelles recrues indigènes.

« La préoccupation de constituer des corps de troupes
indigènes ne doit pas être exclusive, dans votre esprit,
de celle de former des forces de police, des milices analogues
à celles de l'Indo-Chine, et qui seront mises à la disposition
des résidents pour réduire le brigandage. Je vous prie
d'apporter tous vos soins à favoriser le développement
de ces milices, qui, peu à peu, avec le temps, suffi ont,
quand la civilisation aura pris le dessus dans la grande île,

pour y faire régner le calme indispensable aux entreprises de colonisation.

« Comme commandant supérieur des troupes à Madagascar, vous voudrez bien encore donner des instructions précises à tous vos subordonnés relativement à la conduite qu'ils auront à tenir dans leurs rapports avec les indigènes. La pacification du pays dépendra en grande partie du tact qu'ils sauront montrer dans ces rapports en évitant de heurter de front les préjugés, les croyances des autochtones dans toutes leurs manifestations, le culte des morts entre autres. D'après certains avis qui me sont parvenus, l'affaire de X..., qui aurait pu tourner en désastre, si la milice n'avait pas réintégré au moment voulu ses quartiers, n'aurait pas d'autre origine réelle que la violation de quelques tombeaux indigènes détruits pour faire place à une route en construction.

« Vous avez trop l'expérience des guerres coloniales pour que je croie utile d'insister sur la prudence qu'il convient d'apporter, afin de hâter la pacification, dans la répression des actes de rébellion. L'incendie des villages, les rigueurs exercées en masse contre des populations souvent plus coupables par ignorance que par véritable haine de l'étranger, à moins que les nécessités des opérations militaires ou des circonstances spéciales n'y obligent nos troupes, sont à éviter, en dehors de toutes les considérations d'humanité qui s'imposent, si nous voulons utiliser notre conquête. La mise en valeur de ce pays, qui a déjà tant coûté à la France, ne peut être retardée ; le rétablissement du bon ordre dans les régions les plus favorables au développement des entreprises européennes donnera aux colons la sécurité qui leur manque actuellement, et permettra à l'administration de procéder au recouvrement des impôts, dont il n'a pu être question jusqu'à présent.

« Le gouvernement vous donne toute liberté pour rechercher et pour punir les auteurs des troubles qui se sont succédé presque sans interruption depuis que nous occupons Tananarive ; il approuve à l'avance la politique ferme que vous ne manquerez pas de suivre à l'égard de certains personnages de la cour d'Émyrne, dont les agissements contre notre influence ont, d'ailleurs, été signalés à diverses reprises au résident général ; mais il a en même temps la plus grande confiance en votre modération vis-à-vis des classes inférieures indigènes, qui ne font que suivre l'impulsion qui leur est donnée et peuvent être assez promptement gagnées à notre cause, si vous voulez bien indiquer à tous vos collaborateurs, aux titres les plus divers, la ligne de conduite à suivre pour se concilier les sympathies des races autochtones, en tenant compte du tempérament de chacune...

« Au point de vue politique, il ne me reste plus qu'à vous indiquer les vues du gouvernement sur deux points qui préoccupent particulièrement l'opinion : le premier concerne l'administration des indigènes de même tribu, c'est-à-dire la suppression de l'hégémonie hova ; le second a trait à la question des cultes chrétiens à Madagascar.

« J'ai déjà, quant à l'administration des indigènes par des chefs de même race, exposé mes vues dans une dépêche au résident général en date du 23 mai dernier, dont vous trouverez ci-joint copie. Je les ai également fait connaître à la commission de la Chambre chargée d'examiner le projet de loi tendant à déclarer Madagascar colonie française, et qui a été adopté par le Parlement. Je n'ai rien à ajouter à ces explications, annexées aux présentes instructions ; toute la question peut ainsi se résumer :

« Madagascar est devenue colonie française, et le système qui consistait à gouverner l'île en exerçant simplement une action protectrice sur la peuplade dominante

doit être écarté. L'action de la puissance souveraine **doit**
maintenant se faire sentir directement par l'intermédiaire
des chefs de chaque peuplade distincte, et il vous **appar-**
tiendra d'utiliser, au mieux de nos intérêts, l'autorité **de**
ces chefs dans les diverses régions de l'île comprises dans
les territoires militaires, en les dirigeant au moyen de résidents français, civils ou militaires.

« La question des cultes chrétiens a fait l'objet d'instruc-
ti... spéciales au résident général en date du 8 juillet
dernier, en même temps que celle très importante de l'enseignement des indigènes. Vous voudrez bien vous conformer à ces instructions, dont ci-joint copie.

« Pour les compléter, vous n'aurez qu'à vous reporter
au compte rendu de la séance de la Chambre du 11 juillet
dernier. Aux questions qui m'étaient posées sur l'attitude
du gouvernement à l'égard de certaines confessions religieuses à Madagascar, j'ai répondu que « nous devions
« tenir la balance égale entre toutes les croyances et
« entre tous les cultes, mais que, si, derrière des confes-
« sions religieuses quelconques, se cachaient des menées
« politiques quelconques, ceux qui se livraient à ces
« menées seraient expulsés du territoire, conformément
« au droit commun pratiqué même dans les pays civi-
« lisés. »

« Telle est la pensée du gouvernement, et vous n'aurez
qu'à y conformer vos actes, le cas échéant. »

Ainsi se trouvait définie, et dans ses tendances, et dans
ses moyens, l'action nouvelle de la France à Madagascar.
Dictées, non point par les vues personnelles ou préconçues
de tel ou tel homme, mais par l'expérience même des derniers mois ; préparées par les indications précédemment
données au résident général et déjà partiellement appliquées, de manière que l'évolution pût s'accomplir sans
à-coup ; confiées pour leur exécution aux serviteurs les

plus expérimentés de la cause coloniale, ces instructions, sommairement annoncées à la Chambre le 16 juillet, développées avec plus de détails devant le Sénat le 3 novembre, reçurent l'entière approbation du Parlement. Leur valeur ne tarda pas à être prouvée par la promptitude des résultats qu'elles permirent d'obtenir. Mais des délais inévitables devaient s'écouler avant que le général Gallieni atteignît Tananarive et y fît sentir son impulsion ; ils furent consacrés par le Pavillon de Flore à l'étude de diverses questions de pure administration.

VII

FINANCES ET TRAVAUX PUBLICS

Si plaie d'argent n'est pas mortelle, elle est du moins singulièrement cuisante, surtout quand tout se réunit pour l'aviver. Dans un temps où les troubles rendaient la perception des recettes locales fort aléatoire, il était particulièrement douloureux d'avoir à compter avec la parcimonie parlementaire pour faire face aux exigences les plus impérieuses de la situation.

Au point de vue militaire, la difficulté n'était pas insoluble, ou du moins l'expédient indispensable se découvrait aisément. En établissant les prévisions du budget de 1896, le cabinet Léon Bourgeois, avec l'optimisme imperturbable que lui commandait sa politique intérieure, avait brusquement fait tomber à 7 millions, du chiffre de 90 millions qu'elles avaient atteint pour l'expédition de 1895, les dépenses du corps d'occupation. Or, non seulement les réductions d'effectifs déjà opérées à la fin de 1895 n'avaient pu être intégralement maintenues, puisqu'il avait fallu concéd r quelques renforts au ¿énéral Gallieni, mais, de plus, celles qu'on avait escomptées pour le premier semestre de 1896 avaient dû être complètement abandonnées à raison de l'insurrection. De là un dépassement notable dans les évaluations premières. Par bonheur, une fois le drapeau engagé et quand il s'agit de pourvoir à l'entretien de nos soldats, le Parlement ne se montre pas trop avare des deniers publics : chacun voyait que la nécessité avait commandé des mesures autres que celles tout d'abord prévues ; lorsque la carte à payer de ce chef fut présentée aux Chambres après la clôture de l'exercice, nul ne la discuta ni ne la contesta.

Tout autre était la position pour les dépenses civiles. Lors du départ de M. Laroche pour Madagascar, le résident général avait reçu ordre de préparer le budget local en faisant état d'une subvention de 2 760 000 francs de la métropole : deux millions provenant des crédits jadis inscrits au ministère des Colonies pour les établis¿ ments de Diégo-Suarez, Sainte-Marie et Nossi-Bé ; le surplus naguère affecté par le Quai d'Orsay au protectorat proprement dit. Par une de ces fantaisies qui lui permettent de se poser auprès des contribuables en défenseur vigilant de ses intérêts et de compenser pour partie les largesses électorales qu'il fait souvent par ailleurs, le Parlement avait, en cours de route, et alors que les dépenses étaient déjà engagées, supprimé un tiers de cette subvention. D'un autre côté, l'insurrection, en se généralisant, avait eu pour résultat presque immédiat d'arrêter l'essor du commerce, voire de suspendre les travaux agricoles ; cela entraîna un fort ralentissement dans les recettes douanières et rendit impossible de recouvrer les taxes indigènes dans de vastes régions ; la disette força même d'introduire des quantités considérables de riz de Cochinchine. Enfin, le cabinet Léon Bourgeois avait très sagement envisagé qu'une des conséquences prochaines de l'expédition devait être de permettre au gouvernement hova la conversion, sous la garantie de la France, de certain emprunt contracté par lui en 1886 auprès du Comptoir d'escompte : avec l'économie qui en proviendrait dans le service des annuités, on allégerait les charges du budget local ; avec une soulte qu'on avait ménagée dans cette opération financière, on devait pourvoir à quelques travaux publics de première installation particulièrement indispensables. Comme ces travaux pressaient, on avait autorisé M. Laroche à en commencer quelques-uns avant même que la loi de conversion eût été votée par les Chambres. Or la session ordinaire de 1896 s'etait achevée sans que ce vote fût intervenu.

Pour parer aux mécomptes causés par ces multiples accidents, on avait, comme on dit, fait flèche de tout bois : suspension de toutes nominations nouvelles dans le personnel civil, arrêt dans l'embarquement de certains agents déjà pourvus de leur titre de nomination, mais pas encore de leur feuille de route ; ordre de percevoir une taxe de consommation de 120 francs par hectolitre d'alcool, création d'un impôt de patentes, puis, plus tard, de taxes de navigation et autres ; ordre d'interrompre les travaux engagés au titre extraordinaire, etc. (1). Mais tout cela, vu les distances, ne pouvait s'exécuter *ad nutum*. Malgré tous les efforts, il fallait s'attendre à un déficit, qu'on

(1) Le budget local fut ainsi arrêté pour 1896 à 4 200 000 francs, au lieu de 8 millions auxquels se montaient les propositions premières de la résidence générale (dépêche ministérielle du 9 mai). En réalité, il atteignit 5 300 000 francs, mais ne laissa cependant qu'un déficit de moins de 200 000 francs.

évalua d'abord à un million et demi environ, sur le seul budget local.

Comment combler ce déficit? La soulte de la future conversion semblait tout indiquée pour cet usage : en la grevant de cette charge, on appauvrissait d'un dixième à peine la dotation des travaux publics et l'on faisait l'opération financière la plus régulière du monde. Mais, quand il s'agit de passer de la théorie à l'application, ce fut une autre affaire : le ministère des Finances, qui avait d'abord demandé, non sans raison, que l'affectation de la soulte à des travaux publics ne fût pas édictée avant qu'un plan de ces travaux eût été arrêté, objecta soudain, lorsqu'il fut saisi du plan, qu'il ne lui était plus possible de consentir à ce que la conversion fût garantie par l'État français. On avait bien pu en effet, disait-il, concéder au « protectorat » de Madagascar la même faveur que jadis au « protectorat » de la Tunisie ; mais, depuis que la grande île était tombée au rang de simple colonie, elle devait être traitée sur le même pied que les autres colonies ou les départements français ; or il n'y avait pas d'exemple que la dette de ces derniers eût jamais été garantie par l'État.

On conçoit aisément le désarroi où une pareille thèse jeta le Pavillon de Flore : Madagascar annexé était plus mal traité que Madagascar protégé ; ce n'était pas seulement une économie annuelle de 200 000 francs sur le service de l'emprunt qu'on empêchait la nouvelle colonie de réaliser, mais une soulte de 12 millions dont elle perdait la libre disposition (1). Et si l'on considère qu'il s'agissait

(1) Il y eut encore d'autres étrangetés de l'administration métropolitaine contre lesquelles le service colonial eut à lutter. L'emprunt du Comptoir d'escompte, qu'il s'agissait de convertir, était payé sur le produit des douanes locales qui, naturellement, se percevaient dans l'île. Or, la métropole servait à Madagascar une subvention supérieure à l'annuité ainsi gagée. Le service colonial ne put jamais obtenir qu'on fît à Paris même, en payant directement le Comptoir,

d'un budget momentanément en déficit, dont la métropole se verrait forcée, en dernière analyse, de combler les insuffisances en augmentant sa subvention aux frais des contribuables, on reconnaîtra qu'il y avait dans cette prétention de régenter une situation aussi exceptionnelle à l'aide de formules tout juste convenables pour nos antiques mœurs d'uniformité et de centralisation, de quoi faire perdre patience aux plus modérés. Un échange de correspondances assez vives eut lieu à ce propos entre les deux départements ministériels. Les Finances finirent par se rendre aux excellents arguments que les Colonies avaient à leur opposer. La loi de conversion, après avoir été encore quelque peu ballottée dans les commissions compétentes des Chambres, finit par être promulguée au printemps de 1897.

De cette manière, le budget local sortit enfin de ses limbes. Grâce aux nombreux perfectionnements dont il fut l'objet par la suite, grâce aussi à la reprise des affaires qui résulta des progrès de la pacification, il ne tarda pas à prendre un rapide développement. La subvention de la métropole restant fixée à 1 800.000 francs, ce budget a fait face, en 1900, à près de 14 millions de dépenses (1) ; il a laissé, dès 1897, un premier excédent de 1 278 000 francs qui a été porté en réserve : en 1898, un second de 2 millions et demi ; en 1899, un autre excédent d'importance à peu près égale. On voit que si les fées qui entouraient son ber-

compensation entre ces sommes : durant plusieurs mois, c'est-à-dire jusqu'après la conversion effectuée, les écus de la métropole furent expédiés en nature à Madagascar, tandis que des traites plus ou moins dispendieuses revenaient à Paris pour payer le Comptoir.

(1) Dans ce chiffre est comprise une annuité de 1 700 000 francs pour un emprunt nouveau de 60 millions destiné à construire le chemin de fer de Tananarive à Andevorante ; plus de 2 millions furent en outre affectés à l'entretien de milices, qui remplacent souvent les troupes payées par la métropole.

ceau avaient manqué de munificence, la vie même lui a été clémente (1).

Mais il ne suffisait pas, en 1896, de jeter les fondements de l'avenir financier de la colonie nouvelle : il fallait encore préparer son développement économique en l'étudiant et, s'il était possible, en construisant les voies de communication les plus essentielles. Au cours de son histoire coloniale presque tout entière, la France a à peu près partout répété la même erreur : elle n'a pas su faire succéder rapidement à de gros sacrifices militaires des sacrifices analogues pour les travaux publics. De là la permanence de charges annuelles excessives pour le service des transports ; de là aussi une entrave prolongée à l'essor des affaires commerciales et de la colonisation, qui sont pourtant les instruments les plus prompts et les plus efficaces d'une pacification durable. A Madagascar, la question était particulièrement aiguë : ce pays, plus grand que la métropole elle-même, n'avait que peu de kilomètres de voies navigables, point de routes carrossables, et naturellement point de chemins de fer ni de télégraphes ; comme système de transport, il ne connaissait que le portage. Or, par le jeu combiné de l'augmentation du nombre des Européens résidant sur le plateau central et de la suppression de l'esclavage, qui avait diminué l'effectif des « bourjanes », le prix d'une tonne de marchandises allant de Tamatave à

(1) Ce résultat est d'autant plus remarquable que l'application du nouveau régime douanier priva la colonie de plus d'un million de droits d'entrée. Quant aux dépenses militaires payées par la métropole, elles ont pu, dès 1898, être réduites d'un cinquième, pour rester fixées aux environs de 23 millions, non comprises les dépenses prévues au vaste plan de défense des colonies élaboré en 1899 pour le cas de guerre européenne. Sur ce chiffre, près de 3 millions étaient exclusivement employés en frais de transport à l'intérieur de l'île ; le reste servait à l'entretien de la garnison, laquelle comptait 12 000 hommes, dont 3 000 Européens seulement.

Tananarive (environ 300 kilomètres) avait passé, de 500 à 600 francs avant la guerre, 1 200 à 1 500 francs pour l'administration, 1 700 à 2 000 francs pour les particuliers, depuis l'occupation, soit en moyenne 6 francs par kilomètre (1).

Il y avait donc tout à faire dans cet ordre d'idées, mais pour le faire, il n'y avait rien ou presque rien, c'est-à-dire pas d'argent. La route qui avait été tracée sommairement pour amener le corps expéditionnaire de Majunga à Tananarive était très longue, et n'avait pu d'ailleurs résister, au moins dans celles de ses parties qui suivaient le fond des vallées, à la première saison des pluies. Il en advint de même d'une piste muletière qu'aussitôt après l'occupation de Tananarive le génie militaire s'était hâté d'aménager dans la direction de Tamatave. Avec la somme provenant de la conversion de l'emprunt de 1885 on pouvait accomplir, et l'on accomplit en effet, quelque chose. Mais dix millions sont vite employés quand il faut à la fois construire des casernements pour les troupes, poser des fils de télégraphe (2), installer quelques feux sur les côtes et ouvrir une route carrossable, dans des terrains argileux et montueux comme ceux qui séparent Tananarive d'Andevorante (3). Tout cela fut préparé et mis en train dès

(1) En 1899 encore, ces prix ont été de 1 000 à 1 200 francs la tonne suivant les époques. Sans parler de l'énorme charge financière qui en résultait soit pour l'administration, soit pour les particuliers, des milliers de bourjanes employés à ce service étaient distraits ainsi des travaux productifs : cela était grave dans un pays ou la main-d'œuvre faisait grandement défaut depuis la suppression de l'esclavage.

(2) La ligne de Tananarive à Majunga, qui plaçait la capitale de l'Émyrne à portée du câble, fut ouverte le 29 juillet 1897.

(3) Une concession du 6 octobre 1897 autorisa une compagnie privée à relier Andevorante à Tamatave en perçant un canal à travers les lagunes (pangalanes) qui bordent le rivage de la mer. Cette concession a été modifiée par décrets des 19 et 20 août 1899.

1896, mais le plus gros œuvre, un chemin de fer, restait en suspens : ni les études n'en étaient faites, ni l'argent n'était prêt pour y subvenir (1).

L'esprit humain, si ingénieux soit-il, n'a encore inventé que trois systèmes, ou plus exactement trois catégories de systèmes, — car les nuances peuvent varier dans chaque application, — pour obtenir la construction d'une voie ferrée un peu coûteuse : l'État opère par lui-même, avec les ressources du Trésor public ; il s'en remet à des compagnies privées, auxquelles il promet une garantie d'intérêt pour les capitaux qu'elles engageront dans l'affaire ; il laisse faire des particuliers et ne leur donne, pour tout encouragement, que des concessions de terres ou de forêts encore inexploitées. Le premier de ces systèmes, très en faveur en Russie, n'a encore que peu de vogue en France, quoique, après des expériences très dispendieuses il est vrai, mais très concluantes, il donne aujourd'hui des résultats favorables au Soudan (2) et en Indo-Chine. Le second, celui de la garantie d'intérêt, est particulièrement de mode sur notre vieux continent gallo-romain : on le connaît trop pour qu'il soit utile de rappeler ses avantages et ses inconvénients. Quant au troisième, il a permis aux États-Unis de l'Amériq du Nord de se

(1) On se rappelle qu'à peine installée dans l'Ouganda, l'Angleterre a décidé d'y construire, aux frais de l'État, une voie ferrée reliant le lac Victoria à Mombassa, sur un parcours d'environ 600 milles. On avait pensé que la construction durerait trois ans et coûterait 86 000 francs par mille. Commencé en 1895, le travail n'était pas encore aux deux tiers cinq ans plus tard, et la dépense avait déjà dépassé les prévisions de plus du double, sans parler des hécatombes d'hommes et d'animaux causées par les maladies tropicales. Cela ne ralentit pas le zèle du Parlement britannique à poursuivre l'entreprise.

(2) Au Soudan, la voie ferrée se construisait couramment avant la guerre, avec le génie militaire, au prix moyen de 65 000 francs le kilomètre, travaux d'art et matériel d'exploitation compris.

procurer une large partie de leur réseau ferré, tout en assurant du même coup la mise en valeur des régions traversées par les locomotives, puisque les concessionnaires sont intéressés à tirer profit du sol en même temps que de l'exploitation de la ligne.

Il ne manquait pas à Paris de groupes financiers enclins à construire un chemin de fer malgache sous le régime de la garantie d'intérêt : le risque n'était point grand, en effet, et les émissions de titres assuraient une ample moisson de bénéfices, sans que la respectabilité des émetteurs fût jamais mise en doute, puisque, en prenant choses au pire, les porteurs d'actions toucheraient toujours au moins 3 pour 100 de leur argent. En vain le ministre leur objectait-il que l'exemple souvent discuté de l'Algérie, du Sénégal, de la Réunion n'encourageait point le Parlement (1) à s'engager de nouveau dans cette voie, et qu'ils s'exposaient, en s'obstinant sur cette formule vieillie, à voir l'État construire par ses propres moyens, plutôt que de rémunérer un capital toujours plus exigeant que la rente : les financiers en question n'en voulaient point démordre ; ils préférèrent ne rien faire que d'essayer de faire neuf.

En revanche, un Mauricien d'origine française, M. de Coriolis, — son nom a fait quelque bruit à l'époque, car il servit de prétexte pour accuser le gouvernement de vouloir livrer Madagascar à la Grande-Bretagne, — se montrait tout disposé à inaugurer le système américain pour le compte de la France. On lui signifia, dès le début des pourparlers, que sa nationalité ne permettrait point de traiter avec lui et que, si jamais le gouvernement adoptait ses idées, il ne les réaliserait qu'au profit d'une société

(1) La loi sur la conversion de l'emprunt malgache obligeait le gouvernement à ne faire aucune concession de voie ferrée sans y être autorisé par le Parlement.

française, constituée selon la loi française et possédant un personnel français. Il ne se découragea pas : il parcourut la province, prêchant sa foi et son système ; il rencontra, à Bordeaux surtout, puis à Marseille, des hommes disposés à entrer dans ses vues et à prendre à option le chemin de fer de Tananarive à Andevorante, sous la seule condition que, s'ils levaient l'option, l'État leur concéderait 300 000 hectares de terre.

Il y avait tout intérêt, et pour le Trésor public, et pour la colonisation, à encourager ce mouvement d'idées et à tenter, à propos de Madagascar, d'imprimer une orientation nouvelle aux capitaux français. Malheureusement, une pareille initiative se heurtait à trop de préjugés et à trop d'intérêts particuliers pour que l'action ministérielle fût secondée par le Parlement. On le vit bien pour une autre affaire, beaucoup plus restreinte, où la même formule avait été appliquée : une société française avait demandé la concession d'une route entre Fianarantsoa, dans le Betsileo, et la côte est ; elle devait construire cette route à ses frais, et se réservait la faculté de la transformer le cas échéant en voie ferrée ; en rémunération de ses capitaux, elle demandait à être autorisée à percevoir des péages suivant un tarif annexé au contrat et réclamait de plus 20 000 hectares de terres. Une convention fut passée avec elle le 7 janvier 1897, approuvée par le comité technique des travaux publics et par la commission permanente du conseil supérieur des colonies, où siégeaient les représentants des principales chambres de commerce métropolitaines ; elle fut déposée le 12 à la Chambre, rapportée le 16 avec entière adhésion de la commission par M. Descubes. Mais jamais le gouvernement ne put réussir à en obtenir la discussion : les uns lui reprochaient, sous des prétextes variés, de rompre avec les traditions financières ; d'autres, de livrer Madagascar aux grands capitalistes. Bref, tous les adversaires avoués ou déguisés du projet manœuvrèrent de façon qu'il ne vît pas le jour.

Cette première tentative n'était point de nature à faciliter le succès des négociations engagées pour le projet principal, qui fut cependant déposé à la Chambre le 11 mars 1897. Ce dernier présentait, d'ailleurs, l'inconvénient de n'être qu'une simple option qui, si elle n'était point levée par les contractants dans le délai prévu, laisserait l'État aussi démuni qu'auparavant en fait de moyens de transport. Le devoir du ministre était de presser les contractants de transformer cette option en prise ferme, et pour les y amener, de leur fournir les tracés et devis détaillés de la ligne, lesquels n'avaient pas encore été dressés. Si, par la suite, ils venaient à renoncer à l'entreprise, ces études pourraient du moins servir soit à la concession faite à d'autres, soit à la construction directe.

Ce fut l'objet de la mission donnée, pour la saison sèche de 1897, — la seule saison où l'on puisse aisément circuler et travailler à Madagascar, — à M. le commandant Roques, de l'arme du génie (1). Le commandant Roques rapporta à la fin de l'année un travail complet : il concluait à des difficultés techniques plus grandes et partant à des

(1) Il n'y a pas à faire l'éloge de cet officier supérieur, très connu de tous les techniciens. Mais il est intéressant de reproduire ici un passage d'une lettre personnelle du général Gallieni, montrant l'avantage qu'il y a à prendre un militaire plutôt qu'un civil pour une telle besogne, quand ce militaire possède la valeur intellectuelle désirable : « Il nous faut, écrivait-il en juillet 1897, un homme sérieux, à l'esprit large, apte à se servir de toutes les ressources locales et surtout ne devant pas se laisser décourager par les énormes difficultés que nous rencontrons tous ici et qui effrayent tous les nouveaux arrivés... Il faut un homme solidement trempé au physique comme au moral... Le génie a des défauts, mais il est militaire : il tombe malade et meurt sans se plaindre... L'armée seule peut, à l'origine, entreprendre des travaux, parce qu'elle ne compte pas ses morts. »

dépenses plus fortes que celles escomptées tout d'abord. Les concessionnaires éventuels élevèrent en conséquence leurs prétentions pour transformer en prise ferme leur option première : ils ne demandèrent plus que 100 000 hectares de terre, avec droit de préférence pour construire un port à l'embouchure de la rivière Taroha et compléter le réseau ferré de l'Émyrne ; en revanche, ils exigèrent que les services publics leur garantissent des transports annuels pour une somme de 2 800 000 francs. Ce système était encore avantageux pour l'État : il mettait ce dernier en présence d'une charge fixe, et le maintenait en dehors tant des aléas de la construction que des combinaisons fallacieuses qui, sur d'autres réseaux, l'obligent à pourvoir aux insuffisances de l'exploitation. Une convention du 14 mars 1898 le consacra, mais la législature prit fin le 31 mai suivant, avant que cette convention eût été ratifiée (1).

Telle est, dans ses traits généraux, l'histoire des efforts faits pour doter rapidement Madagascar des artères principales d'un réseau de voies de communication. A l'automne de 1899, le gouvernement changea d'attitude : il se prononça pour la construction directe par l'État et sollicita des Chambres l'autorisation, pour Madagascar, de contracter un emprunt de 60 millions, dont les quatre cinquièmes affectés à la ligne de Tananarive à Andevorante. Mais le Parlement apporta à accorder cette autorisation la même nonchalance que naguère à l'examen des projets de concessions. La loi fut tardivement votée ; l'année 1900 ne vit pas s'ouvrir le moindre chantier. Au surplus, la construction fut longue à accomplir. Pour plusieurs années encore, jusqu'en 1913, Madagascar n'eut à sa

_____

(1) Les demandeurs en concession se découragèrent par la suite et retirèrent leurs offres.

disposition que les quelques routes qu'elle put entretenir sur ses ressources courantes, le canal des Pangalanes et la route carrossable d'Andevorante à Tananarive, exécutés, le premier par une compagnie privée, la seconde par le génie militaire avec la soulte de la conversion de 1897.

On ne peut assurément que déplorer de pareilles lenteurs : depuis les premiers mois de 1898, c'est-à-dire depuis le retour de la mission Roques, tous les éléments techniques de la solution désirable étaient réunis ; il fallait se hâter de diminuer, et pour le Trésor, et pour le commerce, les charges des transports, en même temps que s'assurer le puissant instrument de pénétration et de pacification définitive qu'est une voie ferrée. Le retard n'est certes pas imputable à l'administration locale : ses pressantes instances sont venues se briser contre les hésitations de la métropole et l'indifférence irrémédiable que témoigne le Parlement dans les questions étrangères à l'intérêt électoral. L'occasion fut perdue d'obtenir des financiers français qu'ils exposassent des capitaux dans un chemin de fer sous un abri moins sûr que celui de la garantie d'intérêt. Soit, mais pourquoi Madagascar fut-elle si longtemps arrêtée dans sa croissance? pourquoi la construction directe ne lui fournit-elle pas plus rapidement des facilités pour un nouvel essor économique (1)?

(1) La loi finalement votée fut assez lourde pour la colonie au point de vue financier. Le nouvel emprunt de Madagascar dut être, en effet, contracté sans garantie de l'État français. La commission parlementaire de la Chambre qui, sur le rapport de M. Argeliès, avait conclu à l'adoption du projet, comptait que l'emprunt pourrait se négocier au taux d'intérêt de 3 1/2 pour 100. Or, l'Indo-Chine n'a pu trouver de fonds qu'à 4,02 pour 100, et la Guinée à 4,10 pour 100, amortissement non compris. Madagascar obtint de la Caisse des dépôts le taux de 4 pour 100. Il est regrettable que, pour le seul et théorique plaisir de constituer une dette coloniale distincte de la dette métropolitaine, on impose à des colonies naissantes une charge supplémentaire de 1 pour 100 au minimum :

VIII

LA DÉPOSITION DE LA REINE RANAVALO

Le général Gallieni a rendu compte, dans un remarquable rapport publié en mars 1899 au *Journal officiel*, de la tâche immense accomplie par lui à Madagascar. Ce n'est pas le lieu de retracer en détail la variété de son œuvre, l'intensité de son activité et l'ingéniosité de ses solutions (1). Quelques-unes seulement des questions alors posées, et qui sont d'un caractère plus particulièrement politique, doivent être retenues ici, comme présentant un intérêt d'ordre très général.

Les premières impressions recueillies par le nouveau commandant en chef, à son arrivée dans l'île, au début de septembre, furent médiocres. Le paquebot qui le portait avait fait escale successivement à Mayotte, à Majunga, à Nossi-Bé, à Diégo-Suarez et à Sainte-Marie avant de le

en définitive, cette charge retombe, tout au moins indirectement, sur les contribuables français, soit que, pour équilibrer le budget local, il faille établir des taxes locales de consommation frappant jusqu'aux produits métropolitains; soit qu'on se trouve empêché de réduire la subvention de la mère patrie à ce budget local.

(1) Il est à souhaiter que l'on publie quelque jour, pour l'instruction du pays, la collection de ses rapports de quinzaine au ministre. — Voyez aussi, dans la *Revue des Deux Mondes* du 15 janvier 1900, la magistrale étude du colonel Lyautey, *le Rôle colonial de l'armée*, et pour les opérations militaires de 1896 à 1897, *la Pacification de Madagascar*, par le capitaine Hellot, ouvrage rédigé d'après les archives de l'état-major du corps d'occupation.

débarquer à Tamatave, ce qui lui avait permis tout aussitôt de se former une idée d'ensemble. « Sur ces points, écrivait-il au ministre, on vit tout à fait à part du reste de l'île : pas d'instructions, pas de communications, pas de ligne de conduite commune. Aussi chacun agit-il à sa guise. Pour le moment, sur cette côte, tout est aux Hovas... Notre action est nulle ; leur pavillon flotte sur la plupart de leurs anciens postes... la contrebande s'exerce partout, les armes entrent échangées contre la poudre d'or des régions révoltées, et la douane, non organisée *partout*, ne fait aucune recette... Le mot d'ordre a été donné : on ne cultive pas, ce qui nous expose à une famine dans quelques mois ; déjà le prix du riz a doublé à Tananarive. » Puis, une fois parvenu à Tananarive, dans son premier télégramme officiel du 29 septembre, le général résumait ainsi son appréciation : « La situation est toujours mauvaise ; nos postes tiennent le pays plat à 25 kilomètres autour de la capitale. Le mouvement insurrectionnel est complet autour d'eux ; les convois de ravitaillement sont journellement inquiétés sur notre longue ligne de communication, Je suis obligé de renoncer provisoirement à garder la ligne de Majunga pour placer le gros de mes forces autour de la capitale et sur la route de Tamatave. »

Tel était le bilan, à l'inauguration du nouveau régime. Le 27 septembre, onze provinces de l'Émyrne et du Betsileo avaient été mises en état de siège par M. Laroche et érigées en territoires militaires ; le même jour, le résident géhéral signa l'abolition de l'esclavage ; le 28, il remit ses pouvoirs au général Gallieni, le tout en stricte conformité avec les ordres ministériels.

Le général Gallieni se mit aussitôt à l'œuvre : « Le gouvernement a pensé, lui avait dit le ministre (1) en l'inves-

(1) Dépêche du 22 septembre.

tissant de la totalité des pouvoirs civils et militaires sur l'ensemble de l'île, que vous accueilleriez comme un puissant encouragement une décision qui mettait entre vos mains le gouvernement même de la colonie tout entière et vous prouverait à quel degré vous possédez sa haute confiance. Cette confiance, le pays la partage, et vous saurez, je n'en doute pas, y répondre, en prenant rapidement toutes les mesures de nature à frapper la rébellion au cœur et à en débarrasser l'Émyrne ainsi que les grandes voies de communication qui relient le plateau central aux côtes... Je vous prie de vouloir bien m'adresser par chaque courrier un rapport général tant sur la situation politique que sur la situation administrative du pays pendant la quinzaine écoulée. En vous accusant réception de ces rapports, j'aurai soin de vous donner mon sentiment sur les questions que vous aurez cru devoir soumettre à mon appréciation. J'ai toutefois le désir que vous agissiez sous votre responsabilité dans la limite des pouvoirs si larges qui vous sont confiés aujourd'hui, sans m'en référer pour les détails. Cette décentralisation est indispensable pour éviter des lenteurs qui ne pourraient qu'entraver l'œuvre de pacification à laquelle vous allez vous consacrer. »

Appliquant aussitôt les instructions qu'il avait emportées de Paris, le général Gallieni organisa tout d'abord les cercles militaires des provinces du centre mises en état de siège, en même temps qu'il plaçait sous l'autorité du nouveau secrétaire général, M. l'administrateur François, en résidence à Tamatave, les provinces civiles de la périphérie (1). Ses recommandations aux uns et à l'autre (25 septembre et 8 octobre) sont un modèle de profondeur

____

(1) Par la mer, les relations postales étaient plus faciles entre Tamatave et les diverses escales de la côte, que de Tananarive par la voie de terre.

et de largeur de vues (1). Elles se résument dans cette idée qu'à tous les rangs de la hiérarchie, il ne faut pas se borner à imposer l'autorité de la France, mais qu'il importe de la faire pénétrer dans les cœurs et dans les mœurs par une collaboration intime avec l'indigène et une connaissance exacte de ses besoins. La multiplication des postes que l'on va relier les uns aux autres, pour opposer un réseau serré de défense à l'insurrection, n'a pas seulement pour objet de refouler celle-ci : l'on doit surtout se proposer de rassurer les populations, de les ramener à leurs travaux habituels, et ne jamais s'appliquer à conquérir du terrain sur la rébellion sans avoir au préalable organisé complètement le pays derrière soi. Afin de les mêler plus étroitement à la vie des autochtones, on a donné à chacun de ces postes une sorte d'autonomie administrative qui, pour la nourriture, le casernement, etc., leur permettra de créer des relations économiques avec le voisinage, montrant ainsi que, partout où il s'implante, le drapeau apporte avec lui non pas seulement la paix publique, mais l'activité commerciale (2). Bref, le recours à la force brutale ne doit être qu'exceptionnel et limité ; c'est la pénétration lente, le rayonnement progressif du centre vers le pourtour de l'île, qui est la règle.

(1) Voir aux annexes, pièces E et F.

(2) A cet effet, le ministre avait expressément invité le général en chef à introduire dans l'administration des corps et détachements le système des « masses », qui leur permet de se pourvoir sur place et de ne recourir aux magasins qu'à défaut de ressources locales. Ce système, en opposition radicale avec les traditions des troupes de la marine, donna les meilleurs résultats : au point de vue financier, il limita les charges budgétaires, puisqu'il consiste essentiellement dans une sorte d'abonnement fixe contracté avec les troupes elles-mêmes pour leur entretien, au lieu de les servir avec des rations transportées de loin à grands frais ; au point de vue moral, il développa l'initiative des chefs de postes et intéressa les populations qui fournissaient les garnisons, au voisinage de nos troupes.

Quant à l'attitude à prendre vis-à-vis de la reine Ranavalo, le général Gallieni se demanda, dès la première
heure, s'il ne conviendrait pas de déposer cette princesse
et de la remplacer par quelque autre membre de sa famille,
moins vaniteux, moins encombrant et plus dévoué. Il
s'aperçut très vite qu'elle jouissait encore, dans les campagnes plus peut-être qu'à Tananarive, d'un certain prestige, et qu'il eût été de mauvaise politique de faire disparaître un rouage dont on pouvait tirer quelque parti au
profit de l'influence française. Mais il ne s'en appliqua
pas moins, par quelques actes significatifs, à montrer
que les choses ne se passeraient plus désormais comme
devant. Au lieu de faire visite à Ranavalo, à son entrée
en fonctions, il attendit qu'elle prît l'initiative de rendre
hommage au représentant de la France ; lorsqu'il se rendit
ensuite au palais royal, il exigea que le pavillon hova fût
enlevé et remplacé pour jamais par le drapeau tricolore ;
il prescrivit à la reine de s'intituler désormais « reine des
Hovas » et de ne plus s'occuper que de l'Émyrne ; il s'em-
para, enfin, du grand sceau de l'État, de manière qu'on
ne pût plus l'appliquer sur des pièces qui n'auraient pas
été visées par l'autorité française. « En résumé, disait-il (1),
la reine est maintenue au pouvoir, mais, tout en continuant
à recevoir les honneurs de nature à rehausser encore son
prestige aux yeux des Hovas, elle a été dépouillée à notre
profit de toutes les prérogatives qui lui permettaient
d'avoir une action réelle sur la marche des affaires. Elle
doit être désormais un simple instrument entre nos mains
et, dans peu de jours, je verrai à écarter d'elle les personnages de sa famille que je sais hostiles à la France, et qui,
très certainement, sont en complicité avec les rebelles. »
L'heure était venue, en effet, où il ne suffisait plus d'at-

(1) Rapport du 10 octobre 1896.

tendre le bon plaisir de l'entourage de la reine et des fonctionnaires hovas pour faire exécuter nos volontés et pour affirmer notre autorité. Déjà, à la suite des premiers faits insurrectionnels, une enquête avait été ouverte par M. Laroche : cette enquête avait abouti à plusieurs condamnations, soit à la mort, soit à l'exil (1). Mais, atteignant des sous-ordres, ces condamnations étaient pour la plupart demeurées sans effet moral. Le général Gallieni se résigna à frapper à la tête pour s'épargner, par la suite, un trop fréquent recours aux mesures de rigueur. Or, deux hommes considérables, Rainandriamanpandry, ministre de l'Intérieur, et le prince Ratsimamanga, parent de la reine, depuis longtemps suspects, furent convaincus d'avoir trempé d'une manière active et soutenue dans la rébellion (2) : traduits devant le conseil de guerre, ils furent condamnés et exécutés le 12 octobre. En même temps la princesse Ramasindrayana, très connue pour son hostilité et ses intrigues, était exilée et le premier ministre choisi par le général Duchesne donnait sa démission sans être remplacé (3).

Ces mesures énergiques produisirent un effet immédiat : dès la fin du mois, le général Gallieni câblait qu'il n'aurait plus besoin de renforts. Les fonctionnaires hovas, naguère hésitants, et les nobles, désormais inquiets pour leur responsabilité personnelle, s'employaient maintenant à se-

---

(1) On a fait quelque bruit, en 1896, autour des prétendues cruautés du général Gallieni. Il est à remarquer que, du fait de l'insurrection, soixante-trois condamnations à mort ont été prononcées, dont trente-quatre par le tribunal malgache, neuf par la cour criminelle et vingt par le conseil de guerre. De ces soixante-trois condamnations, quarante proviennent des procédures achevées ou commencées sous M. Laroche.

(2) Voir au *Journal officiel* le rapport du général Gallieni, mars 1899.

(3) Rasanjy devint dès lors le principal auxiliaire malgache de notre administration.

conder utilement ses efforts. En quelques semaines, nos postes refoulèrent la rébellion jusque dans la région forestière, laissant derrière eux un pays où la population, hier terrorisée par les insurgés, aujourd'hui rassurée, se reprenait aux travaux de culture. Pour soulager les troupes européennes, fort éprouvées par le gros effort fait en pleine saison des pluies (1), le général Gallieni activait la formation des troupes et milices indigènes. Dans les premiers jours de janvier, les courriers commencèrent à pouvoir circuler sur la route de Majunga, et l'Émyrne se trouva à peu près complètement dégagée. Un mois plus tard, on ne signalait plus de troubles appréciables que dans les régions ouest et nord-est de l'île.

Fallait-il se fier aux résultats acquis et attendre le retour de la saison sèche, époque normale des désordres et des déprédations, au risque d'être de nouveau surpris par l'événement comme on l'avait été un an plus tôt ? Le général Gallieni ne le pensa pas, d'autant que, si la masse de la population semblait se rallier sincèrement à la cause française, certains symptômes indiquaient que l'hostilité subsistait, plus ou moins sourde, là où nous l'avions toujours rencontrée ; à la cour, qui ne se consolait pas d'être tenue en tutelle et subordination ; chez les nobles, que l'émancipation des esclaves privait de leurs revenus agricoles, et que l'arrivée des prospecteurs européens dépouillait des ressources qu'ils tiraient autrefois de la poudre d'or ; chez certains fonctionnaires indigènes, que la régularité de nos procédés administratifs empêchait de se livrer aux exactions habituelles dont ils avaient tiré naguère le plus clair de leur fortune. Autant de mécontentements latents, que le moindre accident pourrait réveiller, et qui,

____

(1) A la fin de décembre, il y avait près de sept cents malades, dans la garnison ; fin janvier 1897, il y en eut près de mille.

si l'on n'y mettait bon ordre, empêcheraient le général Gallieni de quitter Tananarive en avril, ainsi qu'il en avait le désir, pour inspecter la côte.

Rien n'est attachant comme de suivre, pour ainsi dire au jour le jour, dans ses télégrammes et ses rapports, l'évolution de la pensée du général Gallieni, à mesure que son esprit attentif recueille des impressions nouvelles, cherche à en dégager des conclusions, élabore des solutions, et se décide enfin, pour agir ensuite avec une précision et une rapidité égales aux précautions qu'il a d'abord prises et aux délais qu'il a fait subir à ses méditations. Rien ne montre mieux non plus combien, dans l'accomplissement de sa tâche, il laissait peu de place à l'improvisation, subordonnant à des calculs pénétrants jusqu'aux moindres détails de ses actes.

« Je dois reconnaître, écrit-il dans son rapport officiel du 12 novembre 1896, que, si la reine ne nous aime pas, ce qui pour moi ne fait aucun doute, elle fait du moins tout ce que je lui prescris sans la moindre objection, s'appliquant à cacher ses préférences ― ― ir les Anglais, s'efforçant par tous les moyens de prou ver son dévouement à la France et se mettant franchemer t en avant dès que je lui adresse la plus légère observation. Jusqu'ici, son attitude m'est utile, me permettant de me servir de son influence pour mieux tenir la population. Elle sait d'ailleurs que je n'hésiterais pas à la déposer le jour où elle se permettrait le moindre acte à l'encontre de mes ordres. »

« Tous les fauteurs de désordre, ajoute le général Gallieni le 28 décembre (1), ont constamment invoqué les

(1) Au rapport précédent, le ministre avait répondu le 9 janvier vier 1897 : « En ce qui concerne la reine, j'estime qu'il ne faut rien faire pour hâter sa dépossession, à moins que sa conduite ne donne lieu de notre part à de nouveaux reproches justifiés... Nous avons tout intérêt à jouer jusqu'au dernier moment de son ascendant, si

ordres de la reine afin d'entraîner les populations, ce qui prouve que celle-ci avait, dans les campagnes surtout, un prestige considérable qu'elle a conservé en partie. Si, à Tananarive même, ce prestige a diminué beaucoup, il n'en serait pas moins dangereux de songer dès à présent à la déposer... L'importance qui s'attacherait à un tel événement tend à diminuer à mesure que, par l'application de la nouvelle politique, les diverses provinces reçoivent leur autonomie. Le nom de la reine sera vite oublié en dehors de l'Émyrne, et lorsque l'organisation nouvelle sera complète, je pense qu'il sera possible de décréter la suppression d'un rouage devenu inutile. » Et, le 28 janvier, il insiste : « De celle-ci (la reine), je ne m'occupe pour ainsi dire plus, si ce n'est pour arrêter ses velléités d'indépendance et pour l'empêcher de faire acte officiel d'autorité, jusqu'au jour où, oubliée de ses anciens sujets, elle verra sa souveraineté effectivement réduite à néant, et où la royauté tombera d'elle-même, à moins que je ne trouve auparavant l'occasion de la supprimer brusquement. Tel est le but que je poursuis lentement et avec toute prudence, sachant que je me conforme ainsi aux *desiderata* du département. Déjà je ne considère plus l'ancien gouvernement malgache comme un obstacle sérieux avec lequel je doive compter, et mon attitude énergique du début a eu pour premier effet que les indigènes se sont vite habitués à ne tenir compte que des ordres à eux donnés par les autorités françaises ; ils reconnaissent, d'ailleurs, et j'ai des renseignements précis à ce sujet, les bienfaits d'une administration régulière édictée par nos idées de justice et de libéralité, et j'ai tout lieu de penser que la majorité de la population serait peinée de

minime soit-il appelé à devenir, tout en soulignant, comme vous avez soin de le faire à chaque occasion publique, qu'elle n'a désormais qu'un rôle subordonné à notre haute influence. »

voir revenir l'ancien état de choses, dont le peuple a eu tant à souffrir. Toutefois, je le répète, cette évolution sociale a besoin d'être conduite avec la plus extrême prudence ; elle est l'objet de mes préoccupations incessantes, et je ne néglige aucun moyen pour éviter une erreur, dont la moindre serait un désastre au point de vue de la pacification, le but primordial à atteindre. »

Quelques semaines passent, l'idée se précise. Le général Gallieni télégraphie le 17 février : « La pacification est entravée par des menées... sourdes qui semblent avoir pris recrudescence. L'opposition et la résistance se font sentir du côté de la reine et de la caste noble, tandis que les anciens esclaves et la caste bourgeoise se rapprochent de nous. » Puis encore, le 20 : « Il me paraît impossible de conserver pendant longtemps l'institution de la royauté, qui est gênante pour l'application du programme de pacification et qui est exploitée par les ennemis de la domination française. La reine est toujours à la tête de la caste noble et privilégiée, qui est irréconciliable. » Et enfin, le 27 : « Devant l'inertie de la reine, l'hostilité sourde de certains étrangers et de la caste noble, et la persistance des chefs de bande, selon toute probabilité, à se servir du nom de la reine pour entretenir la méfiance contre nous et préparer de nouveaux troubles au printemps, je me décide à abolir immédiatement la royauté dans l'Émyrne ; en conséquence, j'invite aujourd'hui la reine à résigner ses fonctions : elle quittera Tananarive demain pour Tamatave, où elle s'embarquera pour la Réunion... Les difficultés que rencontrent les communications urgentes m'ont empêché de demander votre assentiment préalable. »

Ces difficultés étaient telles, en effet, que le télégramme précité du 20 février n'était parvenu à Paris que le 1er mars. La réponse du gouvernement où l'on indiquait que la déposition de Ranavalo semblait encore prématurée, à moins de chefs d'inculpation très précis, partie de Paris le 2 mars, ne joignit que le 19 le général Gallieni, c'est-à-dire près d'un mois après les événements accomplis (1).

Que le général Gallieni ait eu raison d'agir comme il l'avait fait, l'événement l'a surabondamment prouvé : cette mesure n'eut pas seulement pour résultat d'éviter un retour offensif de la rébellion à l'ouverture de la saison sèche de 1897, et de permettre la rentrée en France d'une partie des troupes que l'on entretenait encore à grands frais dans l'île ; elle découragea le vieux parti hova et amena

(1) A la fin de mars arriva à Paris le rapport de quinzaine du général Gallieni, en date du 26 février, qui expliquait mieux les circonstances auxquelles il avait obéi. Il s'exprimait ainsi :

« Comme je vous l'ai déjà dit, cette attitude se manifeste surtout chez les castes nobles, élèves des missions britanniques, et même au palais, où, malgré ses protestations de fidélité, la reine Ranavalo semble consentir difficilement au rôle nouveau qui lui est imposé. Les chefs des bandes insurgées qui luttent toujours contre nous, ainsi que les représentants des familles andrianes (nobles) affectent de n'agir qu'au nom de la reine, tandis que les anciens esclaves et la plus grande partie de la bourgeoisie, sur lesquels il est de bonne politique de nous appuyer, ne se rallieront complètement à nous que lorsque aura disparu ce dernier vestige de l'ancienne domination hova. Quelques individus même de ces castes ont exprimé à nos commandants de cercle et à moi-même leur appréhension à ce sujet et leur désir de voir annuler le pouvoir de l'ancienne famille royale. Malgré tout, j'aurais persisté à conserver Ranavalo comme souveraine de l'Émyrne. Mais je vois qu'elle ne peut se soumettre encore à sa nouvelle situation, et en vue de nouveaux troubles à prévoir pour le printemps, je vais me décider à la déposer, afin d'en finir avec cette situation, qui ne saurait durer plus longtemps sans gêner considérablement notre œuvre de pacification. »

Dans une lettre privée de même date au directeur des affaires d'Afrique, le général ajoutait : « Tant que la reine Ranavalo subsistera, personne, parmi les Malgaches, ne croira au nouvel état de choses. Au premier incident grave, on se soulèvera encore en son nom. De plus, malgré mes avertissements, le palais est toujours un foyer d'intrigues. Les Malgaches, aussi bien les Hovas que les autres peuplades de l'île, ne peuvent comprendre cette juxtaposition de nos deux intérêts. »

de nombreuses soumissions. L'effet fut si prompt et si complet que, dès le mois de mars, le général Gallieni put amnistier les détenus politiques pour faits de rébellion, lever l'état de siège et quitter l'Émyrne pacifiée pour aller visiter la côte.

Mais, tout entier à sa tâche locale, le général Gallieni ne s'était pas avisé du retentissement qu'aurait en France et en Europe la déposition de la reine Ranavalo, et de la situation bizarre où se trouverait le gouvernement. Pour expliquer cette initiative, on n'avait entre les mains que le télégramme excessivement sommaire du 27 février et les rapports antérieurs, lesquels concluaient à l'ajournement de la mesure. Questionné le 18 mars au Sénat par M. Trarieux, le ministre ne put que manifester sa confiance générale dans le commandant en chef et les raisons de cette confiance, sans se prononcer expressément sur le coup d'État lui-même, dont il ignorait encore les détails. Interpellé le 3 avril à la Chambre par M. Pourquery de Boisserin, mais déjà en possession alors de rapports plus précis, il put déclarer « regretter que les circonstances eussent forcé le général Gallieni à prendre cette décision sans avoir pu recevoir l'adhésion préalable du gouvernement, parce qu'il aurait tenu à honneur, quant à lui, de joindre sa responsabilité à celle du général ». Sur quoi la Chambre vota à l'unanimité un ordre du jour « approuvant la politique suivie à Madagascar et adressant à l'armée ses patriotiques félicitations ». Puis, quelques jours plus tard, le général Gallieni reçut le titre de gouverneur, au lieu de celui de résident, qui n'avait plus de sens.

Ainsi se trouva réglée, pour le plus grand bien de la France et de sa nouvelle colonie, la question politique de l'organisation du pouvoir dans la grande île (1). Mais, en

____

(1) L'année suivante, la reine Ranavalo fut transportée avec sa suite en Algérie.

dépit de l'unanimité du vote de la Chambre, cette solution laissa d'assez durables rancœurs au sein d'un certain parti, dont M. Trarieux s'était fait l'interprète discret au Sénat. Ce parti affectait de voir dans l'exil de la reine l'action de préoccupations confessionnelles parfaitement étrangères et au gouvernement et au général Gallieni. L'on touche ici à l'un des problèmes les plus délicats qui se soient posés au moment de l'occupation de Madagascar. Il mérite un exposé d'ensemble.

IX

LES QUERELLES RELIGIEUSES

C'était un axiome indiscuté auprès de la fraction la plus ardente du protestantisme français, que M. Laroche avait succombé dans sa tâche sous le seul effet des attaques combinées « des tripoteurs, des militaires et des jésuites (1). » Le même gouvernement qui, durant le séjour de M. Laroche à Tananarive, avait été dénoncé par une fraction de l'opinion publique, de la presse et du Parlement, comme se faisant le complice, conscient ou non, du prosélytisme calviniste et des menées britanniques, était couramment, depuis l'arrivée du général Gallieni à Madagascar, accusé par le parti adverse d'être le serviteur aveugle de la propagande catholique. Ni les uns ni les autres ne voulaient

____

(1) Lettre d'un pasteur au directeur d'un grand journal de province.

admettre que, strictement neutre en matière confessionnelle, il n'avait d'autre prétention que de plier les uns comme les autres au service du pays, et que des préoccupations très terre à terre peut-être, mais fort impérieuses et radicalement extérieures au souci de l'au-delà, commandaient sa conduite. Des deux parts enfin, l'on se faisait d'égales illusions sur la sincérité de la foi chez les indigènes, et l'on s'attachait plus, en fait de conversions, à dresser des statistiques qu'à conquérir des consciences. Le plus fâcheux était qu'on prenait au sérieux à Paris tout le bruit qui se faisait à ce propos dans l'île.

« Pasteurs, curés, jésuites, jouent ici le rôle le plus fâcheux et le plus ridicule qu'on puisse imaginer, dit une lettre privée de Madagascar, en avril 1897. Si les missions ont obtenu des résultats sérieux au point de vue de l'enseignement, il n'en est pas de même au point de vue religieux, quoi qu'elles puissent prétendre. Le Malgache n'a pas de convictions religieuses ; il est simplement fétichiste au fond de son être. Il change de religion avec une facilité remarquable, au gré du dernier qui lui parle, d'une simple fantaisie même. Cela n'a pas d'importance pour lui. Je gage que, sur un ordre du résident général, tous les Hovas de l'Émyrne se feraient catholiques le lundi, pour se refaire protestants le jeudi de la même semaine si cela leur était prescrit. »

Cette appréciation quelque peu sceptique ne se comprend que trop aisément pour qui connaît les origines et les procédés de règne des missions chrétiennes à Madagascar. Après un premier essai pour s'implanter dans l'île de 1820 à 1835, les protestants anglais en furent chassés alors par Ranavalo Ire et n'y revinrent qu'en 1861, mais pour se heurter cette fois aux jésuites, fort en faveur auprès de Radama II. Ce dernier ayant été assassiné pour l'excès de ses sympathies françaises, ils s'insinuèrent peu à peu à la cour jusqu'au moment où, en 1868, Ranavalo II se fit protestante. La reine fut naturellement suivie dans sa conversion par un grand nombre de ses sujets, et accorda cette marque insigne de protection à sa nouvelle religion, qu'elle interdit expressément à tout enfant inscrit dans une école d'en jamais changer à l'avenir.

Cette loi, fondement de la liberté religieuse à la mode malgache, subsistait encore au moment de notre prise de possession. L'un des premiers soins de M. Laroche fut de la faire abroger (9 mars 1896). Mais comme il soupçonnait l'extrême mobilité du caractère indigène et qu'il redoutait peut-être des conversions trop fréquentes et contradictoires, le résident général eut la précaution de faire édicter qu'un enfant ne pourrait pas changer d'école plus d'une fois au cours de la même année scolaire. Quoi qu'il en soit, la législation antérieure et l'exemple de la cour avaient porté leurs fruits. Les méthodistes de la *London Missionary Society*, avec une dépense annuelle de 800 000 francs, entretenaient à Madagascar 40 missionnaires, 1 400 églises, 1 290 écoles, 3 collèges pour former des pasteurs et instituteurs indigènes, 2 écoles supérieures, 2 hôpitaux, etc. ; ils comptaient 63 000 fidèles et 75 000 élèves, recrutés pour la plupart dans les castes gouvernementales, nobles ou bourgeois. Les quakers, avec 19 missionnaires, tenaient 120 écoles, une mission médicale formant des médecins indigènes. Les anglicans, disposant de 14 pasteurs, ne s'occupaient que de prédication sur le plateau central (1). Quant aux jésuites, avec un budget annuel de 200 000 francs (2) et un personnel

(1) Il y avait aussi quarante-cinq missionnaires luthériens, d'origine norvégienne, infiniment moins mêlés que les Anglais aux luttes politiques locales, qui étaient répartis en Émyrne, dans le Betsileo et chez les Sakalaves.

(2) Ce chiffre comprenait une subvention de 20 000 francs, qu'ils tenaient de l'État depuis un assez grand nombre d'années.

de 116 Français, y compris 16 Frères des écoles chrétiennes et 27 Sœurs de Saint-Joseph de Cluny, ils avaient réussi à former 700 instituteurs et institutrices malgaches, enseignaient notre langue à 27 000 élèves, appartenant presque tous aux classes populaires, et estimaient à 136 000 les adhérents qui fréquentaient leurs 350 églises ou chapelles (1).

Il n'y aurait eu qu'à laisser faire et à laisser dire, si la rivalité de ces diverses missions n'eût impliqué que des querelles religieuses, « chacun ici-bas étant libre de faire son salut à sa façon », suivant l'énergique expression du roi de Prusse Frédéric le Grand. Malheureusement, l'histoire ne se défait ni ne se refait en quelques semaines. La question religieuse à Madagascar était en réalité une question politique, et une question politique des plus complexes, parce qu'elle était à proprement parler internationale. Le fait brutal, éclatant, inquiétant, était celui-ci : parmi les protestants, il n'y avait ni un Français ni un ami de la France. Anglais était l'argent, anglais le personnel, anglais l'enseignement. Au contraire, par la force des choses, bien avant qu'il eût été question pour nous d'occuper l'île, tous les éléments d'action française s'étaient groupés autour des catholiques, et l'on peut dire qu'aux yeux des indigènes, chacune des deux religions s'identifiait avec l'une des deux nations (2).

Cette situation imposait d'infinis ménagements à l'ac-

---

(1) Quelques lazaristes étaient, en outre, installés depuis peu à Fort-Dauphin.

(2) Le rôle de la *London Missionary Society* notamment était si peu limité aux questions confessionnelles qu'en 1885, après la première expédition française, elle avait offert aux Malgaches de leur faire les avances nécessaires au payement de l'indemnité de guerre et de se charger de tous leurs services de perception d'impôts pour récupérer son argent. Une énergique intervention de la France avait été nécessaire pour empêcher cette combinaison d'aboutir.

tion des représentants officiels de la France : leur mandat ne pouvait pas consister à satisfaire le zèle, toujours un peu encombrant et, dans la circonstance, quelque peu rancunier, des jésuites ; ils ne devaient pas non plus tolérer que les signes extérieurs et les réalités de la force sociale demeurassent aux Anglais, et que, sous couleur de religion, une influence politique, jadis prépondérante, pût s'exercer contre nous, rallier les mécontentements indigènes, et continuer à faire prévaloir son enseignement et ses doctrines. Certes, l'état-major européen de ces missions protestantes, la plupart même des missionnaires présents dans l'île, se montraient d'une correction parfaite : dès mars 1896, par une démarche officielle auprès du ministre des Colonies, la *London Missionary Society* et la *Friends Foreign Mission Association* des quakers avaient fait acte d'allégeance à l'égard de la France, s'offrant et à recruter un personnel français et à enseigner notre langue dans leurs écoles. Mais comment amener les Malgaches à croire à la solidité et à la stabilité de la domination française, si ces puissantes associations conservaient, avec les plus beaux édifices de Tananarive, la direction des écoles, la collation des grades médicaux? comment escompter les bienfaits de l'enseignement promis, « alors que les maîtres seraient les premiers à avoir besoin d'apprendre le français (1)? » comment surtout attendre du personnel indigène formé par les missionnaires anglais, soit avant, soit après la conquête, une tenue, une correction, une loyauté, égales à celles des Européens (2)? Il y avait là des impossibilités irréductibles : la religion n'avait rien à y voir, mais la politique, beaucoup.

(1) Rapport de M. Laroche, 12 mars 1896.
(2) L'un de nos plus fougueux et plus intrigants adversaires fut un pasteur malgache, élève des missions anglaises, qui servait de chapelain à la reine.

Sans doute, une solution d'apparence simple et facile se présentait à l'esprit : si les protestants français s'étaient soudain substitués à Madagascar à leurs coreligionnaires anglais, bien des difficultés qui se sont présentées par la suite ne seraient même pas nées ; les querelles religieuses se déroulant désormais entre Français, catholiques et protestants se seraient disputé les Malgaches à loisir, sans que la domination française fût en jeu ; disons mieux : il pouvait naître de ces rivalités une émulation profitable à l'essor de nos écoles. Mais cette solution simple était irréalisable : le protestantisme français n'était assez riche ni en argent ni même en personnel pour assumer subitement une aussi lourde succession, et quand, sur les sollicitations répétées du ministre, il se décida à entrer dans cette voie, son insuffisance à cet égard éclata tout aussitôt, ses ressources se révélèrent médiocres, quelques-uns de ses choix furent fâcheux. Pour le même motif, on était empêché de recourir à un autre expédient, qui fut un instant examiné par le général Gallieni, ainsi que par certains protestants de marque : la constitution, pour toutes les confessions en présence, d'un clergé officiel, subordonné à l'autorité civile. Outre qu'il eût été vraiment regrettable, ne fût-ce que vis-à-vis des politiciens français, d'enrayer l'expérience en cours à Madagascar d'une séparation complète des Églises et de l'État, ni le budget de la colonie n'était assez élastique pour supporter une pareille charge (1), ni, encore une fois, le personnel protestant français assez abondant pour fournir un nombre suffisant d'instituteurs ou de pasteurs, fût-ce avec un salaire public.

Force fut donc aux partisans de la pacification de louvoyer entre les passions contraires : réprimant à leur tour

____

(1) Les missions protestantes, dans leur ensemble, dépensaient chaque année dans l'île environ 1 500 000 francs.

l'excès des unes ou des autres ; s'ingéniant à résoudre les difficultés au fur et à mesure qu'elles se présentaient, et dans la seule considération des intérêts de la domination française ; s'exposant ainsi, dans la poursuite d'un équilibre instable, aux fureurs alternatives des divers partis en présence. C'est une justice à rendre aux catholiques qu'après deux ou trois semonces assez vives, ils continrent leur zèle dans des limites raisonnables ; l'erreur des protestants a été que de longs mois se sont écoulés avant qu'ils aient compris que leur foi n'était pas menacée et que, cessant de se considérer comme des persécutés, ils aient consenti à laisser se produire l'action politique indispensable, sans la contrecarrer par leurs récriminations incessantes.

La recommandation de pratiquer la neutralité religieuse la plus stricte figure. en termes formels et répétés, dans toutes les instructions générales données, soit à M. Laroche, soit au général Gallieni, par M. Guieysse ou par son successeur (1). Mais l'aspect politique de la question, principalement au point de vue scolaire, est plus particulièrement indiqué dans le passage d'une dépêche du 8 juillet 1896 au résident général :

« La question des écoles, en dehors de celle des missions proprement dites, doit appeler très particulièrement aussi votre attention. Je n'ignore pas que les missions étrangères,

---

(1) M. Laroche a été accusé d'avoir témoigné une prédilection excessive aux protestants. L'accusation n'est pas fondée : on lui a fait à cet égard un procès de tendance. Encore ses opinions personnelles étaient-elles fort larges. Avant de quitter la France, il avait convié les trappistes de Staouéli, près Alger, à venir fonder à Madagascar un de leurs célèbres établissements agricoles. Le ministre qui l'avait nommé lui reprocha aussitôt (janvier 1896) « que la première preuve donnée de son désir d'amener des colons à Madagascar se fût adressée à des religieux, quelque habiles qu'ils pussent être. »

anglaises et norvégiennes, ont fait connaître à mon prédécesseur, en lui envoyant une délégation de pasteurs qui lui a été présentée par un membre du Parlement anglais, qu'elles allaient organiser dans leurs nombreuses écoles des cours de français ; je sais également que ces cours élémentaires sont d'ores et déjà ouverts sur différents points de l'île, et que les maîtres qui en sont chargés s'apprêtent à rivaliser avec les jésuites et les Frères des écoles chrétiennes ; mais nous ne pouvons pas nous contenter désormais d'encourager l'étude de la langue française pour les jeunes indigènes qui fréquentent les cours. Nous avons à tenir la main à ce que l'ensemble des programmes d'enseignement soit remanié, de manière à se rapprocher autant que possible de ceux de nos écoles similaires. Nous avons enfin à exercer notre action sur les maîtres qui dirigent les diverses écoles et qui, en majeure partie, sont des indigènes. Pour que cette action se fasse bien sentir, nous devons surveiller de près les écoles normales qui fonctionnent, à Tananarive notamment, et d'où sortent les éducateurs des populations diverses de la grande île, jusqu'au moment où il nous sera possible d'en assumer nous-mêmes la direction. Il faut, en un mot, que ces maîtres d'école de tous degrés se conforment à un programme qui émane de nous et qui soit compris de manière à développer dans l'esprit des professeurs, et par suite des élèves, le culte de la France. »

Ce n'étaient là que des indications, assez précises il est vrai, sur la marche à suivre. Mais il fallait en venir aux actes, et là était le péril. Une des premières décisions prises par le général Gallieni fut d'exiger la connaissance de la langue française de tout indigène qui solliciterait des fonctions administratives : nul n'en put contester le principe. La seconde, autour de laquelle de gros débats furent soulevés, consista dans la réquisition, puis l'expropriation de l'hôpital anglais de Tananarive, et dans la réorganisation de l'école médicale qui y était annexée.

Les deux principales missions anglaises tenaient depuis 1889 du gouvernement malgache la jouissance d'un terrain, à charge d'y entretenir un hôpital, mais il résultait des lois générales malgaches aussi bien que de l'acte de concession lui-même que la propriété du terrain et des constructions était réservée à la reine. Or, en vue de convertir en droit définitif et incommutable le droit précaire qu'elles possédaient, les missions demandèrent, à la fin de 1896, l'immatriculation des immeubles à leur nom (1). Le général Gallieni riposta, le 15 novembre, par un arrêté de réquisition de l'hôpital, devenu indispensable pour le service de la garnison ; il nomma une commission chargée d'évaluer l'indemnité qui devrait être payée aux missions pour la valeur du matériel ; et, le 10 décembre, il subordonna l'exercice de la profession médicale dans l'île à la possession d'un diplôme français, sauf autorisation pour les médecins déjà en fonctions à continuer leur métier.

Ces mesures donnaient satisfaction aux besoins les plus impérieux du moment, en même temps qu'elles dépouillaient les Anglais de leurs instruments d'action les plus puissants. Attaquées devant les juridictions compétentes, elles furent validées par celles-ci. Portées sur le terrain diplomatique, elles donnèrent bientôt lieu à un arrangement amiable : ce qui importait à la France, c'était d'affirmer son droit de prédominance et de proclamer la précarité juridique des anciennes concessions malgaches ; le but atteint, il était habile et utile de ne point se donner

---

(1) Si l'on eût fait droit à leur demande, toute la question des concessions plus ou moins fantaisistes accordées par le gouvernement malgache avant 1895 aurait été engagée de la façon la plus déplorable : des millions d'hectares auraient été soustraits à la colonisation française.

l'apparence de léser des intérêts respectables. Bien qu'en droit strict rien ne fût dû aux missions pour les bâtiments de l'hôpital, une indemnité raisonnable leur fut accordée peu après par le général Gallieni.

De la solution de cette première question découla tout naturellement celles d'autres problèmes analogues : tous les terrains de constructions — c'étaient les meilleurs de Tananarive — occupés par les missions anglaises pour les multiples institutions qu'elles entretenaient étaient placés sous le même régime de précarité que l'hôpital. Devant la volonté formelle de l'autorité française, les missions n'insistèrent pas pour en revendiquer la propriété intégrale : en février 1897, une transaction intervint, par laquelle quelques édifices seulement leur furent attribués à titre définitif et incommutable, à charge pour elles d'abandonner les autres aux écoles ou services divers qu'y voulait installer le général Gallieni.

Mais la limitation nécessaire de l'influence anglaise sur ce terrain, comme en matière d'enseignement et de soins médicaux, ne devait pas aller jusqu'à favoriser des conversions religieuses plus ou moins sincères de la part des Malgaches : la question de la jouissance des édifices communaux consacrés au culte fournit au gouvernement central ainsi qu'à l'autorité locale l'occasion de prouver qu'ils ne se prêteraient à aucune opération de ce genre. Ces édifices, construits le plus souvent, jadis, avec la corvée indigène, étaient la propriété des villages, et avaient été affectés par la volonté de ceux-ci au service du culte, protestant ou catholique suivant les cas. Or, au lendemain de l'occupation et par le seul fait qu'ils voyaient tel ou tel fonctionnaire ou officier fréquenter le culte catholique, certains villages avaient cru favorable à leurs intérêts de se convertir en masse à la religion romaine, puis la conversion accomplie, de prononcer la désaffection du temple et sa transformation en chapelle. S'il y eût eu dans ce mouvement l'ombre d'un sentiment respectable, il aurait convenu de laisser faire ; mais ce n'était là qu'une manifestation de servilité inconsidérée, sans intérêt ,rtique pour la domination française, et q squait de froisser légitimement les protestants. C'ét .c bien le moins du reste que, pour éprouver le zèle des convertis, on les obligeât à s'imposer quelques sacrifices, si telle était réellement leur conviction, en vue de procurer un lieu de culte à leur nouvelle religion. Tout en maintenant expressément le caractère communal des édifices religieux, le ministre prescrivit donc au gouverneur général (1) « d'inviter ses subordonnés, sous leur responsabilité personnelle, à n'en autoriser en aucun cas l'affectation à un culte autre que celui auquel ils étaient antérieurement destinés » ; dans un télégramme du 2 mars, il réitéra l'ordre « de ne pas sembler favoriser des conversions collectives purement factices, de respecter les désaffectations accomplies, mais d'éviter qu'on en fît de nouvelles ». Ces instructions formelles, aussitôt transmises à qui de droit, jetèrent d'abord quelque émoi parmi les catholiques, mais le général Gallieni ne tarda pas à remercier le ministre (2) pour l'aide qu'elles lui avaient apportée dans le règlement d'interminables conflits.

A peine vidée d'un côté, la querelle renaissait par ailleurs : on s'agitait fort autour de la reine Ranavalo, dont la profession religieuse semblait aux uns ou aux autres avoir une importance exceptionnelle. On avait été obligé d'éloigner d'elle, sauf pour les cérémonies publiques du culte, ses pasteurs officiels malgaches qui, anciens élèves de la *London Missionary Society*, l'entretenaient dans un pitoyable

(1) Dépêche du 9 janvier 1897.
(2) Rapport du 28 mars.

état d'esprit à l'égard de la France ; le premier pasteur français qui remplit des fonctions régulières au palais mettait trop souvent la préoccupation religieuse au-dessus du devoir national immédiat, et gémissait avec Ranavalo sur la *diminutio capitis* infligée aux missions anglaises. Le chef de la mission jésuite, Mgr Cazet, évêque *in partibus*, crut le moment opportun pour tenter un effort suprême à l'effet de conquérir la reine à sa foi. On dut tout d'abord réprimer son ardeur et le prier de laisser celle-ci en paix. Mais bientôt ce fut contre Ranavalo elle-même qu'il fallut lutter. Comme la plupart de ses sujets, elle se demandait si elle ne se concilierait pas les bonnes grâces de la France en revenant à la religion catholique, qu'elle avait autrefois pratiquée : par deux fois elle interrogea le général Gallieni (1) pour savoir s'il ne conviendrait point qu'elle se convertît ; par deux fois il lui fut répondu que la France restait profondément indifférente à cette question ; dans une circonstance même, on dut lui interdire de sortir de son palais pour aller aux vêpres.

Le gouvernement ne cessait pas d'encourager le général Gallieni dans sa résistance aux fantaisies royales et aux compétitions des divers missionnaires : « J'estime, écrivait le ministre le 9 janvier 1897, que la conversion de la reine au catholicisme serait plus nuisible qu'utile en tout état de cause. Cette conversion se produisant *dans les circonstances actuelles* ne pourrait pas être interprétée comme un acte libre de sa part. Ceux des habitants de l'Émyrne qui apportent quelque sincérité dans la profession qu'ils font de la foi protestante trouveraient en cet événement un nouveau motif d'hostilité ; quant aux autres, il importe peu de savoir quelle est leur étiquette religieuse. Vous avez raison de faire observer que jusqu'à l'époque de la con-

(1) Lettre privée de ce dernier du 25 janvier 1897.

quête les mots d'Anglais et de protestant d'une part, ceux de Français et de catholique de l'autre, étaient plus ou moins synonymes ; mais du jour où nous avons pris possession de l'île, il est devenu de notre devoir de pratiquer à Madagascar les principes qui sont le ... nd du droit public français, à savoir la plus stricte neutra... é religieuse. Si l'on a pu dire avec quelque raison, en ce qui ... cerne nos établissements d'Orient, que l'anticléricalisme n'est pas un article d'exportation, on peut proclamer en toute certitude que, dans la situation faite à Madagascar par les querelles confessionnelles, la laïcité est pour nous une obligation politique. »

Ces gages répétés de neutralité donnés, tant à Paris qu'à Tananarive, aux confessions rivales ne parvenaient pas à rétablir la paix : ni les protestants ne pouvaient se résoudre à perdre leur situation prépondérante de jadis dans les affaires publiques, ni les jésuites se résigner à ne pas profiter de la domination française pour imposer leur foi aux indigènes. Les uns et les autres ne voulant pas se plier spontanément au jeu de la vraie liberté, force fut d'élever le ton à leur égard. A maintes reprises, notamment en décembre 1896 et en février 1897, le ministre avait dû rappeler que « le gouvernement ne saurait admettre que les querelles des missionnaires pussent être une occasion de troubles dans la colonie, et blâmerait les autorités locales qui hésiteraient à réprimer immédiatement les fauteurs de désordre, à quelque confession qu'ils appartinssent (1) ». Les rapports périodiques du général Gallieni continuaient cependant à être une longue plainte sur la gêne et l'encombrement que lui causaient, ainsi qu'à ses subordonnés, ces incessantes disputes et ces perpétuelles dénonciations réciproques, reposant pour la plupart sur

(1) 21 décembre 1896.

des récits très contestables d'indigènes ; à Paris même,
le ministre était assailli de réclamations des sociétés centrales de missions, qui multipliaient les brochures et les
mémoires pour intéresser l'opinion à leur cause. Aucun
des deux camps ne voulait admettre qu'il ne réussirait
pas à faire intervenir l'action gouvernementale au bénéfice de ses préférences doctrinales. En vain les conviait-on
à la modération : en vain distribuait-on avec une rigoureuse impartialité les faveurs administratives : subven-
tions scolaires, gratuité de passages à destination de la
colonie pour les missionnaires ou instituteurs, etc. (1) :
l'irritation et la défiance demeuraient extrêmes ; aux
zizanies entre catholiques et protestants s'ajoutèrent
même bientôt des tiraillements entre les diverses congrégations représentées dans l'île et sur lesquelles la mission
jésuite, sous le prétexte que son chef était pourvu du titre
d'évêque *in partibus*, prétendait exercer une autorité sans
partage.

Cet état de choses ne pouvait se prolonger sans dégé-
nérer en péril véritable. En février 1897, le ministre fit
savoir à qui avait besoin de l'entendre que ses avertissements antérieurs étant demeurés infructueux, il prescri-
rait, le cas échéant, l'expulsion de l'île de quiconque y
provoquerait des troubles et ajouterait, par son intem-
pérance de conduite ou de langage, aux difficultés de la
situation politique contre lesquelles le général Gallieni
avait à lutter. Cette fois son langage fut écouté ; il le fut
d'autant mieux qu'un ensemble de mesures furent aussitôt

(1) De janvier 1896 à juin 1897, vingt passages gratuits ont été
accordés par l'administration des colonies à des missionnaires
catholiques ou à des sœurs ; sur ces vingt, treize étaient destinés à
pourvoir aux besoins du service hospitalier. Dans le premier tri-
mestre de 1897, à l'heure où l'on voulait aider à la substitution d'un
personnel français aux Anglais, seize passages furent concédés à
des pasteurs ou instituteurs protestants.

prises et de pourparlers commencés, qui pouvaient paraître menacer les principales missions dans leur prestige même.

On a vu plus haut par quels procédés avait été opéré le refoulement de l'influence anglaise sur le protestantisme malgache, sans que la moindre atteinte eût été portée par les actes gouvernementaux à la liberté de conscience. Une marche analogue fut alors suivie pour restreindre la prédominance des jésuites sur les indigènes catholiques, sans cependant désavouer les services éminents qu'ils avaient rendus dans le passé à la cause française. A cet effet, des conventions furent conclues, tant avec les Sœurs de Saint-Joseph de Cluny qu'avec les Frères des écoles chrétiennes pour que leurs écoles indigènes, naguère subventionnées par l'État sous le couvert des jésuites, relevassent désormais directement de l'autorité civile : l'administration coloniale avait pu, en mainte occasion, apprécier le dévouement et le zèle de ces congrégations sur d'autres points du globe ; elle savait pouvoir compter sur leur collaboration la plus discrète et la plus intelligente et ne s'exposer avec elles à aucun risque de conflit politique (1). En même temps on entama avec Rome des pourparlers destinés à attirer à Madagascar, pour y rompre l'espèce de monopole de fait dont y jouissaient les jésuites, d'autres corporations catholiques, telles que lazaristes ou spiritins, fort experts, eux aussi, en matière d'œuvres coloniales. Puis, pour prouver à tout le monde, aux protestants comme aux catholiques, que s'ils ne cessaient de harceler

(1) Ces conventions, qui sont d'avril 1897 et de janvier 1898, ont été dénoncées par une certaine presse comme un acte de trahison cléricale du gouvernement d'alors. Il est à noter que leur premier objet était de ramener les écoles congréganistes sous l'autorité directe de l'État. D'autre part, Frères et Sœurs s'obligeaient à fournir des maîtres à des conditions pécuniaires déterminées, mais la colonie ne s'astreignait nullement à n'en pas prendre ailleurs, ni même à leur en demander un nombre minimum quelconque.

l'autorité civile, celle-ci finirait par se passer de leur concours, quelques instituteurs laïques furent acheminés vers l'île ; et, comme les difficultés du recrutement et la médiocrité des ressources budgétaires en limitaient nécessairement le nombre, le général Gallieni eut l'ingénieuse idée, à la fois pour occuper ses soldats et pour répandre la connaissance du français, de créer dans tous les postes militaires des écoles indigènes d'où était naturellement bannie toute préoccupation confessionnelle (1).

Grâce à cette politique prudente et ferme, dont les péripéties variées de la lutte ne firent pas un seul instant dévier le gouvernement, les troubles religieux s'apaisèrent peu à peu. On n'avait eu besoin de rien briser, mais seulement d'user d'une infinie patience, pour arriver à faire concourir tous les éléments français, catholiques, protestants ou laïques, à la pacification et à la francisation. Il n'était point jusqu'aux missionnaires anglais qui n'y collaborassent désormais : leur race n'a point coutume de s'obstiner inutilement quand elle se heurte à une volonté plus forte et tout aussi réfléchie que la sienne. Dans celles de leurs écoles qui subsistaient sous leur direction propre, ils enseignaient maintenant le français, suivant le programme et sous le contrôle de nos autorités scolaires. En octobre 1897, ils répandirent à profusion parmi les indigènes des circulaires répudiant expressément toutes relations avec les ennemis de notre domination. Nul d'ailleurs, depuis l'exil de la reine Ranavalo, n'était tenté d'aller chercher auprès d'eux une assistance politique que la France n'eût pas tolérée un instant de leur part.

____

(1) Le général Gallieni avait aussi créé à Tananarive de grandes écoles normales et professionnelles.

X

L'ŒUVRE DU GÉNÉRAL GALLIENI

A partir du printemps de 1897, Madagascar rentre peu à peu dans la catégorie des pays heureux qui n'ont pas d'histoire, ou du moins son histoire se réduit à l'expédition des affaires courantes. Les gros problèmes sont résolus ou engagés de telle façon que la solution se dégagera d'elle-même. Sur les solides assises qui viennent d'être fondées, il n'y a plus qu'à choisir son heure pour achever la cons-, truction de l'édifice, l'adapter aux besoins qui se révéleront, le rendre habitable au commerce et à la colonisation. L'œuvre exige encore, à coup sûr, une attention soutenue, une sagacité toujours en éveil, une fertilité d'invention inépuisable de la part du gouverneur général (1). Mais elle ne présente plus d'arête propre à retenir le regard du grand public.

Ce n'est pas que les incidents, voire les accidents, aient manqué dans les mois qui suivirent ; aucun pourtant ne fut de nature à éveiller des inquiétudes sérieuses dans le gouvernement. L'inspection du tour de l'île, à laquelle procéda le général Gallieni en mai et en juin, lui permit de constater que tout ce qui avait été déjà accompli par lui sur le plateau central n'avait encore eu ni écho ni imi-

(1) Voir pour le détail le rapport d'ensemble, déjà cité, du général Gallieni, mars 1899.

tation sur les côtes ouest et sud-ouest ; partout, la médiocrité de la récolte et la difficulté des communications aidant, la question du ravitaillement causait les plus vives préoccupations. A Maintirano et à Morondavo, le général infligea lui-même une première leçon à des chefs sakalaves qui ne voulaient point reconnaître notre autorité et qui se livraient à la traite des esclaves et à la contrebande. A Majunga, il donna des ordres pour qu'on remît en état la route qu'avait ébauchée le corps expéditionnaire de 1895 en montant à Tananarive, et pour qu'on y fît circuler, après les réparations nécessaires, d'innombrables véhicules abandonnés par nos troupes dans la brousse. A Fort-Dauphin, où l'anarchie était complète, il constitua pour quelques mois un territoire militaire. Rentré à Tananarive au début de juillet, il s'aperçut que son absence n'avait servi de prétexte à aucun désordre appréciable : l'assassinat de deux pasteurs français en tournée, si douloureux fût-il, n'avait que le caractère d'un crime isolé, dû à l'imprudence des voyageurs ; aussitôt réprimé que connu, ce crime ne provoqua point de nouveau mouvement insurrectionnel. La rébellion des Hovas était bien décidément maîtrisée, et les soumissions, dans les régions naguère troublées, se faisaient chaque jour plus nombreuses et plus décisives.

Mais les Sakalaves, autrefois représentés comme les plus ardents soutiens de la cause française, déployaient un esprit de résistance tout à fait inattendu, depuis que les autorités françaises les gênaient dans leurs opérations commerciales. Excités par des marchands indiens qui se réclamaient de la nationalité anglaise et préoccupés de défendre leurs alluvions aurifères contre les prospecteurs européens, ils ne se bornaient même pas à s'opposer aux progrès méthodiques de nos postes militaires : quand ils se croyaient en force suffisante, ils attaquaient nos détachements, leur infligeaient parfois des pertes assez sensibles,

quelquefois même les obligeaient à rec ... .r (1). De même,
dans la région sud, où l'on rencontrait ,ette complication
additionnelle, que les volontaires hova. ∂nrôlés dans nos
régiments indigènes se montraient moin. •ptes à supporter
le climat de la côte que nos vaillants et   fatigables tirailleurs sénégalais. Comme rien ne press∂   dans ces deux
régions, le général Gallieni attendit de ı ∕oir plus aucun
sujet de préoccupation dans l'Émyrne ∂vant de diriger
ses troupes vers l'Ouest et le Sud : au printemps de 1898,
le corps d'occupation presque tout entier, qui, deux ans
plus tôt, était concentré à Tananarive, avait ainsi pu éva-
cuer le plateau central pour se porter, par une marche
lente et méthodique, vers les points de la périphérie encore
soustraits à notre domination, sans qu'aucun conflit sérieux
eût fait obstacle à ses progrès.

Dans l'intervalle, l'action administrative pure n'était
pas restée stérile. Dès la fin de 1897, par une réorganisation des services du gouvernement général, le général
Gallieni avait pu séparer les affaires civiles des affaires
militaires, jusque-là volontairement confondues dans une
direction unique. Les réclamations vraiment exorbitantes
formées par diverses personnes françaises ou étrangères,
sous prétexte de dommages subis pendant la campagne
de 1895, avaient été examinées une à une, et pour la plupart écartées ou réduites à des proportions acceptables (2).
De même pour les immenses concessions consenties avant
1895 par le gouvernement malgache, et qui risquaient, si
elles eussent été consolidées, de soustraire la majeure
partie de l'île à la colonisation : revisées l'une après

(1) Affaire de Tsirihibina, octobre 1897.
(2) Au printemps de 1896, l'ensemble de ces revendications
s'élevait au total fantastique de 42 millions et demi : ni la France
n'était disposée ni la colonie apte à supporter une pareille
charge.

l'autre (1), les unes furent frappées de déchéance pour inexécution des conditions stipulées à l'origine, les autres restreintes de manière à ne point gêner le développement économique de l'île. Une première loi sur les ventes et locations de terres aux colons, conçue dans des conditions trop restrictives sous le gouvernement de M. Laroche, fut élargie, et le décret initial du 17 juillet 1896 sur le régime des mines d'or, amélioré dans plusieurs de ses détails.

La grande île s'ouvrait ainsi peu à peu à la colonisation ; elle retenait même un nombre déjà appréciable de ceux qui l'avaient connue par hasard : des sous-officiers, des soldats parvenus au terme de leur service, demandaient à s'y fixer et à y attirer leur famille. Le général Gallieni s'attachait à cette œuvre avec une passion au moins égale à celle qu'il avait déployée dans sa tâche de pacificateur. « L'immobilisme et l'uniformité, écrivait-il dans la dernière lettre privée (2) que reçut de lui le ministre d'alors, sont, suivant moi, les grands défauts de notre système colonial français. Par exemple, à Madagascar, le Hova policé, intelligent et avide de se hausser au niveau de l'Européen, qu'il jalouse d'ailleurs, ne peut être traité comme le sauvage Sakalave, qui n'a connu jusqu'à ce jour que le pillage et la chasse aux esclaves. De plus, ce qui convient aujourd'hui dans notre colonie peut ne plus être bon dans quelques années... Pas d'impôt, disent les financiers, ou alors l'uniformité et la recette en argent. J'en ai décidé autrement et arrêté que l'impôt varierait suivant les mœurs et coutumes locales, mais en donnant les instructions les plus formelles pour que l'établissement de l'impôt suive pas à pas la pacification et l'organisation. Voici,

(1) Instructions ministérielles du 18 octobre 1896.
(2) 27 février 1898.

d'après ce principe, la province de Tulléar qui commence à se pacifier, et l'administrateur qui établit un impôt payable en bœufs, riz, etc. M. X... proteste et fait observer que ce n'est pas régulier, que la conservation de ces animaux ou denrées présente des difficultés, que la comptabilité de l'impôt sera malaisée à tenir. Cependant, il n'y a pas dans le pays de monnaie régulière... Les spécialistes en finances en verront bien d'autres, si je suis maintenu ici : ils me verront me faire, pour le compte de la colonie, éleveur et marchand de bœufs, cultivateur et marchand de café, et, qui sait? peut-être mineur... Je veux montrer la voie à nos colons. »

C'est bien le programme économique et administratif succédant au programme politique. Le second comme le premier a ceci de propre, qu'il n'est point un programme au sens français du mot, car il ne s'enferme dans aucune formule préconçue, et n'a d'autre principe que de s'assouplir aux besoins du moment pour mieux servir, non pas telle théorie abstraite, mais l'intérêt actuel du pays. Empirisme vulgaire, sans idéal et sans portée philosophique, diront peut-être quelques esprits chagrins, plus aptes aux méditations solitaires de cabinet et aux vastes envolées philosophiques qu'à la considération de la vie réelle et au maniement des hommes. Non pas : cette conception du devoir civique et de la mission publique a, elle aussi, sa grandeur et ses enseignements vraiment humains.

On l'a dit dès longtemps : celui qui a charge d'intérêts généraux est semblable au pilote du voilier qui, n'ayant pour déterminer sa route principale qu'une étoile parfois cachée par les nuages, ou une boussole que certains courants magnétiques affolent, doit prendre le vent, virer de droite ou de gauche, louvoyer même, en vue de maintenir sa direction essentielle. Pour l'homme d'État, l'étoile, c'est le drapeau ; la boussole, le dévouement implacable à la grandeur du pays ; les vents... l'infinie variété des passions nobles ou viles, des événements nécessaires ou contingents, des accidents prévus ou non avec lesquels il faut compter. Que lui importent et sa vie et sa réputation même, s'il a, pour si peu que ce soit, secondé l'essor des forces vives du pays et contribué à préparer utilement l'avenir national? « L'armée souffre sans se plaindre ; elle ne compte point ses morts. » L'homme qui a écrit ces fortes et simples paroles est mieux qu'un militaire : il est un grand c toyen, qui a vécu ses maximes.

C'est un inoubliable honneur que d'avoir travaillé avec lui, dans les temps difficiles, pour le service de la France. Ce fut une incomparable récompense d'apprendre longtemps après (1) que Gallieni songea un instant à suivre son ministre dans la retraite en 1898, craignant de ne pas trouver chez ses successeurs un concours aussi actif et absolu. Par bonheur pour le pays, il ne céda pas à ce premier mouvement, et il put couronner dans les années suivantes l'œuvre dont il avait posé en vingt mois les inébranlables fondations.

(1) *Correspondance de Lyautey*, 2e édition, 1921, p. 576-584.

ANNEXES

*Instructions du ministre des Affaires étrangères à M. Laroche,
résident général de la République française à Madagascar.*

Paris, le 11 décembre 1895.

La déclaration lue à la Chambre des députés dans la séance
du 27 novembre a fait connaître la façon dont le gouvernement
envisage la situation créée à Madagascar par la prise de Tananarive et la soumission des Hovas.

L'île de Madagascar est désormais possession française.

Il ne pouvait être douteux pour aucune des puissances étrangères vis-à-vis desquelles nous avons pris des engagements
que le gouvernement de la République saurait exécuter ces
engagements dans la mesure exacte où il peut être lié par eux.
Nous n'en avons pas moins tenu à confirmer publiquement
à cet égard les traditions de la politique française. Quant aux
obligations contractées au dehors par le gouvernement hova,
les conditions dans lesquelles nous sommes aujourd'hui établis
à Tananarive ne nous imposent pas d'autre devoir que celui
de nous conformer aux règles du droit international, applicables au cas où la souveraineté d'un pays est, par le fait des
armes, remise en de nouvelles mains.

L'objet principal de votre mission est, d'ailleurs, de fixer le
caractère de nos rapports avec le gouvernement malgache. Si
nous n'entendons pas répudier les conventions qui ont suivi
l'occupation de Tananarive et la soumission de la reine, nous
considérons que les efforts et les sacrifices qu'a nécessités la
prolongation de la résistance des Hovas nous donnent le droit

et nous imposent le devoir de nous assurer de légitimes compensations et des garanties définitives.

Le traité du 1er octobre, conçu au début de l'expédition, avait pour objet de consacrer et de garantir les arrangements de 1885. Mais, comme le faisait observer mon prédécesseur dans une dépêche adressée à M. le Myre de Vilers avant que les hostilités fussent commencées, les exigences de la France devaient aller en augmentant sans cesse en proportion de l'état d'avancement de nos préparatifs et de la campagne.

L'expédition a rencontré des difficultés et entraîné des sacrifices qui ont dépassé de beaucoup les prévisions du début. La résistance prolongée du gouvernement hova, les pertes douloureuses que la marche sur Tananarive a fait subir au corps expéditionnaire ne permettaient pas à la France de se contenter des satisfactions qui paraissaient tout d'abord suffisantes.

Le gouvernement qui nous a précédé avait pensé ainsi. Il modifia ses demandes et télégraphia dans ce but de nouvelles instructions au général Duchesne à la date du 18 septembre dernier. Il voulait donner au traité qu'il s'agissait de faire signer à la reine Ranavalo un caractère différent du traité primitif en le transformant en un instrument unilatéral, duquel disparaissaient par conséquent les dispositions contenant des engagements de la part de la France et pouvant paraître constituer une limitation à ses droits.

Le nouveau texte, que diverses circonstances empêchèrent de parvenir au général Duchesne avant la prise de Tananarive, comportait, par rapport au texte du traité qui a été signé le 1er octobre, un certain nombre de retranchements destinés à en modifier le caractère.

C'est ainsi que le préambule indiquant le but poursuivi par les deux parties contractantes et donnant les noms des négociateurs était supprimé.

Étaient supprimés également :

Le paragraphe 2 de l'article 4 par lequel le gouvernement français prenait l'engagement de prêter son appui à la reine de Madagascar.

Les paragraphes 1er, 3 et 4 de l'article 6, qui étaient ainsi conçus :

§ 1. — L'ensemble des dépenses des services publics à Madagascar et le service de la dette seront assurés par les revenus de l'île.

§ 3. — Le gouvernement de la République française n'assume aucune responsabilité à raison des engagements, dettes ou concessions que le gouvernement de S. M. la reine de Madagascar a pu souscrire avant la signature du présent traité.

§ 4. — Le gouvernement de la République française prêtera son concours au gouvernement de S. M. la reine de Madagascar pour lui faciliter la conversion de l'emprunt du 4 décembre 1886.

Enfin l'article 7 et dernier, qui prescrivait une nouvelle délimitation des territoires de Diégo-Suarez, disparaissait également.

Le gouvernement actuel a pensé lui aussi que, sans répudier l'ensemble des dispositions de l'arrangement signé le 1er octobre, il était nécessaire d'y introduire certaines modifications. Et puisque celles qui y avaient été introduites par son prédécesseur n'avaient pas été soumises à la ratification de la reine, il a cru possible de tenter de donner au texte une précision plus grande. Il vous remet un projet de rédaction conçu dans cet esprit.

Vous remarquerez que le texte nouveau, comme celui du 18 septembre, ne contient pas le préambule dont il est parlé plus haut, et qui donnait au traité un caractère de réciprocité que la situation de la France, après la prise de possession de Madagascar, ne saurait comporter.

Nous demandons que cette prise de possession soit reconnue par la reine, explicitement s'il est possible, ainsi qu'il est dit dans le préambule nouveau, ou tout au moins implicitement par l'acceptation des clauses de l'instrument que vous soumettrez à sa signature.

En dehors de ce préambule, le présent texte est identique à celui télégraphié au général Duchesne le 18 septembre, sauf sur le point suivant :

8

A l'article 3 et à l'article 4 (anciens art. 4 et 5), le mot « protectorat », dont les acceptions sont nombreuses et qui semble placer la France à Madagascar dans une situation inférieure à celle qu'elle possède en réalité, a disparu du texte.

Il nous a paru, d'ailleurs, qu'il ne fallait apporter au traité signé le 1er octobre par la reine Ranavalo que les modifications véritablement utiles.

Ces modifications, en dehors de celles dont il vient d'être parlé, portent sur un petit nombre de points qui ressortiront de la comparaison des textes qui va suivre :

L'ancien article 1er par lequel la reine de Madagascar reconnaissait le « protectorat » de la France a disparu dans le texte nouveau. Il est remplacé par la déclaration préalable de la reine, où elle donne acte de la prise de possession de l'île par la France, et s'incline devant le fait accompli.

L'article 2 du texte nouveau reproduit intégralement l'ancien article 3.

L'article 3 correspond au premier paragraphe de l'ancien article 4 et la rédaction est la même, mais, le mot « protectorat » disparaissant, il y est dit que la France se réserve le droit de maintenir à Madagascar les forces militaires nécessaires à l'exercice de son autorité.

On a supprimé le second paragraphe de l'article 4, par lequel le gouvernement français s'engageait à donner son appui à la reine de Madagascar contre les dangers qui pourraient la menacer. Le caractère unilatéral du nouvel acte exclut toute clause de ce genre. Il ne saurait être douteux, d'ailleurs, que le gouvernement de la République prêtera son appui à la reine de Madagascar aussi longtemps que celle-ci se montrera fidèle aux engagements qu'elle a pris en se soumettant au commandant de notre corps expéditionnaire.

Il y a identité entre le nouvel article 4 et l'article 5 du traité du 1er octobre, sauf la suppression, sans qu'il y ait eu lieu de les remplacer, des mots « à l'exercice de son protectorat ».

Il ne vous échappera pas que c'est afin de rendre plus facile pour la reine Ranavalo l'acceptation d'un engagement sans réciprocité, qu'au lieu d'insérer dans l'article 1er du traité qu'elle devra signer la reconnaissance de notre prise de possession, nous l'avons inscrite dans la déclaration lue à la Chambre française, déclaration dont il importe que la reine ait, en tout cas, préalable connaissance. Ce sera pour elle la simple constatation d'un fait accompli.

Si même l'insertion dans le préambule du traité des mots : « Après avoir pris connaissance de la déclaration de prise de possession de l'île de Madagascar par le gouvernement de la République française, » rencontrait de la part de la reine une opposition insurmontable et telle qu'elle pût entraîner de graves conséquences, nous vous laisserions le soin d'admettre comme une dernière concession la rédaction suivante du préambule : « S. M. la reine de Madagascar déclare accepter les conditions ci-après. »

Mais vous auriez, en tout cas, officiellement constaté que vous aviez donné connaissance, préalablement à la signature du traité, de la déclaration de prise de possession de Madagascar par le gouvernement de la République française.

Nous avons, du reste, la ferme confiance que vous saurez convaincre la reine de l'intérêt qu'elle a à accepter franchement la situation où elle s'est trouvée amenée par suite de l'imprudence et des funestes avis de ses conseillers. Vous ferez valoir qu'elle conserve intacts ses honneurs, ses privilèges et ses revenus. Vous insisterez sur le soin que nous prendrons de l'entourer des plus grands égards. Loin d'affaiblir les liens qui lui rattachent ses sujets, notre contrôle, par l'esprit dans lequel il sera exercé, contribuera à les fortifier en améliorant le fonctionnement de l'administration locale et, par suite, la condition des populations.

Vous ne manquerez pas également d'affirmer notre ferme intention de respecter les lois, les croyances, les usages, les mœurs des indigènes, et de ne pas toucher à leur statut personnel. La reine ne peut d'ailleurs oublier la modération de notre conduite à son égard après le succès de nos armes.

Elle en a eu une preuve particulière dans ce fait que, malgré les sacrifices en hommes et en argent que l'expédition nous a coûtés, nous n'avons réclamé du gouvernement malgache aucune indemnité pécuniaire.

Il est certain que la reine s'attendait à des conditions particulièrement rigoureuses au moment de l'entrée de nos troupes à Tananarive. Nous avons donc lieu de penser qu'elle se rend exactement compte de la situation où elle s'est placée, et je dois espérer que vous la trouverez déjà, dans une certaine mesure, préparée à entrer dans nos vues. Au cas contraire, et s'il vous paraissait impossible d'obtenir son adhésion par les moyens dont vous disposez, vous devriez suspendre les négociations et, sans recourir à un ultimatum, en référer aussitôt au gouvernement.

Dans tous les cas, et quelle que soit l'attitude de la reine, nous devons nous établir définitivement à Madagascar et y faire fonctionner le nouveau régime. Votre tâche au début sera donc double, si la conclusion du traité n'est pas immédiate.

Pendant que vous conduirez les négociations, vous aurez à étudier et à préparer l'organisation définitive de l'île, avec le concours des agents spéciaux mis à votre disposition pour diriger les divers services. Vous prendrez les mesures nécessaires pour l'installation des résidences et vice-résidences ainsi que des tribunaux dont la création a déjà été prévue.

Il vous appartiendra de prendre, d'accord avec le commandant du corps d'occupation, les dispositions nécessaires pour le maintien de l'ordre et de la sécurité. Vous aurez aussi à vous entendre avec le commandant de nos forces navales, à l'effet d'assurer la surveillance des côtes, de prévenir l'importation des armes, de contrôler l'arrivée des colons suspects.

Je crois devoir, en terminant, attirer votre attention sur l'intérêt qui s'attache à éviter avec soin tout acte de nature à affaiblir sans nécessité l'autorité de la reine aux yeux des populations qui lui sont soumises. Le concours du gouvernement malgache est, en effet, indispensable pour accomplir l'œuvre que nous allons entreprendre. Mais, en même temps que vous rappellerez aux autorités locales les devoirs qui leur incombent en ce qui concerne la sécurité des résidents français ou étrangers, vous devrez veiller à ce que nos compatriotes ou les colons appartenant à d'autres nationalités s'abstiennent de toute provocation à l'égard des agents de la reine, ainsi que de tout abus, de toute vexation à l'égard des populations.

Le gouvernement, monsieur le résident général, a pleine confiance en vous, en votre énergie et en votre habileté. Il vous donne les pouvoirs les plus étendus pour mener à bien la haute et difficile mission qui vous est confiée.

BERTHELOT.

(Était jointe aux instructions de M. Laroche une copie de la déclaration lue à la Chambre des députés par M. Berthelot, ministre des Affaires étrangères, dans la séance du 27 novembre 1896, et qui a été publiée à l'*Officiel* du 28.)

Pièce B

Instructions au résident général de France à Madagascar sur l'organisation administrative de l'île, dressées par M. Guieysse, ministre des Colonies, et emportées par M. Bourde, secrétaire général.

Janvier 1896.

Monsieur,

Le gouvernement de la République vous a chargé d'organiser la domination française à Madagascar.

Les instructions suivantes ont pour but de vous indiquer dans quelles vues il désire que vous procédiez à cette organisation.

Vous aurez, avant toute chose, à vous occuper de pacifier le pays, d'en réorganiser l'administration et de lui constituer

un budget qui soit promptement en état de se suffire à lui-
même.

L'œuvre de la pacification paraît comporter deux étapes
bien distinctes. Pendant la première, vous vous bornerez à
organiser les provinces habituées à obéir au gouvernement
de Tananarive et à les protéger contre les incursions des pillards des provinces insoumises, s'il y avait à en redouter.

Ce n'est que plus tard, lorsque l'amélioration des finances
et la création des milices et des forces indigènes pouvant assurer
la sécurité du pays concurremment avec les troupes fournies
par la métropole vous auront procuré les moyens indispensables, que vous pourrez songer à entreprendre d'étendre à
toute l'île, de proche en proche, notre domination effective. Le
gouvernement de la République estime du reste que cette
extension doit s'opérer par des procédés plus politiques que
militaires et qu'il y aura lieu d'user de persuasion et de pression morale plus que de violence.

Les provinces insoumises sont partagées entre une foule de
chefs indépendants. Les avantages qu'il pourrait y avoir à
conserver l'autonomie de tant de petits royaumes ne sauraient
compenser les inconvénients de la complication de rouages
qui en résulterait. Vous n'admettrez donc qu'un budget pour
toute l'île et qu'un pouvoir législatif pour les indigènes, celui
de la reine de Tananarive, à laquelle le gouvernement de la
République a conservé son titre de reine de Madagascar.

Mais, pour éviter de donner une prépondérance exclusive
aux Hovas, vous recruterez autant que possible les fonctionnaires indigènes de ces provinces parmi les familles influentes
du pays, et vous ferez parmi les troupes indigènes, les milices
et les forces de police une part aussi large que possible aux races
autres que la race hova, afin de contre-balancer l'influence de
celle-ci dans l'île et d'être toujours en état de les opposer les
unes aux autres à un moment donné.

Il est à présumer que nos colons trouveront dans le haut
pays un climat qui leur permettra d'y vivre et de s'y reproduire. Les deux races sont ainsi appelées à vivre côte à côte.
L'intention très arrêtée du gouvernement est qu'une parfaite

équité règne dans leurs rapports. Toutes les fois que vous aurez
à créer des institutions appelées à gérer des intérêts qui leur
seront communs, vous vous préoccuperez donc d'y assurer
une représentation à chacune d'elles, de manière à ce que l'une
ne puisse pas être opprimée par l'autre. C'est ainsi que dans
les constitutions de commissions municipales ou autres institutions analogues vous devrez toujours faire une part équitable à l'élément indigène.

Le gouvernement de la République a déclaré l'île de Madagascar possession française. Mais il entend conserver l'administration indigène comme un rouage intérieur, afin d'utiliser
pour l'exécution de ses volontés l'autorité que les traditions
lui ont acquise sur la population. Vous considérerez cette administration comme un instrument que vous devrez maintenir
sous votre direction étroite ; mais, pour que l'instrument reste
efficace, vous devrez éviter en même temps tout ce qui pourrait affaiblir la considération dont elle a besoin pour être obéie
de ses administrés. Dans ce but, vous et les résidents chargés
de vous représenter auprès des gouverneurs des provinces,
vous exercerez l'action de la France surtout par voie d'avis
et de contrôle ; vous ne commanderez que quand vos conseils
seront méconnus. Les ordres à donner à la population et les
contraintes à exercer sur elle devront toujours émaner d'agents
de sa race, de manière à ce qu'ils soient conçus dans les formes
adaptées aux idées indigènes et à ce que, venant de ses chefs
naturels, ils lui paraissent moins pénibles. Les agents français
ne devront entrer en contact avec elle que pour recueillir ses
plaintes et faire redresser les abus dont elle peut avoir à souffrir ;
en un mot, leurs rapports avec elle devront toujours être de
nature à nous faire estimer et, s'il est possible, aimer à la longue.

Comme application pratique de ce mode d'administration,
les lois locales seront établies au nom de la reine. Afin de marquer sa situation vis-à-vis du gouvernement français, vous inviterez la reine à se servir à l'avenir de la formule de promulgation suivante : « Moi, Ranavalo, par la grâce de Dieu et la
volonté de la République française, reine de Madagascar. »

Afin de rendre les lois locales exécutoires pour les Français et les étrangers et conformément au décret constitutif de la justice française à Madagascar, vous les revêtirez de votre signature dans la formule suivante : « *Vu pour la promulgation et l'exécution*, le résident général de France. » Les lois seront préparées en conseil sous votre présidence. Dans les cas importants, elles devront être soumises préalablement à l'approbation du ministre des Colonies. En cas d'extrême urgence ou lorsqu'il ne s'agira que de questions tout à fait secondaires, vous pourrez faire promulguer des lois sans approbation préalable, mais elles ne seront que provisoirement exécutoires jusqu'à approbation définitive du ministre des Colonies.

En dehors des affaires militaires, qui sont de la compétence du commandant supérieur des troupes, vous répartirez les affaires administratives entre quelques grands services dont il ne paraît pas utile pour le moment de porter le nombre à plus de quatre : Intérieur, Finances, Agriculture et Domaines, Travaux publics. Les chefs de ces services auront l'ordonnancement de leurs dépenses, et vous leur donnerez qualité pour prendre, sous votre visa, des arrêtés concernant les questions de leur ressort. En un mot, l'intention du gouvernement de la République est que ces chefs de service ne soient pas pour vous de simples agents d'exécution, mais des collaborateurs ayant leur part de responsabilité dans la marche des affaires, et de l'opinion desquels, tant que vous les conserverez auprès de vous, il vous est expressément recommandé de tenir le plus grand compte.

Le décret du 11 décembre 1895, qui a réglé vos attributions, a prévu la création d'un conseil de résidence. Vous me ferez aussi promptement que possible vos propositions à ce sujet. Je me borne à vous indiquer, à titre de simple information, qu'à première vue il paraît préférable que ce conseil, en dehors du premier ministre indigène et de son adjoint, soit composé des chefs de service ordonnateurs, du commandant supérieur des troupes et du chef du service judiciaire. Il paraît également désirable que toutes les affaires de quelque importance soient d'une manière générale soumises à ce conseil.

Vous organiserez le service de l'intérieur de manière à ce

que les affaires indigènes continuent à y être traitées par des agents indigènes, mais sous le contrôle immédiat d'agents français.

Dans ce but, le premier ministre indigène restera nominalement chargé du service. Il continuera à signer les ordres et les instructions aux gouverneurs, les mesures de police imposées à la population, les arrêtés administratifs et les règlements d'administration, mais vous placerez auprès de lui un directeur de l'intérieur français pour exercer sur lui votre action d'une façon permanente. Afin que rien ne puisse échapper à cet agent, vous prendrez les mesures nécessaires pour qu'aucun document ne soit inséré au *Journal officiel* autrement que par son intermédiaire, pour que la correspondance d'arrivée du premier ministre soit reçue et la correspondance de départ préparée par lui.

Vous partagerez l'île en provinces et en résidences englobant plusieurs provinces. Vous placerez à la tête de la province un gouverneur indigène nommé par la reine après votre approbation, et à la tête de la résidence un résident nommé par le président de la République. Le résident jouera auprès des gouverneurs le même rôle que le directeur de l'Intérieur auprès du premier ministre. Il vous représentera auprès d'eux. Les gouverneurs ne devront agir que conformément à ses avis et au besoin ses injonctions, mais ils devront seuls donner des ordres directement à la population indigène et supporter, à ses yeux, la responsabilité des actes de l'administration.

Pour assurer son contrôle, toute la correspondance officielle des gouverneurs, à l'aller et au retour, devra passer par les mains du résident. Quand les directeurs des Finances, des Travaux publics et de l'Agriculture auront des agents spéciaux dans une résidence, ils pourront correspondre directement entre eux, mais copie des instructions adressées à ces agents devra être envoyée par vos soins au résident, afin qu'il n'ignore rien de ce qui se passe dans sa circonscription.

Le budget des dépenses militaires et le budget des dépenses civiles devront être établis séparément. Ils devront être l'un et l'autre préparés et envoyés en projet pour approbation, au

mois d'août de chaque année, le premier au ministre de la
Guerre et le second au ministre des Colonies. Le gouvernement
de la République prendra à sa charge, provisoirement au moins,
toutes les dépenses militaires de l'île. Vous établirez le budget
de ces dépenses, d'accord avec le commandant en chef des
troupes, et vous en enverrez, à titre d'information, une copie
au ministre des Colonies. Au cas où l'accord ne pourrait s'établir, vous saisirez le ministre des Colonies, qui soumettra le
litige au gouvernement de la République.

Vous préparerez le budget civil des recettes et des dépenses
en conseil avec vos chefs de service. Quand il aura été approuvé
par le ministre des Colonies, et promulgué dans l'île, vous donnerez tous vos soins à ce que, sous aucun prétexte, les dépenses
prévues ne soient dépassées. Le gouvernement vous fait sur
ce point les recommandations les plus expresses. Vous établirez
dans ce but, pour les ordonnancements, des règlements sévères.

A la fin de chaque mois, les chefs de service devront demander
une délégation détaillée par article, pour les dépenses qu'ils
auront à ordonnancer dans le mois suivant. En principe, ces
délégations ne devront pas dépasser le douzième des crédits
alloués à un service pour toute l'année. Quand ces demandes
excéderont un douzième, elles devront être appuyées de justi-
fications qui seront examinées par vous en conseil. Le trésorier-
payeur devra refuser le payement de toutes sommes dépassant
les délégations ainsi accordées.

Vous vous efforcerez de développer aussi rapidement qu'il
vous paraîtra possible de le faire, sans risquer de troubler la
population, les ressources du budget des recettes. Il y en a, en
dehors des douanes, de trois sortes :

1° L'exploitation des mines et forêts ;

2° La location et la vente des terres domaniales ;

3° Les impôts et monopoles d'État.

L'exploitation des mines et des forêts a fait, de la part du
gouvernement malgache, antérieurement à l'occupation française, l'objet de nombreuses concessions dont plusieurs portent
sur des étendues immenses. Le gouvernement français ne saurait *a priori* se considérer comme lié par ces contrats. D'après

les affirmations qui m'ont été communiquées par le département des Affaires étrangères, les dossiers de ces diverses affaires ont été conservés aux archives expédiées de Tananarive à Tamatave au moment de l'évacuation. Vous examinerez et ferez une enquête sur chaque affaire et vous la transmettrez avec votre avis au ministre des Colonies, qui prononcera en dernier ressort, après avoir pris l'avis de son conseil du contentieux. Votre examen devra avoir pour but de mettre le gouvernement de la République en état de se prononcer. Celles de ces concessions qui contiennent des clauses qui n'ont pas été exécutées et qui sont par là devenues caduques seront purement et simplement frappées de déchéance. Quant à celles pour lesquelles cette procédure ne pourrait pas être suivie, vous ferez évaluer quelles dépenses réelles représente le commencement d'exécution qu'elles auront pu recevoir, et vous indiquerez au ministre des Colonies quelles compensations il vous paraîtrait équitable d'accorder aux titulaires.

Afin de vous renseigner sur ce que vous pouvez attendre de ce genre de ressources, vous ferez procéder aussi rapidement que possible à une prospection des mines et à une reconnaissance des forêts. Si les espérances qu'on a conçues au sujet de l'existence de gisements aurifères exploitables se trouvent fondées, vous éviterez d'en monopoliser l'exploitation au profit de quelques grands concessionnaires, mais vous les soumettrez à une législation dont, conformément à vos instructions, le secrétaire général de la résidence a étudié les termes avec mon département et dont vous trouverez ci-joint le texte, que je vous autorise, si vous le jugez utile, à faire promulguer après m'en avoir demandé l'autorisation, sauf les modifications de détails que vous jugeriez utile de faire, et si vous n'avez, par ailleurs, aucune objection de principe à soulever. Elle ouvre *à tous les Français* l'accès des mines, et elle borne le rôle de l'administration à l'enregistrement des droits du premier occupant.

Un autre projet ci-joint règle les conditions de concession des mines autres que les mines d'or. Vous pouvez le faire promulguer dans les mêmes conditions que le premier. Quant aux forêts, vous n'en aliénerez la propriété en aucun cas. Vous vous contenterez de faire, pour des exploitations déterminées, des adjudications, et si les adjudications sont reconnues impossibles, des concessions de gré à gré, temporaires et de dimensions raisonnables.

Vous trouverez également ci-joints deux autres projets de loi, relatifs à la constitution de la propriété foncière dans l'île et aux concessions de terres domaniales. Comme les projets sur les mines, ils ont été concertés entre le secrétaire général de la résidence muni de vos instructions et mon département. Le premier consacre le principe que le sol appartient à l'État, principe que vous devrez maintenir résolument en toute occasion. C'est lui qui vous permettra de donner à la propriété une origine incontestable et de constituer avec les terres vacantes un domaine pour la colonisation. Mais il consacre en même temps les droits existants ; vous considérerez les terres régulièrement cultivées par les indigènes comme légitimement acquises aux cultivateurs, et vous leur reconnaîtrez le droit de faire constater leur propriété pleine et entière et d'acquérir des titres réguliers et certains au moyen de l'immatriculation. S'il existe sur certaines terres des droits féodaux qui méritent d'être pris en considération, vous en négocierez l'abandon, soit contre des concessions de terres domaniales en toute propriété, soit en choisissant parmi les nobles qui en jouissent les chefs autorisés à retenir un tant pour cent sur les impôts perçus dans leur circonscription. Le projet sur les concessions de terres domaniales s'inspire du même principe que le projet sur les mines d'or. En fixant un prix d'achat assez faible pour ces terres, l'administration en rendra l'acquisition facile à tout le monde, et son rôle se bornera à faire mesurer les parties choisies par les colons et établir pour ces parcelles des titres de propriété immatriculés. Je vous autorise à faire également promulguer ces lois dès que vous le jugerez utile, sauf modification de détails, sans avoir à attendre de moi une autre approbation.

J'appelle votre attention sur la nécessité qui s'impose d'exiger des personnes à qui peuvent être attribuées des concessions à titre gratuit le capital jugé nécessaire pour mettre ces concessions en valeur. Une mesure qui donnerait un vif élan à l'émigration française consisterait à accorder sur un fonds spécial, et dans des conditions à déterminer, des avances de capital aux anciens militaires français ayant servi aux colonies et aux familles de ceux qui seraient décédés au cours d'une expédition coloniale. Ce fonds spécial pourrait être constitué sur les ressources disponibles à la suite de la conversion de la dette publique malgache.

Dans l'organisation des impôts, vous vous attacherez surtout à développer le système de contributions actuel, auquel la population est déjà accoutumée. Vous régulariserez la perception de l'impôt personnel dit de la piastre, de l'impôt sur les rizières, des droits de marché et de la taxe locative. Vous donnerez au timbre et à l'enregistrement un caractère plus général et plus régulier. Vous constituerez, sans retard, un service de douanes. Pour vous procurer des ressources en dehors des impôts actuels, vous pourrez en chercher dans des monopoles sur quelques produits de grande consommation, tels que le sel, les alcools, le pétrole, et dans certaines taxes telles que l'impôt de capitation sur les étrangers non Européens. Les étrangers (Africains, Indiens, Arabes) non sujets français sont déjà soumis à Nossi-Bé à la délivrance d'un permis de séjour variant de 10 à 25 francs par an : vous examinerez si on ne peut pas l'appliquer dans tout Madagascar.

Mais il est à présumer qu'en raison de la rareté du numéraire, toutes ces réformes ne suffiront pas à nous fournir les recettes nécessaires. Vous donnerez donc une attention toute particulière à l'utilisation de la corvée. A titre de don de joyeux avènement, destiné à témoigner immédiatement à la population dans quel esprit de douceur et d'équité nous entendons exercer notre domination, vous mettrez fin aux abus sans nombre dont la corvée était l'occasion, en limitant par une loi le nombre de jours de travail dû annuellement par les prestataires. Vous examinerez ensuite s'il ne serait pas possible d'établir un système de culture permettant de continuer à percevoir cet impôt sous forme de travail appliqué à des exploitations agricoles, dont les produits seraient partagés entre les prestataires et le gouvernement.

A la suite de la dernière guerre, un grand nombre de demandes d'indemnité ont été adressées au gouvernement de la République. Je vous les fais toutes expédier, afin que vous puissiez les instruire sur place. Sans décider, dès maintenant, s'il donnera des indemnités d'aucune sorte, le gouvernement est résolu à écarter immédiatement tout ce qui dans les réclamations est fondé uniquement sur un manque à gagner. Vous n'aurez donc à examiner que les dommages matériels subis par des particuliers, par suite de faits de destruction résultant de la guerre, vous en ferez estimer l'importance et vous retournerez chaque dossier au ministre des Colonies en y joignant votre avis sur la valeur réelle des pertes subies.

Dans la mesure où les mœurs, les usages et les nécessités locales le permettront, vous vous efforcerez de rapprocher la législation malgache de la législation française. Vous vous donnerez notamment pour tâche de préparer l'extinction de l'esclavage, mais en prenant à cet égard les mesures de transition nécessaires. Vous aurez pourtant de suite à examiner les dispositions à prendre pour arrêter toute vente d'esclaves, le gouvernement français ne pouvant, en dehors des principes toujours proclamés par lui en cette matière, accepter de trouver des ressources budgétaires dans le prix d'enregistrement des actes de vente d'esclaves.

Vous examinerez aussi les mesures compensatrices à me proposer pour arriver tant à la libération des enfants d'esclaves au moment de leur naissance qu'à la faculté de rachat des esclaves en général.

En raison de l'importance des intérêts privés engagés dans la question, il vous est recommandé de procéder avec beaucoup de prudence et de ne point provoquer de troubles par des mesures prématurées. Vous trouverez peut-être la solution d'une partie du problème dans une faculté de rachat accordée aux esclaves à un tarif fixé par une loi. L'emploi de la corvée à des travaux agricoles, dont les produits seront partagés entre les prestataires et le gouvernement, pourra fournir aux esclaves l'occasion de se constituer le pécule nécessaire et le moyen de se libérer sans perte notable pour les propriétaires.

L'exercice régulier et paisible de notre pouvoir dans l'île dépendant essentiellement du prestige des autorités françaises, vous réprimerez tout ce qui serait de nature à l'amoindrir. Vous maintiendrez dans ce but à l'administration indigène le droit de régir à son gré les associations et les réunions. Afin d'être armé contre la propagande étrangère, vous soumettrez la presse à l'obligation de l'autorisation préalable pouvant toujours être retirée.

La liberté des cultes étant garantie par le gouvernement de la République, vous ne devez en favoriser aucun aux dépens des autres, pour des raisons confessionnelles. Aucune école ne pourra être ouverte sans une autorisation préalable de l'administration. Vous ferez fermer les écoles où l'action des maîtres s'exercerait contre l'influence française, mais vous devrez me rendre compte immédiatement de toute mesure de ce genre. Vous vous attacherez à favoriser le plus possible dans ces écoles la propagation de la langue française.

L'organisation d'un enseignement d'État serait une charge trop lourde pour un budget qui n'est pas encore constitué ; il n'entre pas dans les intentions du gouvernement de la République qu'il y soit procédé jusqu'à nouvel ordre.

Telles sont les vues générales dont le gouvernement de la République vous invite à vous inspirer dans l'organisation et dans l'administration de Madagascar. Sauf dans des cas stipulés dans les présentes instructions et dans les décrets qui ont défini vos pouvoirs et créé un corps de résidents, cas où vous aurez à vous assurer préalablement mon approbation, les pouvoirs les plus larges vous sont donnés. Vous agirez sous votre responsabilité et vous me rendrez compte ensuite de vos actes. Pour assurer le service d'information indispensable pour mon contrôle, vous m'adresserez chaque mois un rapport sur les principaux événements politiques et administratifs et sur la situation financière, économique et commerciale de Madagascar et de ses dépendances. Pour en rendre l'examen plus facile, vous grouperez ensemble les faits relatifs à chaque résidence, et diviserez le rapport en autant de chapitres qu'il y aura de circonscriptions résidentielles. Afin que vos collaborateurs connaissent les intentions du gouvernement sur l'administration de Madagascar, vous communiquerez confidentiellement une copie de ces instructions aux chefs de service français membres du Conseil de la résidence.

L'organisation actuelle des dépendances de Madagascar, au point de vue tant administratif que financier, ne pouvant être maintenue, j'aurai soin de soumettre incessamment à la signature du président de la République un décret la modifiant, mais ces modifications ne pourront être appliquées en ce qui touche au régime des finances qu'à compter du 1er janvier 1897, la loi des finances pour 1896 étant déjà votée. Les services financiers fonctionneront donc dans les trois établissements de Diégo-Suarez, Nossi-Bé et Sainte-Marie de Madagascar, pendant l'exercice 1896, comme pendant les exercices précédents.

Pièce C

Instructions de M. André Lebon, ministre des Colonies,
au résident général de France à Madagascar.

Le 8 août 1896.

Monsieur le Résident général,

Vos derniers rapports sur la situation générale de l'île témoignent d'un état de troubles persistants dans le centre du pays.

Aux actes de brigandage, aux incursions des Fahavalos dans l'Émyrne, souvent à quelques kilomètres de la capitale, viennent s'ajouter, depuis le commencement de la saison sèche, des soulèvements qui affectent un caractère plus net de rébellion contre notre souveraineté ; aux poursuites des bandes de pillards qui profitaient de la désorganisation de l'administration indigène après la conquête pour pêcher en eau trouble, a succédé une véritable guerre de partisans à laquelle il vous appartient de mettre un terme en prenant les mesures immédiates que comporte la gravité de la situation.

Dans ces conditions et en tenant compte des dispositions mêmes du décret du 11 décembre 1895 qui a fixé vos attributions, le gouvernement a pensé que, tout en vous conservant les prérogatives attachées aux hautes fonctions de résident général, et sans affaiblir en rien l'autorité du pouvoir civil, qui doit dominer, il convenait, pour hâter la pacification de Madagascar, de constituer des territoires militaires dans la région des hauts plateaux, au centre de l'île, là où la population est la plus dense et où l'effort de la résistance contre nos armes peut davantage se prolonger.

En appelant le général Gallieni à présider à l'organisation de ces territoires militaires, dont vous voudrez bien définir les limites sur ses propositions, je crois vous donner le collaborateur le mieux désigné par sa brillante carrière militaire, par son entente des questions administratives aussi bien que des questions techniques de son ressort, et par son esprit de modération, pour mener à bien l'œuvre si difficile de la pacification de Madagascar.

Vous connaîtrez à l'avance les sentiments qui ne peuvent manquer d'inspirer le général Gallieni dans tous ses actes, tant comme commandant supérieur des troupes dans toute l'étendue de la colonie que comme commandant supérieur des territoires militaires, quand vous aurez lu les instructions ci-jointes qui lui sont particulièrement destinées, et où la subordination de l'autorité militaire à l'autorité civile du ministre des Colonies et du résident général est nettement établie.

La nécessité de modifier les dispositions du décret du 11 décembre 1895 en son article 5 notamment, et de mettre nettement le commandant des troupes à Madagascar sous l'autorité du ministre des Colonies et de son premier représentant, se faisait sentir depuis l'origine même des troubles qui entravent notre établissement définitif dans la grande île ; mais je dois reconnaître que le général Gallieni, d'après les vues que nous avons échangées ensemble, aurait de lui-même demandé les modifications au régime imposé par le décret précité, si elles n'avaient pas déjà été décidées dans l'esprit du gouvernement. Je n'ai pas à reproduire ici les explications données en détail dans les instructions que reçoit aujourd'hui même le général Gallieni quant à l'application du nouveau décret qui abroge l'article 5 du décret du 11 décembre 1895, en déclarant que les dispositions des décrets du 27 janvier 1886 et du 3 février 1890 sont désormais en vigueur à Madagascar comme dans toutes nos autres colonies ; vous voudrez bien vous pénétrer de ces instructions, dont je vous transmets l'ampliation afin de tenir la main à leur stricte observation, et les considérer comme le complément de la présente dépêche.

Il serait superflu d'insister ici sur *l'urgence* des mesures que comporte la situation actuelle, sur la nécessité de créer dans le plus bref délai les territoires militaires en question ; leur détermination vous appartient de par l'acte même qui a défini vos pouvoirs, après avis de l'autorité militaire.

Il m'a paru nécessaire de mettre ces territoires sous le régime légal de *l'état de siège*, qui, en ce qui concerne notamment les juridictions, comporte des dispositions prévues par les lois du 9 août 1844 et du 8 avril 1878 qui l'ont réglementé, et par conséquent ne permet d'apporter aucune modification au décret relatif à l'organisation de la justice à Madagascar. L'application de ce décret ne sera de la sorte que momentanément et *en partie* suspendue pour toute la durée de l'état de siège, et reprendra naturellement dès qu'il pourra être levé ; les tribunaux ordinaires continueront à connaître des affaires civiles et des délits exclusivement de *droit commun;* aux juridictions militaires, quelle que soit la qualité des auteurs principaux et des complices, seront déférés tous les crimes et délits ayant un caractère politique ou insurrectionnel ou qui seraient de nature à compromettre l'action de l'autorité française.

Vous voudrez bien, en conséquence, par un arrêté spécial, auquel vous donnerez la publicité voulue, tout en y établissant l'état de siège, constituer ces territoires militaires où le commandant supérieur aura, temporairement, toute latitude pour mener à bien sa mission spéciale.

Toutes les autorités civiles et militaires en résidence sur *les territoires militaires* seront placées sous les ordres immédiats du commandant supérieur du jour même où paraîtra votre arrêté réglant leur formation. L'ordonnancement des dépenses civiles aussi bien que des dépenses militaires incombera au *commandant supérieur* ou à ses délégués, en vertu du paragraphe 2 du décret du 7 janvier 1896 qui prévoit que le secrétaire général ordonnateur secondaire des dépenses civiles à Madagascar peut *sous-déléguer* les crédits qui sont délégués à la colonie par le département et par suite également des dispositions générales des lois sur l'état de siège, qui attribuent à l'autorité militaire tous les pouvoirs d'administration nécessaires. Vous remarquerez en outre, en lisant les instructions données au général Gallieni, qu'il est convenu qu'il aura sous son autorité les officiers du commissariat et du corps de santé en service à Tamatave et à Majunga, afin de lui permettre d'assurer sans aucune difficulté le fonctionnement des deux lignes principales de ravitaillement et d'évacuation. Cette délégation de pouvoirs, en dehors des territoires militaires proprement dits, que vous donnerez ainsi au commandant supérieur, doit être limitée aux besoins du ravitaillement et des mouvements de troupes entre les territoires militaires et les points extrêmes des lignes en question.

Les territoires militaires devant vraisemblablement comprendre la majeure partie de l'Émyrne, avec Tananarive comme centre, et du Betsiléo, votre activité ne trouvera plus à s'employer dans les régions que vous avez d'ailleurs déjà plus particulièrement étudiées, et le gouvernement a pensé qu'il vous siérait mieux de ne pas séjourner dans la capitale pendant le temps où elle servira de centre à l'action militaire. Votre présence lui paraît même être devenue indispensable sur des points de la grande île où notre autorité est sinon méconnue, du moins peu effective, dans les principaux ports surtout. Il est à remarquer que les renseignements nous manquent sur ces ports, à

tous points de vue, en matière commerciale principalement,
et je vous serai reconnaissant de vouloir bien vous y transporter,
vous laissant d'ailleurs toute liberté pour l'itinéraire que vous
croirez devoir suivre dans cette inspection générale des côtes,
que vous fixerez en tenant compte de la saison. Je vais m'entendre avec mon collègue de la Marine pour qu'un bâtiment
soit mis à votre disposition dans ce but.

Vous aurez à vous mettre en relations directes avec le commandant de la division navale de l'océan Indien pour lui
demander tous les renseignements nécessaires au sujet de cette
inspection et du moment le plus favorable pour visiter les
divers points que vous avez à voir. L'expérience déjà acquise
par M. le capitaine de vaisseau Le Dô, qui a lui-même visité
les côtes ouest, sud et est de l'île au mois de juin dernier, vous
sera certainement précieuse. Je vous transmets, ci-joints, des
extraits du rapport qu'il a adressé à la suite de cette inspection au ministre de la Marine. L'importance des observations de
M. Le Dô, en ce qui concerne le fonctionnement de la résidence de Tullear, restée trop longtemps sans titulaire, ne vous
échappera pas. Vous devrez vous transporter dans cette région
après avoir visité, si la saison le permet, les côtes est et sud
de l'île et constater *de visu* la situation du littoral, afin de
prendre ensuite, en toute connaissance de cause, les mesures
indispensables pour mettre fin à la traite et surveiller les ports,
où s'exerce davantage la contrebande, l'embouchure de la
Tsiribihine, entre autres, que fréquentent les boutres arabes.
Vous insisterez auprès du commandant de la station navale
pour qu'il veuille bien multiplier autant que possible les croi-
sières de ses bâtiments entre Majunga et Morondava, et étudier l'établissement des postes de douane sur ce littoral, là où
les recettes peuvent couvrir les frais de perception, sans
attendre, afin de couper court aux introductions de marchandises diverses, d'armes et de munitions. Les services rendus
à l'administration par M. Samat, correspondant de la résidence
générale à Morondava, sont reconnus depuis trop longtemps,
et par le département des Affaires étrangères et par celui des
Colonies, pour n'avoir pas leur récompense. Je vous prie de

me faire des propositions en faveur de cet agent en me donnant toutes les indications nécessaires sur ses services.

Vous aurez à apprécier les besoins du pays là où vous vous arrêterez, et séjournerez tout le temps nécessaire sur les principaux points, de manière à me bien renseigner sur la situation des résidences, sur les ressources du commerce et de l'industrie locale, ainsi que sur les moyens à employer pour favoriser le recrutement des milices. Quant à l'administration indigène, je vous prie de vous reporter à toutes les instructions que je vous ai déjà données et aux vues exposées par le gouvernement au Parlement à l'occasion du dépôt du projet de loi tendant à déclarer Madagascar et ses dépendances « colonie française », dont vous trouverez ci-joint le résumé. Vous ne devrez pas perdre de vue que nous voulons utiliser *également* tous les éléments de gouvernement que peuvent nous offrir les peuplades indigènes d'après leur organisation propre, et non plus recourir aux Hovas comme seuls intermédiaires entre notre autorité et les autres tribus de l'île, dont la plupart sont en réalité indépendantes. Ces tribus s'insurgent en effet, à des degrés divers, contre les prétentions de l'*hégémonie* hova, qui va à l'encontre des sentiments de la masse des populations éparses sur les vastes territoires de Madagascar.

Certains gouverneurs hovas de la côte est, surtout celui de Fort-Dauphin, qui est particulièrement signalé comme étant détesté des habitants du pays et d'allures douteuses à notre égard, dans le rapport du commandant Le Dô, ne doivent pas être maintenus dans leur poste. Vous n'hésiterez pas à leur enlever tout pouvoir dès que vous serez suffisamment édifié sur leurs agissements, et vous aurez soin de les éloigner en les faisant conduire dans l'une des dépendances de Madagascar, à Nossi-Bé de préférence, où ils seront placés sous la surveillance de l'autorité locale.

J'ai remarqué, en lisant le rapport du commandant Le Dô, que le pavillon hova flottait encore sur les rovas des gouverneurs indigènes dans un certain nombre de ports ; l'annexion définitive de Madagascar s'oppose au maintien de ce drapeau, qui doit faire place, en dehors de l'Émyrne, aux couleurs françaises. Des instructions devront être immédiatement données à cet effet à tous les chefs indigènes par les résidents et les représentants de la résidence générale tant à l'intérieur que sur le littoral de la grande île.

L'importance de la mission que vous confie ainsi le gouvernement ne vous échappera pas. Il tient à être instruit avec précision de l'état politique des différentes régions de l'île, des régions côtières avant tout, en dehors des territoires où l'action militaire va forcément primer jusqu'à la pacification parfaite, et il a toute confiance en votre sagacité et en votre dévouement pour lui fournir des conclusions *pratiques* qui l'aideront à trouver la solution de cette question d'organisation qui est l'objet de ses préoccupations. Les très lourds sacrifices que la France s'est imposés pour établir sa domination à Madagascar doivent porter leur fruit le plus tôt possible afin de répondre à l'impatience des sociétés ou des particuliers qui ne demandent qu'à apporter le concours de leurs capitaux à l'œuvre de la colonisation de l'île ; ce mouvement est trop accentué pour n'être pas pris en très sérieuse considération, et il ne pourra avoir toute satisfaction que lorsque nous aurons organisé le pays où règne actuellement l'anarchie. Votre attention a déjà été appelée sur la nécessité absolue de *simplifier* autant que possible les rouages administratifs pour arriver à diriger le pays sans augmenter les charges de la métropole ; c'est au soin que vous apporterez à seconder sur ce point la tâche très lourde du gouvernement, responsable devant les Chambres des dépenses considérables qu'occasionne l'extension prise par notre empire colonial, que vos services seront particulièrement appréciés. Les dépenses d'administration et d'occupation de Madagascar doivent être couvertes dans le plus bref délai possible au moyen de ses ressources locales ; telle est la volonté du Parlement, et je vous serai reconnaissant d'y conformer toujours votre conduite. Vous aurez par là même à étudier tout spécialement, dans les tournées que vous allez faire autour de l'île, le fonctionnement du service des douanes, source des rendements les plus certains et les plus considérables du pays, et à prendre toutes les mesures nécessaires pour assurer la rentrée des impôts divers en réduisant au strict minimum les frais de perception. Vous vous attacherez en même temps à favoriser le développement des maisons françaises qui ont des comptoirs sur la côte et qui méritent toute votre sollicitude.

Plusieurs demandes vous ont été transmises par des sociétés ou même par des particuliers en vue de fonder de vastes établissements de colonisation ou d'améliorer la situation des ports par des travaux spéciaux. Vous voudrez bien, en visitant les régions côtières où ces entreprises sont projetées, vous rendre compte *de visu* des questions qu'elles soulèvent ; comme je vous l'ai déjà signalé en vous entretenant du projet de colonisation de M. de Coriolis, le règlement sur les concessions de terres à Madagascar ne répond pas aux besoins de la grande colonisation. C'est une formule théorique et qui n'est pas assez large pour permettre à des associations de capitaux d'obtenir à Madagascar les concessions qui leur sont indispensables pour retirer le juste bénéfice dû aux risques de toute entreprise lointaine. Entre les concessions territoriales immenses de la côte occidentale d'Afrique, qui ont donné lieu à tant de critiques parce qu'elles constituent un monopole défiant à l'avance toute concurrence dans la colonie, et les concessions réduites que les colons peuvent obtenir à Madagascar actuellement, doit intervenir un moyen terme qui sera la solution de la question. Je vous prie de revoir en ce sens les considérations exposées dans ma dépêche du 13 juin dernier (c. 358) et me transmettre des propositions fermes tendant à donner plus d'élasticité aux dispositions qui règlent l'étendue des concessions, à diminuer le prix de vente à l'hectare et à réduire proportionnellement le prix de location. Vous examinerez notamment s'il n'y aurait pas lieu d'accorder des concessions d'occupation temporaires, lesquelles ne deviendraient définitives qu'au cas où, dans un délai déterminé, l'occupant aurait exécuté une certaine proportion de travaux d'exploitation. Cette question doit être réglée le plus tôt possible, car elle deviendra de toute actualité dès que le pays aura retrouvé le calme nécessaire au libre développement des entreprises minières, agricoles et d'élevage.

En ce qui concerne les *travaux publics*, dans les ports notamment, vous vous reporterez aux demandes de concessions de travaux faites pour Diégo-Suarez et pour divers points de la côte est. Je vous signale particulièrement à ce point de vue la demande de M. Marchal, de Fort-Dauphin, qui a pour but l'établissement d'un appontement à ses risques et périls, et sur laquelle mon attention a été appelée comme étant digne d'être examinée avec intérêt, ainsi que celle formée par la *Société auxiliaire de colonisation à Madagascar*, qui a pour but d'établir une route à péage entre Fianarantsoa et la mer, et dont je vous transmets le dossier par ce même courrier.

En toutes ces affaires, monsieur le résident général, ce sont des propositions nettes, des solutions pratiques que je vous serai obligé de vouloir bien me transmettre, car j'ai particulièrement à cœur de répondre aux vœux de l'initiative privée qui est trop portée à accuser d'impuissance notre administration coloniale, parce qu'elle éprouve parfois certaines difficultés à s'associer aux vues de ces industriels, de ces commerçants, de ces colons, qui lui sont trop longtemps demeurées étrangères.

Telles sont, monsieur le résident général, les instructions que je crois utile de vous donner pour toute la durée de votre séjour en dehors de la capitale.

En quittant Tananarive, vous voudrez bien faire connaître à tous les chefs d'administration et de service placés sous vos ordres le sens des instructions qui vous sont ainsi adressées, en même temps que de celles remises au général Gallieni, afin que le concours de toutes les autorités civiles résidant sur les territoires militaires soit parfaitement acquis à ce dernier et qu'en même temps l'objet de la mission qui vous est confiée, parallèlement à la sienne, soit bien connu de tous.

Je compte sur votre parfait dévouement pour faciliter dans la plus large mesure la tâche si difficile du commandant supérieur des troupes et des territoires militaires ; les décisions que vous aurez à prendre *d'entente avec lui* et dans les limites des instructions très larges qui vous sont données à tous deux, étant à l'avance approuvées en principe par le gouvernement, ne peuvent être retardées. Le moment est venu d'agir ; toute hésitation qui entraverait la pacificication du pays ne trouverait pas grâce devant l'opinion.

PIÈCE D

*Instructions pour M. le général commandant supérieur
des troupes et des territoires militaires à Madagascar.*

6 août 1896.

Général,

Au moment où vous allez prendre le commandement supérieur des troupes ainsi que des territoires militaires à Madagascar, je crois utile de préciser la situation qui vous est faite par le décret récent du 11 juillet 1896, lequel rend applicables à Madagascar les dispositions des décrets des 27 janvier 1886 et 3 février 1890 relatives aux pouvoirs militaires des gouverneurs. Il me paraît opportun de définir en même temps la politique que vous aurez à suivre et l'organisation que vous aurez à établir dans la zone où votre action aura directement à intervenir.

Le décret du 11 décembre 1895 fixant les pouvoirs du résident général à Madagascar contenait, dans son article 5, des prescriptions en désaccord avec le principe de la subordination du commandement militaire à l'autorité du premier représentant de la République dans la colonie, en disposant que le commandant supérieur des troupes « correspond avec le ministre dont il dépend » (c'est-à-dire, dans l'espèce, avec le ministre de la Guerre). Le nouveau décret coupe court à cette anomalie dans notre organisation coloniale, en plaçant la colonie de Madagascar exactement sous le même régime que nos autres possessions. Pour faire disparaître toutes divergences d'appréciation quant à l'application du décret du 3 février 1890 concernant les prérogatives du ministre des Colonies et des gouverneurs à l'égard des services militaires dans nos diverses possessions, j'ai par une circulaire du 8 juillet 1896 dont vous trouverez ci-joint le texte, rappelé aux administrations locales qu'elles devraient suivre les règles formelles dudit décret de 1890 et, par conséquent, de celui du 27 janvier 1886 auquel il se réfère très strictement, et dans son esprit et dans sa lettre.

Vous remarquerez notamment que d'après ces actes, dont la rigoureuse exécution s'impose pour éviter toutes difficultés, tout conflit d'attribution entre l'autorité civile et l'autorité militaire, la correspondance du commandant supérieur des troupes à Madagascar devra, en principe, passer par le résident général, sans autre exception que celle concernant les affaires relatives au matériel militaire (canons, armes, projectiles, munitions, etc.), laquelle pourra être adressée directement au ministre des Colonies, qui lui donnera la suite nécessaire.

Les communications du commandant supérieur passant par l'intermédiaire du résident général *ne pourront être arrêtées par lui*. Ce dernier devra les transmettre *en original* au ministère des Colonies, dans le plus bref délai possible, en y consignant son avis s'il juge opportun de faire des observations. Lorsque le commandant supérieur aura, dans les cas urgents, à câbler directement au ministre des Colonies, il devra donner copie de son câblogramme au résident général. Les notes du personnel militaire et le travail de l'inspection générale seront remis directement au résident général par communication *strictement secrète* pour être immédiatement adressées au ministre des Colonies.

Au résumé, *vous êtes placé sous l'autorité du résident général* et immédiatement après lui dans l'ordre hiérarchique. Je sais assez quelle est la sagesse de vos vues dans la conduite de nos affaires coloniales pour être assuré, à l'avance, qu'aucun désaccord ne pourra se produire de ce chef entre le résident général et vous, la solution des difficultés de notre première installation à Madagascar dépendant en partie de l'union des deux premiers représentants de la France dans la grande île. Ce premier point posé, je tiens à définir le double rôle que vous réserve la confiance du gouvernement dès votre arrivée à Madagascar en tant que commandant supérieur du corps d'occupation et que commandant supérieur des territoires militaires, circonscriptions à établir dans la région des hauts plateaux, centre de la rébellion.

Comme commandant supérieur des troupes, vous aurez à vous préoccuper tout d'abord d'assurer les relations de la capitale avec les côtes, d'une part de Tananarive à Tamatave, d'autre part jusqu'à Majunga et avec Fianarantsoa à l'intérieur de l'île. Ces lignes d'opération sont les plus essentielles.

Tous vos efforts, général, devront tendre à établir fermement notre puissance dans la partie centrale de l'île d'abord, et dans ses principales lignes d'accès aux côtes ensuite ; nous n'avons pas à penser actuellement à augmenter davantage les limites de notre occupation effective. Ces limites seront d'ailleurs assez étendues pour tenir à de grandes distances du commandant supérieur ceux de ses subordonnés qui se trouveront aux extrémités des lignes d'occupation, à Majunga surtout, tant que la ligne télégraphique terrestre ne sera pas achevée. Vous pourrez, en raison de cet éloignement, autoriser, si vous le jugez convenable, l'officier supérieur qui aura le commandement sous vos ordres, dans cette partie de la côte ouest, à correspondre dans les cas urgents avec le département. En ce qui concerne les opérations militaires, sauf dans le cas d'urgence où il s'agirait de repousser une agression, aucune opération ne pourra être entreprise sans autorisation du résident général, conformément au décret du 11 décembre 1895 ; mais il reste entendu : 1º que l'exécution de ces opérations incombera au commandant supérieur *seul;* 2º que tous les corps ou détachements armés (milices, partisans, etc.), même en dehors des territoires militaires, seront sous les ordres du commandant supérieur, comme les troupes régulières, chaque fois que ces corps auront à sortir de leur rôle de police proprement dit pour participer à des mouvements ayant le caractère d'une opération militaire, mais après entente formelle avec le résident général. Il ne faut pas perdre de vue, en effet, que les milices à Madagascar constituent une garde *civile* indigène, placée sous l'autorité des administrateurs *civils*, et qu'elles ne peuvent être mises à la disposition des autorités militaires que pour des missions spéciales et bien déterminées.

En matière administrative, je suis heureux de pouvoir adopter, comme les mieux conçues pour assurer le succès de votre mission, les propositions que vous m'avez soumises et qui sont le fruit de votre longue expérience des guerres coloniales au Soudan et au Tonkin.

Dans cet ordre d'idées, je donne mon approbation au projet que vous m'avez exposé relativement au système des masses d'abonnement appliqué déjà par le département de la Guerre et qui paraît avoir donné de bons résultats, tant au point de vue pratique du ravitaillement des postes qu'au point de vue budgétaire. Vous serez libre d'appliquer ce système à l'habillement et au casernement des troupes, au transport des effets et bagages, à la nourriture des divers rationnaires. Au lieu de recevoir en nature les vivres qui leur sont dus (pour prendre l'exemple des fournitures en denrées), les Européens du cadre, de même que les soldats indigènes, recevront ainsi, dans chaque petit poste isolé, une indemnité journalière calculée de manière à représenter le montant de la ration et le prix de son transport du centre de ravitaillement le plus voisin ; ces allocations journalières formeront la *masse* de vivres, gérée par le chef du détachement, qui aura toute la responsabilité du bien-être de ses hommes et prendra les mesures voulues pour leur assurer l'équivalent de la ration réglementaire en achetant des vivres sur place quand les relations seront difficiles avec le centre de ravitaillement le plus voisin et qu'il sera impossible de recourir aux cessions remboursables. Chacun de ces postes sera muni par l'administration militaire d'un magasin de réserve contenant, pour la garnison normale, le nombre de jours de vivres largement suffisants afin de permettre au poste de résister en attendant des secours du centre principal de défense de la région. Au fur et à mesure que les économies faites sur la masse le permettront, les postes rembourseront aux services administratifs le montant des denrées de la réserve et en deviendront ainsi propriétaires. Ce système, que vous avez appliqué au Tonkin dans les divers territoires militaires et qui vous a permis de réaliser de notables économies en rendant responsable chaque chef de poste des vivres et du matériel de son détachement, en supprimant, par là même, toutes réclamations en cas de perte dans les transports, de vols dans les magasins, etc., ne peut manquer d'être très pratique à Madagascar, où le défaut de voies de communication et la pénurie des moyens de transport, surtout sur les hauts plateaux, causent de si grandes difficultés au service de l'intendance, chargé du ravitaillement des troupes.

Je n'ai pas à m'étendre davantage sur ce système des masses. Appliqué aux diverses branches du service des approvisionnements et transports et même du casernement des troupes, il ne peut que produire d'heureux effets en développant l'initiative des chefs du détachement, en stimulant l'émulation des différents postes de chaque région, qui formeront comme autant de *personnes* au sens administratif, s'administrant elles-mêmes le plus économiquement possible. Les épargnes que ces postes pourront réaliser sur les allocations revenant à leurs diverses masses augmenteront en effet leur somme de bien-être en proportion égale. Afin de vous permettre d'assurer le bon fonctionnement des grandes lignes de *ravitaillement* et d'*évacuation*, mais dans la mesure que comportent les opérations en question, vous pourrez donner toutes les instructions nécessaires aux officiers du commissariat et du corps de santé en service à Tananarive et à Majunga, par délégation spéciale du résident général sous les ordres directs duquel ces officiers resteront placés.

En dehors de ces questions d'administration proprement dites, vous aurez toute initiative pour activer la formation des régiments indigènes, dans les strictes limites des crédits militaires dont vous pouvez disposer, et pour les substituer aux troupes africaines, tout en gardant de ces dernières troupes le noyau indispensable pour parer à toute éventualité grave. La diversité même des races des peuplades de l'île vous est un sûr garant de réussite dans le recrutement des troupes indigènes, dès que vos informations et votre connaissance personnelle du pays vous permettront de bien saisir les caractères qui différencient ces races et de profiter de leur division même pour utiliser leur concours militaire, suivant les régions et les événements.

Avant tout, vous devrez vous préoccuper d'éviter autant que possible l'envoi des troupes d'Europe. Seuls les cadres seront obligatoirement empruntés à la métropole et en nombre suffisant, au début surtout, pour imposer le respect aux nouvelles recrues indigènes.

La préoccupation de constituer des corps de troupes indigènes ne doit pas être exclusive, dans votre esprit, de celle de former des forces de police, des milices analogues à celles de l'Indo-Chine, et qui seront mises à la disposition des résidents pour réduire le brigandage. Je vous prie d'apporter tous vos soins à favoriser le développement de ces milices, qui, peu à peu, avec le temps, suffiront, quand la civilisation aura pris le dessus dans la grande île, pour y faire régner le calme indispensable aux entreprises de colonisation.

Comme commandant supérieur des troupes de Madagascar, vous voudrez bien encore donner des instructions précises à tous vos subordonnés, relativement à la conduite qu'ils auront à tenir dans leurs rapports avec les indigènes.

La pacification du pays dépendra en grande partie du tact qu'ils sauront montrer dans ces rapports en évitant de heurter de front les préjugés, les croyances des autochtones, dans toutes leurs manifestations, le culte des morts entre autres. D'après certains avis qui me sont parvenus, l'affaire d'Antsirabé, qui aurait pu tourner en désastre, si la milice n'avait pas réintégré au moment voulu ses quartiers, n'aurait d'autre origine réelle que la violation de quelques tombeaux indigènes détruits pour faire place à une route en construction. Vous avez trop l'expérience des guerres coloniales pour que je croie utile d'insister sur la prudence qu'il convient d'adopter, afin de hâter la pacification, dans la répression des actes de rébellion.

L'incendie des villages, les rigueurs exercées en masse contre

des populations souvent plus coupables par ignorance que par
véritable haine de l'étranger (à moins que les nécessités des
opérations militaires ou des circonstances spéciales n'y obligent
nos troupes), sont à éviter, en dehors de toutes les considérations
d'humanité qui s'imposent, si nous voulons utiliser notre conquête.

La mise en valeur de ce pays, qui a déjà tant coûté à la
France, ne peut être retardée ; le rétablissement du bon ordre
dans les régions les plus favorables au développement des
entreprises européennes donnera aux colons la sécurité qui
leur manque actuellement et permettra à l'administration de
procéder au reccuvrement des impôts, dont il n'a pu être question jusqu'à présent.

Le gouvernement vous donne toute liberté pour rechercher
et pour punir les auteurs des troubles qui se sont succédé
presque sans interruption depuis que nous occupons Tananarive ; il approuve à l'avance la politique ferme que vous ne
manquerez pas de suivre à l'égard de certains personnages
de la cour d'Émyrne, dont les agissements contre notre influence
ont d'ailleurs été signalés à diverses reprises au résident
général ; mais il a en même temps la plus grande confiance en
votre modération vis-à-vis des classes indigènes inférieures,
qui ne font que suivre l'impulsion qui leur est donnée et
peuvent être assez promptement gagnées à notre cause.
Vous voudrez bien indiquer à tous vos collaborateurs aux titres
les plus divers la ligne de conduite à suivre pour se concilier
les sympathies des races autochtones en tenant compte du
tempérament spécial de chacune.

L'article 7 du décret du 11 décembre 1895 fixant les attributions du résident général à Madagascar a prévu que ce haut
fonctionnaire pourrait constituer des territoires militaires après
avis de l'autorité militaire et qu'il lui appartiendrait d'en tracer
lui-même les limites.

J'ai déjà eu l'occasion d'appeler l'attention du résident
général sur l'organisation éventuelle de territoires militaires
par dépêche du 31 mai dernier. D'autre part, dans son rapport
en date du 13 juin dernier, M. Laroche m'a fait connaître

« qu'afin de laisser les coudées entièrement franches à l'autorité militaire, il avait prié le résident de Tananarive de ne pas aller dans la région du nord ; qu'il *avait mis celle-ci en état de siège* et que le général Voyron y avait appliqué le système qui lui paraissait le meilleur ».

Je ne vois pas que cette mise en état de siège *pur* et *simple* ait produit, d'après les faits relatés dans le même rapport du résident général, de résultats appréciables. Tout autre sera la constitution de territoires militaires bien définis, divisés en cercles, s'il y a lieu, et bordés de postes qui formeront une ligne de défense redoutable pour des bandes qui ne s'aventurent qu'à très grande distance dans les zones où opèrent nos troupes ; il est maintenant prouvé que plusieurs centaines de ces pillards ou « partisans » indigènes ne tiennent pas devant quelques Européens suffisamment armés et ayant pour centre de résistance un abri quelconque, pourvu qu'il soit incombustible.

L'état de siège, comme vous le verrez plus loin, quand je vous parlerai de la question des juridictions, correspondant à un *régime local bien défini*, ne peut cependant que faciliter l'accomplissement de votre mission ; les territoires militaires de Madagascar seront mis sous ce régime spécial par arrêté du résident général, en même temps qu'ils seront constitués.

Ces territoires et cercles seront organisés en se rapprochant autant que le permettront les circonstances et la *situation locale* des territoires et cercles du Tonkin. Les commandants de cercle exerceront dans leurs circonscriptions respectives tous les pouvoirs civils et militaires et auront la libre disposition des troupes stationnées dans leur circonscription.

Les indemnités à prévoir pour les commandants de territoires et de cercles, 3 000 francs par an, seront ordonnancées par vos soins et imputables jusqu'au 1er janvier 1897 sur les crédits militaires de la guerre. L'ordonnancement de toutes les dépenses tant civiles que militaires vous appartient d'ailleurs sur toute l'étendue des territoires militaires, mais vous serez libre de sous-déléguer des crédits aux résidents civils ou commandants de cercles, suivant les besoins. Vous voudrez bien vous entendre à ce sujet avec M. le résident général, qui aura à spécifier votre rôle comme ordonnateur secondaire sur les territoires militaires, dans l'arrêté qu'il prendra, après avis du directeur des finances et du contrôle de Madagascar, pour régler, d'accord avec vous, l'organisation administrative de ces territoires.

Dans toute l'étendue des territoires militaires qui seront ainsi organisés par vos soins, après arrêté du résident général, et qui comprendront l'Émyrne avec Tananarive et le pays Betsiléo avec Fianarantsoa, vous aurez donc en main la totalité des attributions civiles et militaires sous l'autorité supérieure du premier représentant du gouvernement.

En conséquence, seront placés sous votre autorité directe, tous les corps civils et militaires, européens et indigènes, qui se trouveront sur ces territoires. Vous serez leur seul intermédiaire pour leurs relations avec le chef de la colonie. Tout motif de conflit sera ainsi évité à l'avance. Vous aurez à votre disposition les moyens de régler avec méthode, de votre initiative bien personnelle, tous les détails de l'organisation de la région troublée, organisation transitoire et qui devra plus tard disparaître, en même temps que la pacification du pays sera assurée, pour faire place à l'action du pouvoir civil.

Les pouvoirs dont vous serez ainsi investi, comme commandant supérieur du territoire militaire, ne me paraissent pas nécessiter de définitions plus étendues par cela même qu'ils sont aussi complets, aussi généraux que possible. Vous aurez sous vos ordres à Tananarive et dans toute la zone de votre action les autorités civiles de toute catégorie aussi bien que les autorités militaires ; vous aurez par suite la libre disposition des résidents, de leurs subordonnés, de tous les fonctionnaires des administrations diverses : finances, travaux publics, agriculture et domaine, service télégraphique, des postes et télégraphes, etc., aussi bien que les officiers, et vous utiliserez les facultés et le zèle de chacun suivant la situation de sa résidence par rapport aux troubles et aussi d'après ses aptitudes personnelles.

L'action que les circonstances et la formation des territoires militaires vous permettront ainsi d'exercer sur les fonctionnaires civils et les officiers à la fois vous donnera l'occasion de rapprocher ces divers éléments du personnel européen, dont les efforts communs doivent coopérer à l'œuvre de francisation de Madagascar. Vous estimez comme moi, général, que toute rivalité, tout désaccord entre ceux qui ont à faire respecter notre domination au loin sont choses fatales et doivent disparaître pour faire place à une entente bien nécessaire en présence des populations habiles à saisir les moindres défaillances, les moindres faiblesses de nature à nous discréditer dans leur esprit. J'appelle à ce propos votre attention sur l'incident qui s'est produit à Tananarive entre M. Mizon, résident de Majunga, et un officier d'infanterie de marine. Il n'est pas admissible que des fonctionnaires qui ont l'assimilation d'officiers supérieurs et ont droit au respect de tous, ne serait-ce que pour rehausser, aux yeux des indigènes, le prestige de nos résidents, n'aient pas droit au salut des militaires, surtout dans une colonie à ses débuts. Le décret du 24 juin 1886 n'ayant pas été promulgué à Madagascar, vous pourrez, par simple décision que vous soumettrez à mon approbation, établir un *modus vivendi* donnant aux résidents et vice-résidents droit au salut. Ci-joint copie de la correspondance échangée avec le ministre de la Guerre à ce sujet.

En matière de juridiction, la situation dans les territoires militaires sera déterminée en conformité des règles fixées par les lois du 9 août 1844 (art. 4) et 3 avril 1878 (art. 6), relatives à l'état de siège. Ces dispositions ont pour effet de donner aux tribunaux militaires (conseils de guerre et de revision), dans les régions où elles s'appliquent, la connaissance des crimes et délits contre l'ordre et la paix publique, quelle que soit *la qualité des auteurs principaux et des complices*. Il vous appartient donc, d'accord avec le résident général, sans pouvoir enlever aux tribunaux ordinaires la connaissance des *affaires civiles et des délits exclusivement de droit commun*, de prendre des mesures immédiates pour que tous les crimes et délits ayant un caractère politique ou insurrectionnel ou qui seraient de nature à compromettre l'action de l'autorité française soient déférés, sur votre ordre, aux juridictions militaires.

En ce qui concerne le régime du travail à Madagascar, vous n'ignorez pas comment se sont traduites les vues de la Chambre sur la question de l'esclavage. J'ai fait depuis connaître à la Chambre, dans sa séance du 11 juillet dernier, les mesures que le gouvernement a d'ores et déjà prises pour se con ormer à la volonté de la représentation nationale, qui désire qu'aucun délai ne soit limitativement fixé pour la libération des esclaves, l'institution de l'esclavage ayant, en droit, disparu du sol malgache du jour où il est devenu *terre française*. Ces mesures ont fait l'objet d'instructions comprises dans un câblogramme que j'ai adressé le 23 juin au résident général, et ainsi conçu :

« Chambre a voté samedi comme suite au projet de loi concernant annexion, ordre du jour ainsi conçu :

« L'esclavage étant aboli à Madagascar par le fait que l'île « est déclarée colonie française, gouvernement prendra mesures « pour assurer émancipation immédiate. »

« Loi non encore adoptée par Sénat ; cependant il ne paraît plus possible donner suite dans ces conditions à mes instructions 9 juin relatives au rachat.

« Aucune action ne peut naturellement être intentée devant tribunaux français ou avec concours autorités françaises se rapportant sous forme quelconque, pénale ou civile, à esclavage. Mais vous prie en outre, dès aujourd'hui, proposer mesures propres à réaliser vœu Chambre.

« Étudiez également établissement de libres contrats de travail ou de locations des terres occupées par anciens esclaves non encore propriétaires.

« Enrôlez dans milices, pour essai, affranchis sans travail et pouvant utilement servir.

« Quinze gardes européens partiront 10 juillet pour cadres d'autres suivront ; appliquez tous efforts à exécuter décision Parlement et assurer ordre. »

Vous remarquerez, général, que ce câblogramme répond à l'une des préoccupations dominantes de la Chambre, à savoir qu'en aucun cas l'autorité française, qu'elle soit judiciaire, administrative ou militaire, ne peut prêter la main au maintien de l'esclavage. Ces instructions au résident général visent en outre les mesures propres à transformer le servage en **contrat** de travail ou de fermage suivant le cas. J'appelle tout spécialement votre attention sur ce dernier point et vous serai reconnaissant de faire étudier sur place, suivant les régions, les moyens de r glementer ainsi le libre emploi du travail indigène, **tant** en ce qui concerne les rapports des anciens esclaves avec **leurs** maîtres malgaches qu'en ce qui a trait à la location de **leurs** services aux Européens, dont l'établissement dans les **régions** colonisables de l'île ou sur les centres miniers suivra immédiatement la pac fication du pays.

Il importe que je puisse tenir le Parlement au courant **des** progrès réalisés dans cette transformation première des mœurs de notre colonie nouvelle, dans ce passage de l'état de servitude à l'état de liberté, et je vous prie de vouloir bien me **mettre** à même de le faire, en m'entretenant de la question dans **les** rapports que vous voudrez bien me transmettre périodiquement sur la situation générale.

Au point de vue politique, il ne reste plus qu'à vous indiquer les vues du gouvernement sur deux points qui préoccupent particulièrement l'opinion : le premier concerne l'administration des indigènes par des indigènes de même tribu, c'est-à-dire la suppression de l'hégémonie hova ; le second a trait à la question des cultes chrétiens à Madagascar.

J'ai déjà, quant à l'administration des indigènes **par des** indigènes de même race, exposé mes vues dans une dépêche au résident général en date du 23 mai dernier, dont vous trouverez ci-joint copie. Je les ai également fait connaître à la commission de la Chambre des députés chargée d'examiner le projet de loi tendant à déclarer Madagascar colonie française et qui a été adopté par le Parlement. Je n'ai rien à ajouter à ces explications annexées aux présentes instructions ; toute la question peut ainsi se résumer : Madagascar est devenu *colonie française*, et le système qui consistait à gouverner l'île en exerçant simplement une action protectrice sur la peuplade *dominante* doit être écarté. L'action de la puissance souveraine doit maintenant se faire sentir directement *par l'intermédiaire des chefs de chaque peuplade distincte*, et il vous appartient d'utiliser au mieux de nos intérêts l'autorité de ces chefs, dans les diverses régions de l'île comprises dans les territoires militaires, en les dirigeant au moyen de résidents français, civils ou militaires.

La question des cultes chrétiens a fait l'objet d'instructions spéciales au résident général en date du 8 juillet dernier, en même temps que celle très importante de l'enseignement des indigènes ; vous voudrez bien vous conformer à ces instructions dont ci-joint copie.

Pour les compléter, vous n'aurez qu'à vous reporter au compte rendu de la séance de la Chambre du 11 juillet dernier. Aux questions qui m'étaient posées sur l'attitude du gouvernement à l'égard de certaines confessions religieuses à Madagascar, j'ai alors répondu « que nous devions tenir la balance égale entre toutes les croyances et entre tous les cultes ; mais que si, derrière les confessions religieuses quelconques, se cachaient des menées politiques quelconques, ceux qui se livraient à ces menées seraient expulsés du territoire, conformément au droit commun pratiqué même dans les pays civilisés ».

Telle est la pensée du gouvernement, et vous n'aurez, général, qu'à y conformer vos actes, le cas échéant.

Les copies d'instructions et de documents divers que vous trouverez ci-annexées vous permettront de compléter ces vues générales. Vous avez pu, en outre, prendre déjà connaissance des rapports qui ont été adressés depuis l'entrée des troupes à Tananarive, par vos prédécesseurs, aux ministres de la Guerre et des Affaires étrangères, et, depuis son arrivée dans l'île, des rapports que M. Laroche a régulièrement envoyés tous les quinze jours au ministre des Colonies. Les minutes de ces rapports devant se trouver à Tananarive dans les bureaux de l'état-major du général commandant supérieur des troupes et au cabinet du résident général, il vous sera facile de vous y référer de nouveau au besoin. Vous voudrez bien, dès votre arrivée à Tananarive, examiner ces archives, dont la consultation vous sera indispensable au cours de votre mission, mais qui ne devront sous aucun prétexte être déplacées.

Copie des présentes instructions sera remise au résident

général, à l'appui des instructions qu'il recevra lui-même par le présent courrier.

PIÈCE E

Extraits des instructions du général Gallieni au secrétaire général à Tamatave.

Tananarive, le 8 octobre 1896.

Mon cher Résident,

Par un câblogramme du département, daté du 14 septembre 1896, j'ai été informé que vous avez été choisi *pour gérer provisoirement le secrétariat général de Madagascar.*

En portant cette décision à votre connaissance, j'ai l'honneur de vous adresser mes instructions au sujet des hautes fonctions qui vous sont dévolues et de la collaboration que je compte vous demander.

A. — *Situation du faisant fonctions de secrétaire général.*

D'après les instructions du ministre des Colonies en date du 6 août dernier, la colonie de Madagascar forme deux parties bien distinctes : d'une part les régions centrales (Émyrne, pays Betsiléo, etc.), qui, en raison de leur état troublé, ont été constituées en territoires militaires et déclarées en état de siège, et où l'autorité militaire seule exerce tous les pouvoirs ; d'autre part tout le reste de l'île, formant en quelque sorte le territoire civil, où, selon l'esprit des instructions précitées, le résident général (alors M. Laroche) devait établir le siège de la résidence générale, en y exerçant ses fonctions dans toute leur plénitude. Cette distinction faite par le ministre subsiste

entière, depuis que j'ai été appelé à prendre provisoirement le service de la résidence générale ; toutefois, étant donnée l'impérieuse nécessité d'assurer avant tout la pacification, je dois rester à Tananarive, voulant exercer moi-même, quant à présent, le commandement des territoires militaires. Mais, en raison de la distinction faite ci-dessus, et surtout de la difficulté des communications de Tananarive avec Tamatave et la côte, la ligne télégraphique étant constamment coupée, il y a lieu de vous maintenir à Tamatave, afin que vous puissiez me suppléer et me servir d'intermédiaire pour l'administration des régions situées en territoire civil. Comme conséquence de cette situation, je vous déléguerai, dans la plus large mesure possible, pour l'exercice de vos fonctions, les pouvoirs qui vous seront nécessaires pour l'accomplissement de votre mission.

B. — *Pouvoirs du faisant fonctions de secrétaire général.*

Les arrêtés des 3 et 8 octobre 1896 fixent vos attributions. Je me réserve le droit exclusif de correspondre avec le ministre et celui de prendre toutes les décisions sur les questions qui intéressent à la fois les territoires militaires et les territoires civils, vous laissant, d'autre part, toute initiative pour les questions concernant exclusivement le territoire civil et dont l'importance ne nécessiterait pas mon intervention comme chef de la colonie.

Vous correspondrez directement avec les résidents autres que ceux de l'Émyrne et des territoires militaires.

. . . .

. . . .

C. — *Personnel.*

J'ai pu me rendre compte, à mon passage à Tamatave, de l'importance de ce poste et de la lourde tâche qui incombe au résident. Je crois donc qu'il vaut mieux maintenir la résidence de Tamatave, indépendamment de vous, mais placée, bien entendu, sous votre autorité. Dans le cas où vous préféreriez conserver la direction de la province de Tamatave, je vous prierai de me télégraphier.

. . . .

. . . .

. . . .

E. — *Représentants de chaque service auprès du secrétaire général.*

Votre action devant s'étendre sur tous les territoires civils, j'ai jugé utile d'envoyer à Tamatave un représentant de chacun des services civils, afin de vous éclairer dans l'étude des diverses questions qui seront soumises à votre approbation, les directeurs, excepté celui des douanes, restant auprès de moi à Tananarive.

Il importe d'ailleurs, afin d'imprimer à l'administration de toute la colonie une direction d'ensemble, que ces représentants de chaque service n'agissent que suivant le programme général, adopté par le résident général, suivant les ressources qu'il a à sa disposition.

Mais vous aurez toute initiative, dans la limite des prescriptions générales qui vous seront adressées, pour régler, avec ces représentants, les détails d'exécution et d'application de ce programme, sauf à me tenir constamment au courant des mesures que vous aurez prises et ordonnées.

F. — *Instructions d'ordre politique.*

Au point de vue politique, les instructions du ministre prescrivent de détruire l'hégémonie hova et de gouverner dans chaque région avec des chefs de même race que la population autochtone. Vous aurez donc à vous livrer à l'étude de ces races et à donner des instructions dans ce sens aux résidents sous vos ordres. Il serait d'ailleurs imprudent de changer brusquement de régime et de supprimer purement et simplement les gouverneurs actuels.

Vous devez faire comprendre à vos fonctionnaires le but définitif à obtenir, à savoir la constitution, à Madagascar, d'autant de groupements politiques séparés qu'il y a de populations différentes, chacune d'elles commandée par son ou ses chefs naturels de même race, dirigés eux-mêmes par nos administrateurs ou résidents. Ceux-ci devront respecter les mœurs locales, administrer nos nouveaux sujets aussi largement que possible, et s'efforcer seulement, en régularisant à votre profit la perception des droits et taxes en usage dans le pays, d'équilibrer nos dépenses d'administration, afin que, peu à peu, notre colonie de Madagascar puisse se suffire à elle-même et ouvrir en même temps un vaste et fécond champ d'action à nos colons, industriels et commerçants.

Mais ce programme bien défini ne pourra être exécuté que progressivement, sans à-coups, nos résidents étendant de plus en plus la zone de l'influence française, et en fournissant aux populations un appui toujours moral, souvent même matériel, quand ce sera possible sans danger, leur permettant de se débarrasser de leurs gouverneurs hovas pour échapper désormais à l'autorité de la cour d'Émyrne. Il leur appartiendra d'ailleurs de prendre toutes les mesures de détail qu'ils jugeront utiles pour atteindre ce but. Ils devront, à cet effet, déployer toutes les qualités d'habileté, de prudence et de diplomatie qu'ils possèdent, réunir des assemblées de notables, tenir des kabarys où les populations elles-mêmes demanderaient le remplacement des gouverneurs hovas, de manière à montrer que ce mouvement général d'indépendance contre la reine Ranavalo, que nous allons déterminer, provient, non pas de nous, mais des populations elles-mêmes,

Afin d'assurer l'unité de direction et d'action indispensable pour obtenir des résultats féconds, il importe que les fonctionnaires chargés de l'administration aient sous leurs ordres immédiats les forces nécessaires pour assurer leur autorité; les milices ont été créées dans ce but : elles sont dans la main des résidents; vous vous efforcerez d'activer leur organisation et vous voudrez bien me demander, à ce sujet, les ressources qui vous feraient défaut. Je m'efforcerai, dans les limites assez étroites de notre budget, de vous les accorder.

En raison de la gravité de la situation actuelle en Émyrne, j'ai concentré la plupart des troupes régulières dans les territoires militaires, à la disposition immédiate des officiers chargés d'administrer les territoires. Dans le cas où les milices seraient insuffisantes pour assurer l'ordre en territoire civil, vous pourrez réquisitionner les troupes tenant garnison sur la côte, mais en donnant alors à leurs chefs l'initiative et la responsabilité la plus complète dans le choix des moyens, lorsque vous leur aurez indiqué le but à atteindre. Je pense toutefois que, pour les régions situées en territoire civil et occupées par des populations hostiles aux Hovas, l'action politique de vos résidents aura beaucoup plus d'influence, au point de vue de la pacification et de l'extension de la colonisation, que l'action militaire.

Il vous appartiendra, dans le cas où vous le jugeriez indispensable, de me soumettre des propositions en vue de la création de résidences nouvelles, car l'intention du gouvernement est de faire sentir partout à Madagascar l'action de la France. Mais vous vous inspirerez, à cet égard, du principe qui m'a guidé dans la constitution de l'Émyrne en territoires militaires, à savoir que nous devons toujours respecter les divisions administratives indigènes là où elles existent et faire des groupements par races dans les régions qui n'ont jamais été organisées.

En un mot, chaque population de race différente devra, en principe, avoir à sa tête un résident, qui administrera, non une localité, mais un groupe, dont les individus ont les mêmes intérêts, la même origine, etc. Bien entendu, cette organisation ne s'accomplira que progressivement, nos administrateurs devant, sous leur responsabilité, éviter de soulever des complications, des conflits, surtout d'ordre militaire, auxquels nous ne sommes pas en mesure de faire face, avec les faibles effectifs de troupes dont nous disposons et les dangers dont nous menace l'insurrection en Émyrne.

C'est d'après ces mêmes idées que je vous prie de me faire, aussitôt que possible, vos propositions pour la répartition des fonctionnaires civils, actuellement en service sur la côte. Chaque peuplade différente doit avoir à sa tête l'un de nos administrateurs ou résidents, ayant lui-même sous ses ordres un ou plusieurs agents qui recevront de lui l'impulsion unique pour la mise en œuvre du programme exposé ci-dessus.

J'ai aussi l'intention, suivant toujours ces mêmes principes, de placer sous la direction de M. Mizon, résident à Majunga, tout le pays sakalave de la côte ouest, en lui adjoignant un certain nombre de vice-résidents, de manière à lui permettre d'exercer son action là où nous n'avons pas encore pénétré. Je vous serais reconnaissant de me donner votre avis.

G. — *Rapports des fonctionnaires indigènes.*

Madagascar est maintenant une colonie française, les résidents sont les seuls représentants du pouvoir central. Ils devront le faire savoir à tous afin que personne ne s'adresse plus directement au gouvernement malgache à Tananarive.

Désormais, tous les rapports, toutes les demandes des gouverneurs et autres fonctionnaires indigènes en territoire civil doivent vous être transmis par l'intermédiaire des résidents, et il vous appartiendra de leur donner la suite que vous jugerez convenable ou de me les transmettre.

. . . .
. . . .

RÉSUMÉ

En résumé, vous aurez à Tamatave, et dans la plus large mesure possible, délégation de mon autorité sur tout le personnel employé en territoire civil ; vous donnerez des instructions aux résidents sous vos ordres en vous inspirant des principes que je vous ai indiqués, à savoir : administrer en s'appuyant sur les populations elles-mêmes, qui choisiraient leurs chefs de même race qu'elles, de manière à arriver peu à peu à la suppression de l'hégémonie hova ; favoriser les colons

français, donner une solution prompte ' toutes les questions
que vous ne croirez pas devoir me soumet 'e.

. . . .

. . . .

PIÈCE F

*Instructions du général Gallieni aux commandants
de cercles militaires.*

Tananarive, 25 septembre 1896.

Instructions d'ordre militaire.

Les arrêtés de M. le résident général en date du 27 septembre 1896, instituant l'Imérina et le pays Betsiléo en territoire militaire et y déclarant l'état de siège fixent les attributions des commandants de cercles et de territoires militaires.

Conformément aux instructions ministérielles en date du
6 août 1896, les commandants de cercles militaires ont, sous
réserve de l'appréciation du général commandant supérieur,
la libre disposition de toutes les troupes placées dans leur circonscription.

Il leur appartient de les répartir en postes suivant les nécessités d'ordre politique et militaire, et de grouper, s'il y a lieu,
quelques-uns de ces postes en secteurs, commandés par des
officiers supérieurs ou capitaines et correspondant autant que
possible à des subdivisions administratives.

Il leur appartient également d'assurer le ravitaillement
de ces unités, conformément aux instructions générales données à ce sujet par le général commandant supérieur des
troupes et des territoires militaires.

La première préoccupation des commandants de cercle

devant être de ramener le calme et la confiance parmi les populations, il y a lieu tout d'abord d'assurer d'une manière absolue la sécurité du chef-lieu de leur cercle et de quelques points convenablement choisis pour servir de centres d'influence sur les indigènes. A cet effet, les postes devront être organisés défensivement de manière à pouvoir être tenus par une garnison de sûreté aussi faible que possible.

Un réduit, dans lequel la réserve de vivres et de munitions sera déposée dans un local à l'abri de l'incendie, devra être organisé dans chaque poste. Partout où la disposition naturelle des localités ne permettra pas d'organiser ce réduit dans de bonnes conditions, il sera construit un blockhaus conforme à un des modèles qui seront adressés à tous les commandants de cercle.

Un certain nombre de points bien choisis étant ainsi organisés comme centres de l'influence française, les commandants de cercle devront étendre progressivement leur action sur les populations, en rayonnant autour de ces postes et en assurant tout d'abord leur liaison entre eux et avec les postes des secteurs voisins. C'est en montrant constamment nos troupes dans toutes les directions et à toutes heures qu'on donnera aux habitants une réelle idée de notre puissance militaire et qu'on pourra leur inspirer confiance dans notre protection. Avant de chercher à gagner du terrain vers les limites extérieures de leur territoire, les commandants de cercle devront veiller d'une manière toute particulière à ce qu'il ne subsiste pas au milieu de notre réseau de postes de foyer de rébellion ou de propagande hostile au nouvel ordre de choses qui pourrait devenir dangereux pour les communications et le ravitaillement de nos troupes.

Conformément à l'article 3 de l'arrêté du 27 septembre 1896 déclarant l'état de siège dans l'Imérina et le pays Betsiléo, toutes les milices et autres troupes armées qui auraient pu être constituées dans les territoires militaires passent sous les ordres des commandants de cercle ; ceux-ci devront compléter et améliorer leur organisation au moyen des ressources en armement et en habillement qu'ils trouveraient dans la région, ou qu'ils auraient à demander au général commandant supérieur des troupes et des territoires militaires.

Pour l'administration des milices régulières, on continuera provisoirement à se conformer aux règles posées par l'arrêté du résident général en date du 25 avril 1896.

L'établissement de postes militaires ne pouvant pas toujours suffire à assurer une protection efficace et permanente aux populations contre les bandes de pillards formées dans la région ou recrutées dans les populations insoumises voisines de la côte, on pourra, dans certains cas, distribuer des armes aux villages, sous les réserves indiquées dans les instructions politiques ci-jointes et à condition de passer de fréquentes inspections des armes et munitions ainsi délivrées.

Instructions d'ordre politique.

Le cercle comprend . . . .

. . . .

Le commandant de cercle devra, au point de vue politique, porter son attention sur les points suivants :

1º Se mettre en rapport avec tous les fonctionnaires indigènes et leur faire savoir que, Madagascar étant devenue colonie française, tous leurs rapports, toutes leurs demandes doivent être adressés au commandant de cercle pour être transmises au général, qui a seul qualité pour prendre des décisions ou provoquer celles de la reine ;

2º Étudier les limites du territoire du cercle et en dresser par itinéraires ou par renseignements une carte qu'il fera parvenir le plus tôt possible à l'état-major ;

3º S'attacher à connaître les besoins des populations, rechercher les notables influents auxquels des fonctions administratives pourraient être confiées sur notre proposition, car il importe que le gouvernement malgache se borne à signer les brevets d'investiture ;

4º Au point de vue de l'impôt, ne pas modifier, pour le moment, les bases sur lesquelles il est établi, mais rechercher les recettes qui nous échappent ; l'impôt en nature doit, autant que possible, être suffisant pour nourrir la garnison indigène du cercle (troupe régulière et milices) ;

5° Procéder au recensement de la population dans les centres habités, au fur et à mesure qu'ils sont visités par nos officiers en reconnaissance ; ce sera la meilleure base pour la répartition équitable de la corvée, qui doit être maintenue, mais quand elle se rapporte à l'exécution de travaux d'une utilité évidente pour les gens qui y sont employés. Ainsi l'aménagement des postes militaires, la création et l'entretien des chemins nécessaires pour assurer les communications des villages entre eux, etc., peuvent être demandés à la corvée ; mais il est essentiel de veiller à ce que les travailleurs soient au moins nourris, qu'ils ne soient ni trop nombreux, ni trop éloignés de leurs villages, ni arrachés à leurs occupations au moment où les travaux des champs sont les plus urgents, afin d'éviter la disette qui amène toujours une recrudescence du fahavalisme ;

6° Parcourir le pays et le faire parcourir par les officiers, se mettre en rapport avec les populations, convoquer des assemblées de notables, sans pour cela négliger d'écouter les gens du peuple, afin de connaître les besoins de tous ; en profiter pour lever des itinéraires, recueillir des renseignements géographiques, topographiques, agricoles, industriels et commerciaux ;

7° S'appliquer à favoriser la création de marchés nouveaux, tout en maintenant ceux qui existent, de manière à augmenter les échanges, sans modifier les coutumes locales ;

8° Faire comprendre à tous que nous sommes définitivement installés à Madagascar, que nous accorderons à ceux qui marchent avec nous une protection efficace et permanente. Si l'établissement de postes militaires ne suffit pas à assurer cette protection, on pourra, dans certains cas, distribuer des armes aux villages ; mais c'est une mesure délicate, qui ne doit être employée qu'avec une grande circonspection. Il faut toujours qu'on puisse trouver les personnes responsables de la conservation des armes délivrées ;

9° Enfin, ne pas oublier que le commandant a besoin d'être renseigné non seulement sur la situation militaire, mais encore sur la situation politique et commerciale, sur les ressources encore peu connues de la région, sur son avenir au point de vue de la colonisation.

Le général sera très heureux de lire les rapports que les officiers pourront faire sur ces différents sujets, qui intéressent à un si haut point la prospérité de la colonie.

Rapports à établir.

Des rapports devront être établis et adressés au général commandant supérieur, tous les quinze jours, d'ici au 1er janvier 1897, et ensuite mensuellement, pour faire connaître notamment :

Les opérations militaires exécutées (croquis à l'appui) avec des indications sur les rebelles, leurs points de réunion, leurs chefs, leurs ressources, etc ;

Les renseignements obtenus sur les cultures existantes ou à créer, sur le commerce de la région, le prix de toutes les denrées ; les noms des colons européens et leur nationalité, enfin tout ce qui est relatif à l'état moral et matériel des troupes et de la population ;

Il y aura lieu d'établir des rapports distincts pour la situation militaire et pour la situation politique, et d'éviter les redites ; ne pas reproduire sur un rapport les renseignements contenus dans le précédent, s'ils n'ont pas été modifiés dans l'intervalle.

Aucun modèle n'est donné pour l'établissement de ces comptes rendus. Les indications générales ci-dessus doivent suffire à un commandant de cercle, qui doit faire preuve d'une grande initiative, afin d'atteindre le but par les moyens que lui dicteront son expérience et son bon sens.

LETTRES

D'HIPPOLYTE LAROCHE, PAUL BOURDE ET GALLIENI

« Tananarive, 14 juin 1896.

« Monsieur et cher ministre,

« Il est 8 heures du matin, et je ne me suis pas couché cette nuit. Veuillez me pardonner d'ajouter seulement quelques mots personnels aux rapports étendus que je vous envoie.

« Je n'ai pas craint de dire, dans un de ces rapports officiels : « Je crois, par moments, être dans une maison « de fous ». Je suis entouré de gens ayant perdu tout sang-froid, en proie au vertige, et qui voudraient m'entraîner aux actes d'une politique de casse-cou. Je vois mieux qu'eux la situation ; je la domine ; et, tandis qu'ils m'accusent de faiblesse, j'emploie mon énergie à rester iné-branlable dans la seule ligne de conduite qui soit sage et qui mène au succès final au lieu de mener aux catas-trophes.

« Notre armée n'a rien à craindre des rebelles ; ils ne sont pas de force à lutter contre elle, bien que le général Voyron soit un chef militaire d'une regrettable médio-crité. Permettez-moi de ne pas employer un temps pré-cieux à relever à son sujet bien des petites choses.

« M. Bourde (avec qui je me suis un peu trouvé en désac-cord sur certains points, et à qui je reprocherais surtout de vouloir gouverner sans moi, mais qui a d'ailleurs les mêmes vues que moi sur l'absurdité d'une action contre les ministres de la reine et sur la direction à donner aux opérations militaires, qui, en outre, juge comme moi les dispositions et la valeur du général Voyron), M. Bourde, déjà opéré d'un hydrocèle en 1895, a dû subir une seconde fois cette opération. Son état n'a rien d'alarmant ; cependant la fièvre a été violente et le docteur prévoit un mois d'absolue indisponibilité.

« Nous sommes débordés de travail. Je regretterais que la collaboration de M. Billard me fût à jamais refusée. Je l'avais demandé, *le premier de mes candidats*, dès le mois de décembre. Je ne sais quel singulier concours de circonstances a fait ajourner sa nomination.

« Je vous demande encore pardon de vous adresser ces pages raturées, décousues... Le tsimandoa qui doit les porter au paquebot devrait être parti hier ; quelques minutes de retard l'empêcheraient d'arriver à temps ; je dois renoncer à recommencer ma lettre comme le conseilleraient les convenances : vous voudrez bien tenir compte des circonstances que nous traversons. »

« Tananarive, 28 juin 1896.

« Monsieur et cher ministre,

« Je suppose toujours que vous me permettez de vous écrire, après mes rapports officiels, quelques mots d'allure moins rigide et qui peuvent contribuer aussi à vous faire connaître notre situation, si difficile à connaître de loin, si difficile même à connaître de près, puisque les avis sont contradictoires ici même. Je vous l'exposerai toujours telle que je la vois ; et j'insisterai quand je serai particulièrement fondé à penser que j'y vois clair.

« Certains journaux ont violemment attaqué mon administration. Je ne réponds jamais. Peut-être y a-t-il lieu, cependant, de vous dire ce qui est vrai et ce que vous pouvez hardiment démentir, par exemple, dans une correspondance de la *Libre Parole*, si elle est un jour invoquée à la tribune.

« Je suis un protestant actif (!)... je traîne au temple mes attachés même catholiques !... Seul de tout Madagascar, je nie que l'insurrection soit anglaise. »

« A mon arrivée, j'ai deux fois assisté au culte catholique, considéré comme une de nos institutions françaises. Lors de l'arrivée de deux pasteurs français, j'ai assisté à l'inauguration de leur temple, considéré de même ; j'y suis allé *seul*, sans aucun attaché. Depuis lors, ne trouvant pas d'attrait au prêche, et n'ayant d'ailleurs pas une heure à perdre, je n'ai plus mis les pieds (comme je ne mettais jamais les pieds en France) dans les temples ni les églises, sauf quand je ne pouvais m'en empêcher, c'est-à-dire à l'occasion de cérémonies telles que baptêmes, mariages, enterrements.

« Je me suis bien gardé d'accorder aucun patronage à une communion quelconque, sauf en inscrivant 20 000 francs à notre projet de budget, au profit de la mission catholique. A ce propos, je crois qu'il y a lieu de suspendre le paiement de ces 20 000 francs jusqu'après quelques explications de l'évêque. C'est lui-même qui daigne correspondre avec la *Libre Parole* : je reconnais ses phrases ! La subvention est destinée aux écoles françaises, aux écoles des Frères par exemple ; elle n'est pas destinée à encourager les mensonges que le chef des jésuites envoie sciemment à la presse de la métropole.

« Il sent que je ne suis pas dans sa main ; il voudrait un résident général de France prenant ses ordres à l'évêché.

Nous ne pourrions pas commettre une plus grande faute.
Nous mettre ici à la remorque des jésuites, ce serait aussi
judicieux que de nous attacher une pierre au cou et de
nous jeter à la rivière. Ces gens-là ne sont pas patriotes,
ce sont des fanatiques ; ils sont capables de tout pour
essayer de développer leur prosélytisme et pour faire
échec à celui de leurs émules. Ils ont intérêt aujourd'hui
à confondre la cause de la France avec la leur ; cette
confusion, si elle se produit, sera fatale à la cause de la
France. La France doit observer la neutralité religieuse,
pratiquer à Madagascar — où il est en vigueur déjà —
le principe de la séparation des Églises et de l'État. Ils
écrivent que l'insurrection est une œuvre anglaise. C'est
le plus impudent des mensonges.

« L'insurrection est antichrétienne, antieuropéenne ; elle
a déjà détruit deux cent quatre-vingts établissements protestants ; les missions anglaises et norvégiennes, conster-
nées, nous supplient de les protéger. Je ne fais pas de politique anglaise ! Mais il est très vrai que je ne fais pas non
plus (comme le voudraient les jésuites), de politique anti-
anglaise et antiprotestante. Je crois fermement à la nécessité de solidariser ici les divers éléments européens, et de
réunir leurs influences pour arriver, autant que possible,
à nous concilier — avec leur concours — l'élément indigène chrétien, le seul élément indigène évidemment sur
lequel nous puissions chercher appui.

« *Je réussirai à accomplir ce programme;* j'ai acquis une
excellente position à ce point de vue. Si le gouvernement
croyait plus politique d'instituer à Madagascar une guerre
aux étrangers, j'aurais fait jusqu'à présent fausse route.
Mais je ne puis croire à une pareille disposition, qui nous
préparerait des difficultés diplomatiques, et nous laisserait isolés et encore plus faibles dans nos efforts pour le
progrès économique de l'île.

« Marc Rabibisoa a dû venir vous voir ou viendra bientôt vous voir. Il convoite la place de Rasanjy, et même celle du premier ministre. Il a dû faire alliance avec l'évêque en vue de les supplanter. N'accordez aucune confiance, ni à sa probité privée, ni à sa moralité politique.

« On accuse de tout le mal « mon amour pour les Hovas, « pour leur hégémonie ». Je n'éprouve aucun amour particulier pour les Hovas et suis disposé, si vous m'approuvez, à les exclure de l'administration, non pas en Imérina, où il faut bien les garder, — mais à peu près partout ailleurs ; j'ai déjà essayé à Tamatave, où je m'aperçois cependant qu'il n'est pas aisé de les remplacer. Enfin, que vient-on parler des funestes conséquences de l'hégémonie hova, à propos de l'insurrection *actuelle*, qui n'a rien à voir avec l'hégémonie hova, qui n'est pas une conséquence de l'hégémonie hova, qui est au contraire une insurrection hova?

« Voici justement un de ces cas, dont j'envisageais l'éventualité au commencement de ma lettre, où *je crois voir clair*. J'ai attentivement observé ; je sens le bien fondé de l'opinion que j'ai acquise. Il est impossible qu'en France on connaisse les choses malgaches ; on est trop loin pour en scruter les détails, et même beaucoup trop loin pour distinguer de leur ensemble autre chose qu'une passe confuse et incertaine. Quant aux énergumènes ou aux imbéciles qui, autour de moi, me font entendre des leçons sur la faiblesse et l'énergie, et amoncellent en un seul tas les conseils et les sottises, hommes d'État dont la doctrine se résume à « Tuez tout ! Dieu saura reconnaître « les siens ! », vous pensez que je ne leur fais pas l'honneur de discuter avec eux.

« Nous nous tirerons d'affaire et userons l'insurrection, dont le développement ne se serait pas produit si nous avions eu un chef militaire de quelque valeur au lieu du général Voyron qui est une « moule ». Pour garder dans le rang 60 caporaux (ou 60 anciens sous-officiers, rengagés comme simples soldats, qui eussent bien encadré la milice), il a privé la colonie du concours efficace de 1 800 miliciens avec lesquels nous aurions écrasé, en mars et avril, les formations naissantes de l'armée rebelle ; sa lenteur exaspérante à mettre en mouvement 25 hommes a paralysé les efforts que même l'armée régulière aurait pu faire. S'il était possible d'avoir un des colonels Cuny ou Girardel (nommés généraux) dont je vous parle dans mon rapport officiel d'aujourd'hui, ce serait bien. En tout cas, croyez bien que l'unité de direction de Madagascar est une condition *sine qua non* du succès de notre entreprise. Il ne faut pas deux autorités à pareille distance de la métropole et parmi les embarras d'une situation grave. Encore si le général Voyron était seul !... Mais il signe les lettres qu'on lui prépare, subit tour à tour l'ascendant de subordonnés cachés derrière lui, irrespondables et sourdement ou bruyamment hostiles au principe du pouvoir civil. La correspondance avec le gouvernement, avec les ministres devrait passer tout entière par la résidence.

« M. Bourde ne se rétablit pas encore. La gangrène s'est mise deux fois dans la plaie de son opération, puis un abcès. Il avait pu se lever deux heures le 15 juin, pour assister à la réunion, où il a si fort ennuyé le général ; il a dû reprendre le lit, qu'il ne quitte plus. (Le docteur cependant ne paraît pas concevoir d'inquiétude.) Je le vois chaque jour et cause avec lui de notre situation, que nous voyons de la même manière : notre jugement est commun sur les complots découverts par l'armée et sur l'opportunité de brûler récoltes et villages, comme on le fait encore malgré mes instructions, partout où je ne puis pas surveiller...

« *P.-S.* — Quand vous nous enverrez de nouveaux contingents de soldats, je vous sollicite de n'y pas comprendre de *Sénégalais*. Ils se battent bien, c'est vrai. Mais une fois dans la vie sédentaire, ils sont bien insupportables pour les populations, violentent les femmes, nous aliènent le pays... »

« Tananarive, le 13 juillet 1896.

« Monsieur et cher ministre,

« La France, en faisant l'expédition de Madagascar, s'est mis sur les bras une bien grosse affaire. J'ai peur qu'elle se soit exagéré les richesses de l'île et que, assez bien fixée au sujet des difficultés de la conquête, elle n'ait pas aperçu toutes les difficultés et les charges du lendemain.

« Dans cette immense demeure inachevée et vide, c'est une ingrate mission que celle d'essuyer les plâtres. Je la remplirai avec le même dévouement aussi longtemps que le gouvernement de mon pays jugera que l'intérêt national est de me la continuer. Mais je ne vous cache pas que, y apercevant peu de lauriers à cueillir, j'y pressens des coups à recevoir, autant peut-être qu'il en faut pour assommer le plus robuste des résidents généraux.

« Il y a du mécontentement dans la population française. C'était inévitable. Le désappointement des colons venus avec l'espoir de trouver un Eldorado, et réduits à l'inaction par la rébellion et l'insécurité, a besoin de se décharger sur quelqu'un ; on rend volontiers responsable le résident général : ne peut-il pas faire la pluie et le beau temps ? Beaucoup de ces colons, mal logés, mal mis, faméliques, ont l'esprit tourné à l'aigre. Voient-ils un Malgache me saluer ou entrer chez moi : « C'est donc pour ces vaincus que le résident est ici ; *nous, les vainqueurs*, nous sommes « oubliés ». Dans certaines coteries d'officiers, le chauvinisme s'irrite et s'exalte. Il paraît que je reçois trop les Anglais ; j'ai donné, le 4 juin, dit un journal, une fête où il y en avait 60, avec 6 Français seulement ! (Notez que je n'ai pas *une seule fois eu un seul Anglais* invité chez moi ; je n'ai pas même invité leur consul à mon dîner officiel du 14 juillet). Ces Hovas, que l'armée méprise, sont l'objet d'égards de ma part : « c'est de la faiblesse ; pour-« quoi ne fais-je point fusiller ces vils conspirateurs, en « commençant par la famille royale et les plus hauts « fonctionnaires? Cela arrêterait net l'insurrection. »

« Ce qui eût arrêté net l'insurrection à son début, c'eût été la constitution de colonnes légères. En me prêtant 80 soldats rengagés qui eussent encadré 2 000 indigènes, le général Voyron m'aurait donné le moyen d'obtenir ce résultat. *Mais il pouvait l'obtenir lui-même autrement;* il avait des cadres français d'élite et des Sénégalais et des Algériens, et même des tirailleurs malgaches ; il n'a pas été capable de composer avec ces éléments une seule troupe rapide ! Sa fatale insuffisance a été la nourrice de la rébellion. Le pays, pendant de longues années, en ressentira les effets et en retrouvera le souvenir dans le spectacle de ses ruines.

« La mauvaise direction de l'armée a été la principale pierre d'achoppement de mon administration. En second lieu, j'ai eu à souffrir du défaut de concours, de l'opposition sourde et persévérante de mon secrétaire général M. Bourde, qui ne pouvait consentir à ce que j'eusse des vues propres et s'est employé patiemment à me paralyser. Il est en convalescence depuis quelques jours, après avoir passé six semaines au lit ou dans sa chambre ; je ne doute pas que ce repos lui ait servi à préparer contre moi une campagne ouverte. Nous étions en désaccord sur pas mal de questions importantes ; cependant nous ne pouvions pas ne pas être d'accord sur plusieurs autres ; nous étions

d'accord, *par exemple*, sur l'innocence du ministère malgache (il m'a fourni un rapport là-dessus) ; or, il dit tout
haut aujourd'hui que nous ne sommes d'accord sur rien,
rien, rien. Assurément le progrès de notre organisation
administrative, le développement de notre système législatif, ont été ralentis par l'antagonisme de mon principal
collaborateur, engagé dans un autre sens que moi, et ne
voulant pas en démordre.

« Le *Madagascar*, feuille de chantage de Tamatave, dont
le rédacteur en chef est vainement venu solliciter de moi
le pot-de-vin qui l'eût fait taire, me consacre en entier sa
partie politique, accompagnant de grossières injures les
canards les plus invraisemblables. Il en usait ainsi, paraît-il,
avec mes prédécesseurs ; c'est pourquoi le public insulaire,
dès longtemps fixé, s'en amuse et ne s'en émeut pas ; et
moi-même je trouverais cela fort réjouissant si je ne devais
craindre la reproduction des articles dans la presse métropolitaine, la crédulité du public français et un mouvement
consécutif d'opinion capable de gêner le gouvernement.
Une simple poursuite devait avoir raison du *Madagascar*
et le faire disparaître. Malheureusement la lenteur de
nos communications et la faiblesse, la force d'inertie
des magistrats de Tamatave, leur désobéissance au par-
quet général (dont je vous entretiens dans un rapport à
propos des juridictions consulaires) font qu'après plus
de deux mois la poursuite n'a pas encore été entamée !
Pendant ce temps, les numéros se succèdent, chacun
renchérissant sur le précédent. Quel effet cela produit-il à
Paris ?

« Je refais chaque jour mon examen de conscience ;
dussé-je vous sembler immodeste, je déclare n'y pas découvrir de gros péchés. Je persiste à dire avec la dernière
énergie que la politique que j'ai suivie en Imérina est la
seule qui ait le sens commun. Les mesures violentes qu'on

me reproche de n'avoir pas prises auraient été des actes
de folie, et la situation s'en fût trouvée empirée à un point
peut-être désastreux. La politique de la justice, de la
fermeté et du sang-froid a été, est et restera la bonne,
c'est-à-dire celle donnant les moins mauvais résultats
au milieu des difficultés qui nous étreignent et nous inter-
disent trop d'espérances.

« Ainsi que je vous l'exprimais tout à l'heure, je remplirai ma tâche avec le même dévouement aussi longtemps
que le gouvernement me le demandera. Si vous voulez
abolir l'esclavage, il sera à propos de m'en confier le
soin tout de suite : je tiendrais à honneur de m'en
acquitter avant de partir, et je suis prêt. La chose est
assez considérable et effraierait plus d'un autre résident général. M. Bourde la promettra peut-être, pour
donner le change au public français, mais il ne veut
pas la faire *et ne la fera pas*. Si, au contraire, vous
jugez mon maintien ici un embarras pour le cabinet,
relevez-moi, ce sera une délivrance ! Le sentiment de
mon devoir, l'ardente résolution de le faire quoi qu'il
arrive, me retiennent seuls ici, d'où j'emporterai l'orgueil
d'avoir, sans défaillance et sans réserve, consacré tout ce
que j'avais de temps et de force à la fonction dont la
République m'avait investi ; mais où j'aurai bu aussi
l'amertume à pleine coupe, car, entendre d'un côté les
outrages, voir de l'autre s'entasser les ruines, voilà mes
distractions quotidiennes !

« J'aspirais autrefois à gouverner une colonie (qui
n'était pas Madagascar), et vous m'aviez fait l'honneur
de me laisser espérer que, chef du département, vous
pourriez m'y envoyer. Je souhaite trouver chez vous
la même disposition bienveillante le jour où un successeur me sera donné à Tananarive. Je serais désolé
que mon activité demeurât sans emploi avant l'âge de

la retraite et je vous prie de vouloir bien l'utiliser quelque part (1). »

(1) Aux premières de ces lettres de M. Laroche, le ministre avait répondu dans les termes suivants :

« Paris, le 24 juillet 1896.

« Mon cher résident général,

« Je vous remercie des lettres personnelles si détaillées que vous m'avez adressées et qui ont été lues avec intérêt par des amis de choix.

« La presse et les débats parlementaires vous auront renseigné sur les difficultés de tous genres auxquelles nous avons eu à faire face depuis notre entrée aux affaires. Vous y aurez vu aussi de quelles attaques violentes vous avez été l'objet. J'ajoute qu'il y a eu durant deux ou trois semaines une pression énorme des militaires pour faire là-bas une nouvelle expédition.

« J'ai résisté à la pression et vous ai défendu contre l'attaque du mieux que je l'ai pu ; mais pour éviter ce que je jugeais inutile et mauvais, j'ai dû préparer une modification du régime de l'île dont le prochain courrier vous portera les effets. Ce que j'ai à vous dire à cet égard doit rester scrupuleusement secret jusqu'à l'arrivée du colonel Gallieni qui sera près de vous le 10 septembre pour remplacer le général Voyron.

« D'une part, un décret placera l'autorité militaire à Madagascar dans les mêmes conditions qu'en Indo-Chine et dans toutes les autres colonies. Elle sera subordonnée et ne correspondra avec la métropole que par l'intermédiaire du ministre des Colonies ; de l'autre, la partie troublée de l'île, c'est-à-dire l'Émyrne, sera constituée en territoires militaires et Gallieni y exercera l'ensemble des pouvoirs civils et militaires dans des conditions que des instructions spéciales détermineront. Gallieni, son passé au Soudan et au Tonkin en fait foi, est partisan du système des postes que vous avez vous-même préconisé : j'ai la conviction que sous sa direction expérimentée, la pacification sera prompte et complète, car sous aucun rapport je ne juge la situation vraiment dramatique, comme d'aucuns se sont efforcés de la dépeindre.

« Tandis qu'il sera occupé à cette tâche, vous en aurez une autre qui ne sera point de médiocre intérêt. Nous avons été très frappés, mes collègues et moi, que votre courrier très détaillé en ce qui concerne les choses de l'Émyrne, est presque absolument muet pour tout le surplus de l'île ; le désir du gouvernement est que, vous rendant en personne sur les principaux points de la côte, vous nous

« Tananarive, 26 juillet 1896.

« Monsieur et cher ministre,

« Vous trouverez ci-joint le rapport que j'ai dû rédiger au sujet de M. Bourde. J'ai reçu hier le câblogramme par lequel vous me permettez de le prier d'aller à Tamatave, et dont je vous remercie beaucoup. Je suis loin de méconnaître les capacités diverses de M. Bourde (bien que je

renseigniez sur ce qui s'y passe et y jetiez les bases de l'organisation des résidences et des milices.

« Je n'ai pas besoin de vous dire dans quel esprit devra être faite cette étude : les lettres officielles que vous avez déjà reçues de moi vous l'auront suffisamment indiqué. Vous savez également sur quels points je me sépare à cet égard de mon prédécesseur ; je me borne donc à vous rappeler les deux questions essentielles.

« En premier lieu, il ne saurait s'agir désormais de ramener les Hovas là où ils n'ont que faire : chaque race, chaque province doit utiliser ses ressources propres en personnel indigène. En second lieu, et ceci est aussi important pour la métropole que pour l'île elle-même, vous devrez éviter avec le plus grand soin la moindre manifestation extérieure et *a fortiori* le moindre acte effectif, qui puisse laisser soupçonner de votre part des préférences pour une confession religieuse quelconque ; l'anglophobie prend en effet ici l'allure de la protestantophobie et, si nous devons strictement nous abstenir de faire œuvre catholique, nous devons éviter l'apparence même de propagande protestante.

« Je ne vous parle pas aujourd'hui de votre projet de budget que je n'ai pas encore eu le temps d'étudier en détail et qui me paraît effrayant en bloc, ni de l'esclavage sur lequel j'attends de vous des indications plus détaillées que votre télégramme du 10 courant. Les lettres officielles suffiront d'ailleurs pour élucider ces points.

« J'ai seulement tenu à vous fournir qelques indications, et sur la situation des esprits, et sur les solutions prochaines qu'elle commande.

« Bien cordialement à vous.

« André LEBON. »

croie que ce serait un malheur pour Madagascar s'il était chargé d'y créer l'organisation nouvelle), mais il a montré vraiment une ambition trop âpre et trop impatiente. Ah ! ce n'est pas un sentimental !

« Je vais réunir une commission pour examiner la question de l'émancipation des esclaves (comme vous m'invitiez à en réunir une alors qu'il était seulement question d'une émancipation graduelle). La majorité des Européens de Madagascar n'est pas préparée à l'idée de l'émancipation immédiate et demanderait un délai, d'ailleurs assez court : dix-huit mois, deux ans... Tout bien examiné, j'incline à croire que le mieux serait de brusquer la mesure. Tout le monde reconnaît qu'elle est applicable à Tananarive sans aucun danger ; dans les campagnes seulement elle pourrait, en temps normal, en temps de paix, provoquer peut-être quelques troubles sur certains points. Mais nous n'avons pas à craindre de troubler ce qui est déjà troublé. L'abolition de l'esclavage passera inaperçue ou moins aperçue à la faveur de l'insurrection. Et nous serions débarrassés d'une préoccupation obsédante et de l'épée de Damoclès des interpellations, et nous aurions rendu à la colonie un fier service. Je suis prêt à exécuter la mesure. Je vous enverrai par le courrier prochain le procès-verbal des travaux de la commision. »

« Tananarive, 10 août 1896.

« Monsieur et cher ministre,

« M. Bourde m'a demandé « comme une grâce » de rester trois semaines de plus à Tananarive ; je n'ai pas voulu refuser « la grâce », quoique je sache quel usage on fait de ce répit... La séparation morale est définitivement accomplie entre mon secrétaire général et moi. Je vous en parle pour la dernière fois aujourd'hui. Je suis, depuis mon début à Madagascar, guetté, entouré de pièges patiemment tendus. Un seul exemple : à la fin de mars, alors que les transports marchaient avec une lenteur tout à fait fâcheuse, que l'armée, n'étant plus ravitaillée, jetait le cri d'alarme, j'ai assumé la responsabilité d'envoyer chercher des travailleurs à la côte d'Afrique pour faire le chemin muletier indispensable entre le plateau et Tamatave ; la gravité des circonstances me paraissait justifier le recours à ce moyen exceptionnel. J'en ai donc assumé la responsabilité, je ne songe pas un instant à m'y dérober, et je la supporterai pécuniairement comme je la supporte moralement, si le gouvernement n'agrée pas les raisons que je lui fournis par ce courrier dans un rapport officiel. Or, cette opération, à laquelle je ne songeais pas, a eu lieu à l'instigation et sur l'insistance de mon secrétaire général qui la dénonce maintenant comme un témoignage de mon défaut de scrupule en matière de finance ; son insistance à m'y entraîner avait pour but d'en tirer bientôt parti contre moi. La trahison n'a cessé de veiller à mon côté.

« J'ai demandé, ces jours derniers, à M. Bourde, s'il avait, dans l'intérêt de la colonie, quelque faute de direction à me signaler, quelque mesure utile à me suggérer que je n'aurais pas prise encore. « Il faudrait des commis- « sions d'enquête en Imérina, » m'a-t-il dit ; « ces commis- « sions se composeraient d'officiers indigènes envoyés de « Tananarive, avec un fonctionnaire français. Vous man- « quez, il est vrai, de fonctionnaires français ; vous auriez « dû en réclamer davantage ; je vous ai toujours dit « qu'une seule *résidence* en Imérina est insuffisante ; il « en faut au moins quatre. » Quatre résidences de France deviendront, un jour, nécessaires en Imérina ; mais elles ne sont pas immédiatement indispensables ; en tout cas, le gouvernement métropolitain a manifesté, en termes formels, que je devais me contenter du haut personnel mis à ma disposition jusqu'ici, et j'aurais eu tort d'insister plus que je n'ai fait pour en obtenir. Quatre commissions fonctionnent très activement, ayant à leur tête MM. Vergnes, Pradon, Comperat et Gautier ; avec eux marche dans chaque province le gouverneur général, auquel il serait absurde de substituer des « officiers indigènes envoyés de Tananarive » : le gouverneur général, soigneusement choisi, nommé par nous, et mieux qualifié que personne pour agir dans son gouvernement.

« J'ai voulu vous exposer cette critique de mon administration, facile à faire entendre de Tananarive à Paris, mais non moins facile à réfuter, comme vous voyez.

« La vérité est que mon désaccord avec M. Bourde porte sur tous autres points. Il est venu ici avec l'ambition de prendre ma place (sans attendre l'heure), et n'a négligé aucune manœuvre pour m'en faire choir. Il y a incompatibilité de principes entre nous :

« 1º En ce que j'apporte dans les questions d'argent et dans les relations avec les sociétés financières une inflexibilité contrastant avec la souplesse ou la complaisance par lesquelles il vise à se concilier des patronages intéressés ;

« 2º Ne pouvant souffrir l'arbitraire, la dérogation à la règle, j'organise systématiquement une administration d'où l'arbitraire est banni, où la règle trouve dans le fait son invariable application, tandis que M. Bourde entendrait se soustraire à l'observation de la règle après en avoir fait étalage, et endormir la vigilance de la métropole (...si loin...) par des déclarations et par des promesses, avec le parti pris de ne pas s'y conformer.

« Je ne me dissimule pas combien fragile est ma situation. Vous rendez certainement justice à mes efforts ; mais l'état peu satisfaisant de l'Imérina peut inspirer la crainte

que je n'aie pas fait ce qu'il eût fallu pour l'améliorer.
« C'est toujours la politique du général Duchesne ! » disent
ici mes critiques. Je n'ai pas, en effet, sensiblement changé
la ligne que le général et M. Ranchot avaient suivie ; il ne
m'aurait point paru sage d'en adopter une contraire avant
d'avoir observé beaucoup et beaucoup réfléchi.

« Les commencements d'un grand établissement colonial sont souvent difficiles. Il est bon de le fonder sur des
principes de droiture et d'honneur dignes de la France ;
j'y ai tenu, et n'ai en cela fait acte ni de faiblesse ni de
sottise... Vous pouvez compter sur moi pour persévérer
si vous me continuez votre confiance. »

« Tananarive, 27 août 1896.

« Monsieur et cher ministre,

« Le courrier contenant votre lettre du 24 juillet nous
parvient à l'instant ; le nôtre est parti depuis deux jours ;
je vais faire courir après lui un messager rapide pour
le rattraper ; je ne voudrais pas que le paquebot partît
sans vous apporter mes remerciements, écrits à la hâte,
pour les bons offices que vous m'avez prêtés le mois
dernier.

« Je vous ai avant-hier demandé officiellement l'autorisation d'adresser aux journaux une rectification réfutant
les attaques dont ils avaient été prodigues à mon égard.
J'appelle votre bienveillante attention sur cette demande,
et cinq minutes de patience pour lire le document auquel
elle se réfère. Je crois qu'il intéresserait le public métropolitain, et désarmerait, rallierait d'honnêtes adversaires.

« Je serai charmé de voir ici le général Gallieni, et j'espère entretenir avec lui d'excellentes relations. Il aura raison de l'insurrection, dont la nullité de son prédécesseur a seule permis le développement.

« Je suis prêt à parcourir l'île ; j'ai toujours cru cette tournée nécessaire ; j'en ai été empêché jusqu'ici par la situation exceptionnelle de l'Imérina, où la gravité des événements me retenait. Mais le gouvernement va-t-il jusqu'à penser que la résidence ordinaire de son représentant doit cesser d'être à Tananarive? Télégraphes, chemins de fer, vont faire de cette ville, plus encore que le passé, la capitale vraie de la grande île, le point dominant d'où se découvrira et se gouvernera tout le reste ; si l'autorité personnelle de la reine est amoindrie, c'est l'autorité de la France qui rayonnera du même centre, du même sommet.

« Enfin, ne dédaignons pas trop les habitants de l'Imérina. Retirons-leur les prérogatives de suzeraineté contre lesquelles protestent les tribus vassales. Mais utilisons *ici* les aptitudes de ce petit peuple décrié ; il est prêt à nous servir ; il aspire à notre civilisation ; ses facultés d'assimilation sont remarquables... La reine elle-même peut nous aider ; on reproche à son gouvernement de n'avoir pas su vaincre l'insurrection ; on n'est pas juste ; nous l'avions désarmé ; il était réduit à l'impuissance, privé de moyens, tenu en suspicion...

« L'heure me presse.

« *P.-S.* — Ne voulez-vous pas me donner M. le capitaine Valdant, que je vous ai demandé pour officier d'ordonnance par câblogramme du 20 juin? »

« Tananarive, 12 septembre 1896.

« Monsieur et cher ministre,

« Les correspondances parties de Paris le 24 août ne nous arriveront pas avant trois ou quatre jours. Je ne connais donc pas encore les instructions importantes qui accompagnent le général Gallieni. J'ai confiance dans les affectueuses relations que nous entretiendrons bientôt, et que j'ai déjà commencé à nouer avec lui par correspondance. J'ai confiance également dans son habileté militaire pour améliorer tout de suite une situation qui serait, j'en suis convaincu, toute différente s'il avait été six mois plus tôt commandant supérieur des troupes !

« On me fait parvenir de temps en temps des extraits de journaux métropolitains attaquant le résident général de Madagascar. Sachant qu'ils peuvent émouvoir l'opinion et par suite vous créer des embarras, je voudrais pouvoir repousser, par une rectification ou un démenti, des accusations toujours mensongères. Mais c'est difficile, de si loin, avec la durée des traversées. L'effronterie des nouvellistes est illimitée ; vous en aurez jugé par les réponses que j'ai placées sous vos yeux il y a quinze jours en vous demandant l'autorisation de les rendre publiques. Si je n'ai pas répondu à certains articles, c'est que je ne les ai pas connus. En voici un nouveau dont je reçois communication : on dit que les officiers de l'armée, sondés pour savoir s'ils accepteraient la croix de la reine, m'ont fait signifier un refus. Oh ! que non ! plusieurs l'ont eue, de plus nombreux l'ont demandée (parfois dans des lettres bien curieuses) ; aucun jusqu'ici n'en a fait fi. Ne pouvant prévoir toutes les inepties qu'on débitera, ne pouvant d'avance vous armer pour les réfuter si on les apporte à la tribune, je vous propose d'y opposer au moins l'expression d'un grand doute sur les fautes qui me seraient prêtées, en attendant que la lumière soit faite.

« Le pauvre général Voyron, d'intentions droites, mais faible d'esprit, a laissé aller — fort mal — beaucoup de choses, sans qu'il me fût possible d'arriver avec lui à un concert. Parfois il désirait quelque chose, le promettait et, *roulé* par un de ses subalternes, faisait le contraire. Il a mis à Ambohidratrimo un capitaine, intelligent d'ailleurs, contre qui j'ai de graves sujets de plainte, qui peut-être donneront lieu à un rapport un jour ou l'autre... Toujours est-il que cet officier n'aime pas voir les fonctionnaires civils venir regarder de son côté. Récemment, je rentrais de chez M. Rigaud, dont j'étais allé voir la plantation de café avec quelques officiers et le gouverneur. Comme je passais près du poste du capitaine, il envoya des tirailleurs au-devant de moi, pour me protéger, dit-il. Cela peut paraître très aimable. Mais comme il n'y avait — et ne pouvait y avoir — aucun rebelle sur l'horizon ni à moins de 10 à 15 kilomètres, j'ai cru voir dans ce déploiement inutile de soldats, un procédé choisi par l'officier pour avoir prétexte de se plaindre de ma témérité prétendue, m'exposant à un accident éventuel dans une zone où il en aurait eu la responsabilité. Va-t-on broder sur ce thème? Je vous donne le fait moi-même à tout hasard. Mon courrier officiel d'aujourd'hui, parmi des rapports assez considérables sur lesquels je serais honoré que vous vouliez bien arrêter votre attention quelques instants, en contient un tout petit relatif à un outrage dont la sœur de la reine s'est rendue coupable contre une femme et contre moi. Faut-il avoir de l'imagination pour inventer de telles scènes de comédie ! »

« Tananarive, 26 septembre 1896.

« Monsieur et cher ministre,

« Je reçois votre câblogramme du 14 septembre. Je ne prends que le temps de vous écrire ces quelques mots ; le courrier léger part pour essayer de rejoindre le courrier ordinaire, en route depuis vingt-quatre heures déjà.

« J'avais une grosse partie à jouer. J'ai eu mauvais jeu. J'ai perdu.

« Je vous remercie de m'avoir affectueusement soutenu. Ce n'était pas possible plus longtemps, en présence de la formidable campagne de presse à laquelle l'éloignement ne me permettait pas de répondre avec opportunité.

« Je vais exécuter vos ordres et remettrai, après-demain, mes pouvoirs au général Gallieni. Je serai à vos ordres encore, non seulement pour vous fournir mes explications que vous désirez recevoir sans doute, mais pour les faire entendre où et devant qui vous le jugerez à propos.

« Le général Gallieni, capacité véritable, et en possession des moyens et de l'unité de direction qui n'étaient pas entre mes mains, réussira dans sa mission, soumettra Madagascar. J'applaudirai à ses succès, attristé cependant par la perspective de certaines choses douloureuses, à prévoir comme résultats accessoires et inévitables de la nouvelle orientation politique, qui s'impose ou paraît s'imposer après l'échec de la mienne... *Paraît s'imposer.* En effet, il y a erreur ! L'insurrection, qui me jette hors de l'île, n'a pas été le fruit de ma politique ; elle serait née sous tout autre régime ; et elle a grandi sous le mien par l'insuffisance du chef militaire qui, passif, empoté, inerte, n'a su ni commander, ni obéir. Si le général Gallieni eût été à côté de moi au lieu de son prédécesseur, nous serions triomphants, en paix, et on vanterait mon savoir-faire !

« A bientôt. Est-il téméraire d'espérer que, dans un avenir assez prochain, l'opinion se retournera et me rendra justice? J'ai cette témérité.

« Merci encore, et bien à vous. »

« Tananarive, 18 mai 1896.

« Mon cher ami,

« C'est avec une bien grande satisfaction que je viens d'apprendre que vous êtes décidé à prendre le ministère des Colonies. Il était temps que vous arriviez ; le système de l'administration indirecte a à peu près triomphé ici. La nécessité est un grand maître ; mais à Paris, ou plutôt au Pavillon de Flore, où on ne saurait en subir la pression comme à Tananarive, nous n'avons jamais eu cause gagnée et on était en train de tout remettre en question.

« Vous vous serez déjà aperçu que vos bureaux sont le lieu d'élection de ce genre de badauderie qui consiste à croire que tout avantage remporté sur la reine de Madagascar est une victoire pour la France. J'ai maintenant l'espoir que vous parviendrez à leur inculquer d'autres sentiments. Pendant le mois que j'ai passé à Paris, après ma nomination, j'ai bataillé de mon mieux pour que la réorganisation de l'administration centrale qu'on préparait se fît sur la base de la répartition géographique. Je disais à M. Guieysse : « Ayez un service spécial pour « Madagascar ; par cela seul qu'il sera indépendant, ce ser- « vice ne voudra pas se confondre avec les voisins et il « s'efforcera de faire quelque chose d'original. »

« M. Guieysse, si charmant d'ailleurs par sa bonne volonté et l'attention qu'il apportait aux affaires, était un de ces hommes qui ne savent pas se défendre contre ceux qu'ils voient tous les jours. Il me donnait raison, mais c'est l'autre système qui l'a emporté. Je l'ai prié de prendre du moins dans le bureau de Madagascar un fonctionnaire tunisien au courant du système du protectorat. « Vous « ne le consulterez qu'autant que vous voudrez, lui « disais-je, mais vous aurez du moins sous la main quel- « qu'un qui pourra vous indiquer comment ont été réso- « lues en Tunisie les différentes questions qui peuvent se « poser dans un protectorat. » Cette seule idée de prendre une sorte de professeur a paru monstrueuse aux bureaux ; on a sorti des textes qui empêchaient strictement l'intro- duction d'un étranger dans l'administration centrale ; et j'ai encore été battu sur ce point.

« Nous sommes donc livrés à cette direction politique unique qui ne serait pas conduite par des hommes si elle n'avait pas pour tendance de tout mettre à la même sauce. Il faudrait plus de souplesse qu'on n'en peut attendre ordinairement d'un fonctionnaire, et surtout plus d'expé- rience pratique que ce personnel, formé à Paris, n'en peut avoir, pour que le même homme pût concevoir qu'une solution bonne en Indo-Chine peut ne pas être la meil- leure à Madagascar. J'ai eu tout de suite une idée des luttes que nous aurions à soutenir et du peu d'appui que nous aurions à attendre de notre ministre. En effet, tandis qu'après avoir fait le grand pas de remanier le traité, les membres influents de l'ancien cabinet, Bourgeois, Doumer et Cavaignac, étaient partisans résolus de ce qu'ils appe- laient le protectorat intérieur et répondaient affirmative- ment et nettement quand on leur demandait s'ils main- tenaient à la reine le droit de légiférer, au ministère des Colonies on ne comprenait rien et on ne voulait rien com- prendre à cette combinaison. Les théories de M. de Mahy étaient tenues pour les *seules françaises*. On voulait

nommer M. Laroche gouverneur général et non résident
général et on ne comprenait pas qu'on pût légiférer à
Madagascar autrement que par décret du président de la
République, et quand on cherchait des formules pour
marquer la sujétion de la reine de Madagascar, jamais
on n'en trouvait d'assez humiliantes.

« Je disais à Roume : comment ne comprenez-vous pas
que diminuer la reine, c'est diminue l'instrument dont
nous allons nous servir ; si vous affaiblissez cette force, il
faudra nous la remplacer et nous donner plus de troupes.
Mais si vous ne nous donnez pas de troupes et si vous n'en
diminuez pas moins la reine, vous nous préparez un échec.
Et c'est vous, vous notre ministre, qui nous préparez ça.
Je m'expliquerais que vous cédiez à l'opinion publique,
mais pourquoi prendre l'initiative?

« Roume est un aimable entêté. On cause deux heures
avec lui, il vous écoute et on n'est pas plus avancé. Il est
donc resté convaincu que si le président de la République
légifère sur Madagascar, Madagascar sera bien plus français. Cette législation à double origine, qui est la législation du protectorat tunisien, indigène par la signature du
souverain indigène, et française par le visa du résident,
applicable par conséquent par les deux sortes de tribunaux
du pays ; ce système, si simple et si clair, je ne crois pas
qu'il ait même jamais essayé de s'en rendre compte.

« Je suis donc parti, laissant la question indécise et je
vois, par les nouvelles du dernier courrier, que le ministre
en était resté à sa conception première, c'est-à-dire au
système colonial tel qu'on le pratique dans toutes les
colonies.

« Le résident général ayant fait prendre par la reine une
loi sur la mise en vente du domaine, on trouve qu'elle
n'offre pas de garanties suffisantes pour les colons ; on
raisonne de même sur les mines et on veut faire régler

ces questions par des décrets du président de la République. Le prétexte est tout à fait niais. Comment un décret du président de la République offrirait-il plus de garanties qu'une loi à qui le visa apposé par le résident général, en vertu d'une délégation du président de la République, donne force exécutoire vis-à-vis des Français et que les tribunaux français appliquent par conséquent? Non, non, il s'agit du bon système colonial qu'on essaie d'insinuer ainsi sournoisement.

« Je sais que vous êtes convaincu à l'avance. Cependant j'insiste sur les conséquences. Le traité maintient à la reine ses privilèges. Légalement, le président de la République n'a donc pas le droit de les exercer. Vous savez que pour régler ce point de droit, que les juristes ne manqueraient pas de soulever, on a fait avec la cour d'Annam un traité spécial par lequel elle nous céda les mines. Rien de semblable n'a été fait à Madagascar, et vous devinez l'effet si nous allions parler d'un troisième traité. Passera-t-on par-dessus cette considération un peu théorique, et le président de la République n'en décrétera-t-il pas moins sur les terres et les mines? N'est-ce pas une violation flagrante d'une situation que les indigènes peuvent enfin considérer comme acquise? Si nous les accusons de mauvaise foi, ils nous rendent la pareille et ils ont plus d'une raison à donner. Quelle confiance pourrons-nous leur inspirer à l'avenir, après un pareil coup? Ce qui les a le plus rassurés, c'est que nous n'ayons pas touché à leurs terres ; cela revient dans tous leurs discours. Comment les empêcherons-nous de s'épouvanter si c'est le président de la République qui règle ici à l'avenir les questions de propriété? Sous l'ancien régime, le droit de la reine était absolu et on dépossédait un propriétaire sans qu'il eût aucun droit à compensation. Comment expliquerons-nous que nous entendons autrement le droit de propriété et leur ferons-nous comprendre que le président de la République n'exercera pas ce droit de dépossession? Aucun raisonnement n'empêcherait qu'une immense inquiétude ne saisisse tous les propriétaires. Puis, quand nous passerons à l'exécution, souvent il y aura des terres d'une domanialité incertaine. Si ceux qui croient y avoir des droits sont déboutés au nom du président de la République au lieu de l'être au nom de la reine, ce seront autant de ressentiments que nous sèmerons dans le cœur de ce peuple.

« Enfin, ajoutez que des lois de la reine seront toujours suffisamment appliquées par des indigènes, tandis que les lois métropolitaines réclameront les soins d'un personnel plus instruit et plus méticuleux. On versera ainsi tout doucement dans l'administration directe qui est au fond le seul système que vos bureaux soient en état de comprendre. Que d'ennuis on se prépare ainsi! Et pour quoi? Pour quel profit?

« Il était donc, comme vous le voyez et comme je vous le disais, grand temps que vous arriviez. Maintenant que vous avez épousé ce ministère, je crois que vous y deviendrez, comme Hanotaux aux Affaires étrangères, l'homme nécessaire ; vous en avez donc pour longtemps, mais il faut s'attendre, avec la fréquence de nos crises parlementaires, à des interruptions. Si vous nous formiez au ministère un organe et des hommes acquis avec réflexion à l'administration indirecte, et qui assureraient la continuité de notre politique pendant les éclipses à prévoir, vous nous rendriez un bien grand service.

« Je me permets d'appeler votre attention sur une autre réforme qui n'a pas moins d'importance. Il s'agit de l'indépendance de l'élément militaire que M. Guicysse s'était laissé imposer et que vous avez assez d'autorité pour faire disparaître. On en a dit que c'était l'organisation du con-

flit. Il faut être sur place pour voir que c'est l'organisation
du gâchis et du gaspillage.

« Les services militaires, génie, intendance, en ont
déduit qu'ils travailleraient sans s'occuper des services
civils similaires, chacun chez soi ; comme cela il n'y aura
pas de querelles : voilà la règle qu'on a posée. Vous me
dites : et le droit de réquisition accordé au résident général ?
Il existe, c'est vrai, mais en user serait se résigner à une
rupture, et il est dans la nature humaine encore d'aimer
mieux des rapports difficiles qu'un éclat et de sacrifier ses
droits à son repos. On se fait donc une guerre sourde où
les petits croient faire leur cour aux grands en se jouant
les uns aux autres toutes sortes de tours. L'intendance a
ses équipes de porteurs, les travaux publics ont les leurs ;
aucune entente n'existant entre les deux services, ils
enchérissent l'un sur l'autre sur le marché, et on en arrive
dans le pays du Fanampoana à payer 45 francs le voyage
de Tananarive à Tamatave, qu'il aurait toujours été possible d'avoir pour 30, si l'on s'était concerté.

« Même chose sur les routes : le génie et les travaux
publics font chacun les leurs, souvent dans les mêmes
régions et, d'un chantier à l'autre, on s'enlève les ouvriers
à prix d'argent. Ces majorations artificielles portent sur
des milliers de têtes. Songez ce que cette division des pouvoirs coûte au budget.

« Même chose encore pour les bâtiments domaniaux.
En entrant à Tananarive, l'armée a occupé tous les locaux
disponibles. C'était naturel ; il fallait avant tout qu'elle
se logeât. Mais le Parlement a beau lui voter des millions
pour se construire des bâtiments, elle prétend ne se des-
saisir de rien. Les administrations expropriées sont dans
la rue. Un pouvoir supérieur qui aurait à la fois la charge
des intérêts militaires aussi bien que des intérêts civils,
ferait un équitable partage des locaux. Faute de pou-

voir s'entendre, les pouvoirs divisés obligeront à des constructions dont on aurait pu faire l'économie.

« Ces constatations pourraient se poursuivre dans toutes les branches de l'administration où le militaire et le civil sont en contact. Sans que j'entre dans le détail, vous devinerez aisément combien l'armée devient un instrument mal approprié à sa fonction, quand celui qui a la responsabilité de la tranquillité publique n'a pas en main la force destinée à l'assurer. C'est le résident qui connaît les besoins du pays et c'est le général qui doit les satisfaire. N'étant point subordonnés l'un à l'autre, il y a toujours deux thèses en présence sur un même sujet : l'un veut des postes fixes, l'autre des colonnes volantes ; et comme elles se contre-balancent, aucune n'est jamais franchement adoptée. Les colonnes partent trop tard ; tout se fait incongrûment et de mauvaise humeur. Mais je passe ; je ne suis plus journaliste.

« Il n'est qu'une dernière question dont je veuille vous parler. J'ai quelque peine à le faire, car je ne voudrais rien vous écrire que le résident général ne puisse lire, et sur ce point il ne m'approuverait pas. Mais il s'agit d'intétêts si graves, et je suis si convaincu que non seulement M. Laroche et ma fortune avec la sienne, mais encore le système même de l'administration indirecte y peuvent périr, que je ne puis me tenir.

« Je voudrais, pour que ce que je vais vous dire ait toute la force désirable, que vous fussiez bien convaincu que nul n'est plus que moi partisan d'un minimum de fonctionnaires aux colonies. J'en ai vu les avantages er Tunisie, non pas au point de vue de l'économie, que e considère comme secondaire, mais au point de vue même de la bonne administration. Je tiens la réaction qui s'est produite dans le monde politique, à propos de notre magistrature, pour tout à fait salutaire. Il y en a pour 100 à

120 000 francs de trop. Mais l'excès contraire peut être tout aussi ruineux. Il y a des besoins impérieux et si on ne les satisfait pas, on arrivera par une autre voie au même résultat qui sera de faire de Madagascar un boulet. au pied de notre pays, une possession sans ressources et sans colonisation. Ces besoins se résument ici en un seul : des résidences suffisamment nombreuses et bien constituées. J'étais en désaccord là-dessus avec M. Bompard, mais tout ce que j'ai vu depuis trois mois me confirme dans la conviction qu'avec les cinq ou six résidents, simples agents exécutants, dont il pensait se contenter, il aurait été immédiatement débordé. Il n'y a ni finances, ni mise en valeur du pays à espérer sans sécurité. Or, Madagascar, après la grande secousse de la guerre, l'humiliation du gouvernement de Tananarive et le désarmement de l'armée hova, n'est plus, à beaucoup près, la même chose qu'avant la guerre. Toute l'île a été remuée jusque dans son tréfonds et il existe un trouble général des esprits qu'il n'est possible de combattre qu'avec des explications réitérées sur nos intentions et des répressions immédiates et sévères au moindre désordre.

« Qui peut donner ces explications? Les résidents seuls. A Tananarive, on commence à se faire une idée de ce que nous voulons, parce que, tous les jours, nous kabarons avec quiconque se présente à nous. Mais en province, à des centaines de kilomètres, chez des gens qui n'ont jamais vu un blanc, comment voulez-vous qu'on comprenne quelque chose à ce phénomène inouï dans les annales malgaches, d'un gouvernement battu à plates coutures et qui subsiste? Faut-il lui obéir encore ou prendre sa revanche des griefs passés? La reine est-elle réellement libre? La générosité invraisemblable des Français durera-t-elle et ne vont-ils pas prendre les terres et les femmes? Ne vont-ils pas émanciper les esclaves? Ne va-t-on pas supprimer les privilèges des nobles (deux des principales causes du développement de l'insurrection du Nord). Les bruits les plus absurdes trouvent créance parmi ces gens ignorants et crédules. Tous les intérêts se sentent vaguement menacés. Quand un fonctionnaire tourne, toute la population tourne avec lui, comme il est arrivé dans le Nord. Ou bien des tribus entières se mettent en insurrection, en croyant sincèrement servir la France, comme sur la côte Est. Des résidents auraient prévenu ces mouvements, et, sans compter les villages ruinés, ils auraient coûté infiniment moins cher que les expéditions que leur absence a rendu nécessaires.

« Et qui peut réprimer les désordres quand ils se produisent? Si j'en juge par la correspondance, on se fait des illusions à ce sujet à Paris. On nous dit : « Vous n'avez « pas besoin de milices à Tananarive ; il y a des troupes. » Où a-t-on vu les troupes faire la police d'un pays? La résidence de Tananarive (démesurée, disproportionnée, devant faire au moins quatre résidences, erreur que nous avons commise, je dis nous car j'y ai ma part, alors que nous jugions, comme on le fait maintenant à Paris, du pays par son étendue sur la carte), la résidence de Tananarive compte à elle seule 720 000 habitants, c'est-à-dire la moitié des habitants de l'île. Qui arrêtera les voleurs, les assassins, les fauteurs de désordre? Qui fera rentrer les impôts, si les huit gouverneurs et les trente sous-gouverneurs n'ont pas même quatre hommes d'escorte pour faire exécuter leurs ordres. L'armée n'est déplaçable qu'en cas d'événements graves ; or, une administration prévoyante ne doit pas laisser un événement devenir grave. Au milieu de cette population pusillanime et mobile, toute au premier mouvement, un crime immédiatement réprimé reste un fait divers ; mais si la répression tarde, les assassins se transforment en hommes politiques et l'accident devient une insurrection. C'est ce qui est arrivé à Manarintsoa.

« La vérité est qu'il faut choisir : ou une grosse armée et un régime militaire, ou un régime civil avec une armée réduite au minimum mais répartie dans le pays par le résident général et complétée par des résidents appuyés sur une petite troupe de cent à cent cinquante miliciens partagée entre eux et les chefs indigènes et capable de fournir un peloton sur n'importe quel point de la circonscription, le lendemain même d'un délit ou d'un désordre quelconque. Si notre situation intérieure n'est pas bonne, c'est qu'on n'a adopté jusqu'ici ni l'un ni l'autre des systèmes. On a réduit les troupes françaises au minimum, mais on n'a pas organisé les milices. Huit mois après la prise de Tananarive, nous n'avons pas trois cents miliciens, alors qu'il nous en faudrait 2 500.

« Le général est naturellement partisan des gros effectifs. Il demande trois bataillons de plus. Ces trois bataillons coûteront plus cher que notre milice, et ils ne la remplaceront pas. Il nous en faudra toujours une, c'est-à-dire des gendarmes et des agents de police. Le remède n'est pas là. Il est :

« 1º Dans la subordination du militaire au civil qui permette au résident général de distribuer les garnisons dans le pays suivant ses convenances. C'est lui, et non le général, c'est lui, administrateur, qui connaît les besoins de la tranquillité : 1 200 hommes suffisent à la défense de Tananarive, pourquoi en entretenir 3 000 ? Les 1 800 autres sont inutiles. Répartis autour de l'Imerina en postes de 100 à 150 hommes, ils nous donneraient barre sur le pays.

« 2º Dans l'organisation immédiate de nos milices. L'indépendance du militaire fait que la question des cadres ne se règle pas. Pourquoi ? Je n'en sais trop rien. Ce qui est sûr, c'est que nous n'avons pas les cent sous-officiers nécessaires. Et cette indépendance a amené une

situation qui rend le recrutement des hommes également
difficile.

« Depuis longtemps déjà, l'autorité militaire a entrepris
la formation de compagnies malgaches. Elle y procède
par voie d'engagement volontaire. Et comme elle a affaire
à des races sans instinct militaire, elle offre de grands
avantages : 25 à 30 francs par mois et une prime. Elle
remplit ainsi péniblement ses cadres et les désertions sont
nombreuses dès qu'il y a une peine à supporter ou un danger
à courir.

« Je ne crois pas qu'il y ait un système moins approprié
aux conditions locales. Nous sommes ici, ne l'oubliez pas,
dans le pays du Fanampoana. Le souverain avait un droit
illimité sur l'emploi du temps de ses sujets et il en usait.
Le Malgache a été dressé de telle façon par ce régime que
je crois que le gouvernement pourrait tout lui demander
sans l'étonner. Il implorerait un adoucissement par grâce,
mais il n'y a rien dans son esprit qui ressemble à l'idée
d'un droit individuel. D'autre part, à l'heure actuelle
encore, un homme de la campagne s'engage pour 6 fr. 50
par mois, plus la nourriture estimée 1 fr. 50, soit en tout
8 francs. Il semble que c'est sur ces deux données qu'aurait dû être organisé le recrutement. Qu'est-ce que la
conscription, sinon une application spéciale du Fanampoana ? Elle n'aurait surpris personne et ne devant donner
que 4 à 5 000 hommes au lieu des 15 à 18 000 que levait
autrefois le gouvernement, elle eût paru un grand allége-
ment de charge. En l'établissant par village comme au
Tonkin, et en rendant le village responsable de son contingent, on aurait eu une caution de la fidélité des hommes.
En donnant à ceux-ci le logement, le vêtement et 10 francs
par mois, on leur aurait fait un sort plus heureux qu'au
village.

« Le résident général, trouvant le recrutement par enga-

gement volontaire en fonction, n'a pas cru pouvoir avoir des
miliciens à 10 francs par mois, à côté des soldats engagés
à 30. (C'est là le point où je ne parviens pas à entrer dans
ses idées). Notre milice se recrute donc à son tour par voie
d'engagements volontaires : 20 francs par mois et des avantages aux femmes et aux enfants qui portent ce chiffre à
25 francs. Comme il s'agit de 4 à 5 000 hommes, tant soldats que miliciens, il en coûte un million à douze cent
mille francs pour avoir le système offrant le moins de
garanties d'un bon service.

« Pour un budget comme le nôtre, c'est une somme.
Cependant, à mon avis, le pire mal n'est pas dans cette
dépense qu'on pourrait s'épargner ; il est dans l'incertitude qui pèse sur la formation de nos milices. La conscription donnerait en quinze jours les contingents nécessaires, tandis que parmi cette population pusillanime,
rien n'est sûr avec l'engagement volontaire. Après deux
mois de propagande, nous n'en sommes encore qu'à
170 hommes à Tananarive même. Quand aurons-nous le
reste? En attendant, nous ne tenons pas le pays et nous
sommes à la merci du hasard.

« Les trois mouvements insurrectionnels que nous venons
de subir ont occupé un moment toutes les forces disponibles de Tananarive. Ils étaient complètement indépendants les uns des autres ; leur éclat simultané a tenu à des
circonstances fortuites. Supposez que le même hasard en
ait fait éclater un quatrième au même moment, nous
élions absolument sans moyen pour le réprimer. Que
ferait la masse de la population le jour où il serait manifeste pour elle que nous ne sommes pas en mesure d'assurer l'ordre? Voilà la question que nous sommes et que
vous êtes exposé à voir se poser tant qu'une bonne organisation de police ne complétera pas notre organisation
militaire ; et ces deux organisations ne se compléteront

réellement l'une l'autre que lorsqu'elles auront été conçues et appliquées par un même pouvoir en vue d'un but unique.

« La succession de conséquences qu'entraînera cette insuffisance d'organisation est facile à envisager. Dès aujourd'hui, le premier élan de colonisation vers Madagascar est à peu près perdu. Nous sommes obligés de prescrire aux colons déjà arrivés de ne pas s'écarter de Tananarive. Quand pourra-t-on les laisser sortir? Nous avons tout un système d'impôts à lancer pour nous faire un budget de recettes ; comment le lancer au milieu d'un pays déjà troublé, alors que sur dix résidents il y en a huit qui n'ont pas quatre hommes et un caporal pour contraindre un contribuable récalcitrant? Ou nous le lancerons quand même et nous ajouterons aux chances de troubles ; ou nous le retarderons, et alors que deviendra notre situation financière, déjà si peu brillante?

« Enfin, si cette situation mauvaise se prolonge, même sans s'aggraver, comment défendrez-vous l'administration indirecte contre ses adversaires quand ils vous diront : « Vous voyez bien que ça ne peut pas marcher, nous vous « l'avions bien dit. » L'opinion n'entrera pas dans le détail, elle conclura contre vous. L'administration indirecte ne peut gagner son procès qu'en réussissant, et tout de suite.

« Comme nous sommes à la merci du hasard, il est probable qu'il nous favorise et que ces noires prévisions ne se réalisent point. Mais n'est-ce pas trop qu'elles puissent se réaliser, et ne serait-il pas sage de faire tout ce qui est en notre pouvoir pour l'empêcher?

« Voilà les deux vœux que j'ai faits en apprenant que vous êtes notre ministre : constitution dans les bureaux de Paris d'un organe pour Madagascar dévoué à l'administration indirecte, établissement à Madagascar d'un pouvoir unique pour le militaire et le civil. Excusez-moi si je les ai développés longuement et croyez-moi, etc...

« *P.-S.* — Est-il besoin de vous dire qu'il n'y a pas un mot de vrai dans les histoires de la *Politique coloniale* lancées par Martineau. Jusqu'à la semaine dernière, je mangeais à la table du résident général, en attendant que mon installation personnelle fût prête. Comment pourrait-il y avoir des querelles là où il n'y a qu'une responsabilité? Si je n'admets pas qu'il y ait deux pouvoirs, un pour le civil et un pour le militaire, à plus forte raison n'en admets-je qu'un dans le civil.

« M. Laroche est très absolu. Il est d'une vigueur peu commune, travaille quatorze heures par jour, et en raison de cette capacité rare, traite personnellement le plus grand nombre des affaires, petites et grandes. Il pourrait assurément se décharger davantage sur ses collaborateurs; mais ça, c'est son affaire, Quand il me consulte, je lui donne mon avis et plaide mes thèses de mon mieux. Il fait ensuite ce qu'il veut et quand il a décidé, je vous prie de croire que je considère la discussion comme close et que je donne l'exemple de l'obéissance. Comme c'est, avec cela, un brave homme, franc et hospitalier, nos rapports n'ont jamais cessé, un instant, d'être des plus cordiaux.

« Si, contrairement à cette ligne de conduite, je me suis permis de reposer devant vous une question épuisée ici, c'est que je crains que nous n'y périssions tous comme je vous le disais plus haut, lui, moi et notre système. J'espère que la nécessité me justifiera à vos yeux. »

« Tananarive, le 10 juin 1896.

« Mon cher ami,

« Retenu au lit depuis une dizaine de jours des suites d'une opération mal faite à Paris et que j'ai dû subir à nouveau ici, je me sens, dans cette longue solitude, gagné par une angoisse que je ne puis surmonter. Il me semble que ceux qui auront eu le malheur d'avoir, ne fût-ce qu'en apparence, part à notre situation actuelle, ne pourront jamais s'en absoudre devant l'opinion. Et je me demande pourquoi, devant vous du moins à qui il m'est permis de parler familièrement, je ne ferais pas confidence du point jusqu'où va l'habitude du résident général de tout faire par lui-même dont je vous parlais un peu discrètement dans ma première lettre, afin que vous mesuriez la part des responsabilités dont je puis être légitimement chargé et que l'indulgence vous soit facile à mon égard au jour prochain, s'il n'est déjà venu, où nous en aurons tous besoin.

« Quand je suis arrivé ici, je me suis cru quelque crédit ; j'apportais deux projets sur les terres et sur les mines, rédigés au ministère d'après les vues que j'avais soumises au ministre. Le résident les approuva à peu près sans réserve et j'en conclus que le travail serait facile et que je serais vraiment son collaborateur. Bien qu'il fût aisé de prévoir que ces projets feraient immédiatement traiter leurs auteurs responsables de malfaiteurs publics par tous ceux qui ont rêvé à Madagascar des concessions de 100 000 hectares, je n'ai jamais hésité à en défendre les principes (notamment le principe du *claim*, en dehors duquel ma conviction de plus en plus arrêtée est que les mines d'or ne serviront en rien à la colonisation proprement dite, par les tarifs beaucoup trop élevés). Je dis ceci en passant pour vous montrer que ce ne sont pas les responsabilités qui me font peur quand elles m'incombent réellement. Mais c'était inutile avec vous.

« Je reviens à mes illusions du début. Elles ont peu duré. Mon crédit s'est usé dès le premier mois à empêcher qu'on ouvre la question de l'esclavage ; quand l'affaire des milices est venue, il n'y en avait plus ombre. Les procédés de travail du résident général m'avaient tout de suite confondu parmi les simples mortels. Les archives sont dans son cabinet même, et rien n'en sort. Ni la correspondance entre le ministère et la résidence générale, ni la correspondance avec les résidences, ni, c'est plus simple, aucune correspondance d'aucune sorte ne passe sous mes yeux. Tant que j'ai mangé à sa table, j'ai pu mettre la conversation sur les sujets qui m'intéressaient ; depuis, j'apprends les nouvelles comme tout le monde, du bruit public. Mon avis ne m'est *jamais* demandé sur rien et je n'ai jamais occasion de le donner, le résident général, comme les gens qui n'aiment pas à être contredits, coupant toujours court, avec courtoisie du reste, à toute discussion.

« Toutes mes tentatives pour obtenir une communication régulière des affaires et des réunions des chefs de service où elles pourraient être discutées, ont échoué, même pour les ouvertures de crédit, au sujet desquelles ma qualité d'ordonnateur me donnait une autorité particulière.

« Mon rôle se borne à faire des projets qui subissent des modifications dont, le plus souvent, je ne suis pas même informé, et à faire marcher l'administration malgache. Sur ce dernier point, ma liberté d'action ne va pas jusqu'à avoir pu faire punir un chef indigène, depuis que nous avons 90 000 âmes en insurrection. Le résident général tranche là comme partout, sans concert avec personne. Il n'y a rien, dans tout cela, qui ne soit strictement conforme aux quelques textes qui nous régissent. Je ne me plains donc point. Mais si, dans ce qui vous vient de Madagascar, vous ne trouvez rien de ce que vous auriez attendu de ma collaboration, vous savez maintenant pourquoi.

« Me rongeant les poings d'être si peu utile à un pays où j'aurais voulu finir ma carrière, et que je sens s'effondrer sous nous, je ne puis m'empêcher d'essayer de l'être davantage en vous donnant mon avis sur la situation. Comment êtes-vous renseigné? Après ce que je viens de vous dire, vous ne vous étonnerez point que je puisse l'ignorer absolument. Mais il me semble qu'en tout état de cause, mon témoignage pourra vous aider.

« Mon avis tout net est que la situation, si l'on ne change pas de tactique, peut devenir tout à fait désespérée, et en peu de temps, et qu'avec une autre tactique, elle peut encore, avec les seules ressources actuellement existantes dans l'île, se réparer en deux mois. J'entends par tout à fait désespérée que l'insurrection deviendra générale, que nous serons bloqués dans Tananarive, et que l'expédition sera complètement à recommencer, rien de moins.

« Je vous ai indiqué sur un bout de carte les régions actuellement envahies par les insurgés. Ne vous effrayez pas trop de l'espace teinté au nord de Tananarive. Une des choses qui rendent les affaires de Madagascar difficiles à comprendre de loin, c'est que la population y est condensée par larges oasis et qu'entre ces oasis c'est le désert; il y a peu de monde ou personne. Je vous ai entouré d'un trait bleu les principales de ces agglomérations. La plus forte est celle de l'Imerina. Le petit rond que vous verrez autour de Tananarive comprend 600 000 habitants recensés. Ce qu'il y a de grave, c'est que, comme vous pouvez le voir, ce territoire, de population si dense, est déjà fortement entamé. Mais si cette portion envahie était reconquise, les vastes étendues qui sont derrière et où il n'y a un peu de population que dans les vallées n'offriraient plus de difficultés.

« Pour vous faire comprendre que je fasse dépendre d'aussi grandes conséquences d'un changement de tactique, il faut que je vous raconte — à ma façon, conforme j'en suis certain pour les faits, mais non pour les commentaires, avec les rapports officiels — celle qu'on a suivie jusqu'ici.

« C'est le 18 février que Rainibetsimisaraka s'est manifesté pour la première fois en assassinant deux Européens à Ilaka, au sud d'Ankisatra (pas celui qui est au sud d'Antsirabe). Cette région faisant encore partie de l'Imerina, l'armée hova y avait été complètement désarmèe, il n'y avait point de milice constituée ; le général trouvait que c'était trop loin pour engager une colonne. Il n'y a pas même eu de tentative pour essayer de punir le crime. Le 30 mars suivant, Rainibetsimisaraka a assassiné trois Français à Manarintsoa. En même temps quelques villages voisins travaillés depuis longtemps par des fétichistes en relations avec Rainibetsimisaraka se mettaient en insurrection. Le général Oudry est allé, quatre jours après, s'établir à Manarintsoa ; il y a passé deux mois, faisant des pointes de 25 kilomètres aux alentours et ayant ordre de ne pas aller plus loin sous aucun prétexte. Il y a laissé en partant une centaine d'hommes avec le capitaine Bordeaux, qui venait lui-même de recevoir l'ordre de rentrer lorsque Antsirabe a été attaqué. Les villages insurgés s'étaient promptement soumis et Rainibetsimisaraka n'a été l'objet d'aucune poursuite. Il a préparé l'attaque d'Antsirabe à loisir et sans être inquiété d'aucune façon. Nous n'avons cessé, surtout dans le mois qui a précédé l'affaire, de recevoir des demandes de secours de la population, qui nous signalait le recrutement de la bande et la propagande à laquelle se livraient ses chefs. Il n'en a pas été tenu compte, le général n'ayant jamais démordu de l'idée qu'il lui était impossible d'envoyer des troupes si loin. Aujourd'hui, le général Oudry est allé mettre une garnison de 60 hommes à Antsirabe et on ne s'occupe pas plus de Rainibetsimisaraka que les deux premières fois. Qu'est-ce qui l'empêchera de recommencer une quatrième? Rien du tout. Il doit déjà être à l'œuvre.

« Tout le monde convient que si Antsirabe avait succombé, l'insurrection gagnait tout le Vakinankonatu et le nord du Betsileo. La chose a tenu à un hasard, à ce que le résident et le gouverneur de Betafo étaient à deux jours au lieu de trois. Eh bien, nous allons continuer à dépendre du hasard puisque Rainibetsimisaraka reste libre de recommencer son coup. Ce ne sont pas les proies qui lui manquent. Le district d'Antsirabe a 35 000 âmes, celui d'Ambositra en a 62 000 et il est moins gardé que celui d'Antsirabe, car il n'a pas même un milicien.

« Dans le nord, l'inadaptation des mesures aux nécessités se manifeste autrement, mais cela revient au même. L'insurrection a commencé là également en février. Et là aussi nous avons été assaillis des craintes et des demandes de secours de la population. Il y avait dans la vallée du Mangoro, à un endroit qui n'est point porté sur les cartes et qui s'appelle Maromitatra, un pauvre diable de gouverneur dont nous avons reçu au moins une demi-douzaine de lettres. Il nous criait : je n'ai pas d'armes, je suis attaqué, que vais-je devenir? Le général qui détient les fusils et les munitions malgaches, nous répondait, *par écrit :* le désarmement a été mal fait dans cette région ; il y a déjà trop d'armes. Je n'ai point les dates sous la main, mais je me souviens très bien de l'étonnement que me causait à mon arrivée ici la lenteur qu'on mettait à aller au secours de cette population à qui on refusait les moyens de se défendre. Mais à cette époque, je n'aurais pas osé avoir un avis au milieu des hommes qui venaient de faire la campagne. On a mis du temps à décider la colonne. Une fois décidée, on a mis huit jours à l'envoyer. Une fois envoyée, il s'est trouvé que son chef, le colonel Combes, n'était pas encore arrivé, et l'intérimaire n'a cru devoir prendre aucune initiative. Bref, quand la campagne a commencé, l'insurrection, qui avait couru comme un feu de poudre, occupait déjà un territoire immense et Ambatoudrazaka était menacé. Il faut savoir un gré infini au colonel Combes d'avoir vaincu les hésitations du général qui trouvait que, de ce côté aussi, c'était beaucoup trop loin, et d'être allé mettre une garnison dans cette ville. La chute d'Ambatoudrazaka dans le nord aurait eu le même retentissement que celle d'Antsirabe dans le sud. Plus, peut-être. Le nord, jusqu'ici tranquille, nous aurait échappé.

« Mais, depuis le retour d'Ambatoudrazaka, on peut dire que nos troupes travaillent d'un côté et les insurgés de l'autre. D'abord, par suite des tiraillements entre le résident et le général, l'expédition a été suspendue pendant une quinzaine de jours, le colonel Combes étant rentré à Tananarive. Puis il s'est enfoncé dans la direction du nord vers Vohilena et pendant un mois on n'en a plus entendu parler. Au moment de son départ, l'insurrection s'arrêtait encore à Ambatomainty, à l'entrée du cœur de l'Imerina, du pays surpeuplé. Depuis, comme une force s'épanche dans le sens de la plus faible résistance, l'insurrection n'a cessé de gagner vers l'ouest, à travers cette population dense. Elle est aujourd'hui arrivée près d'Ambohibeloma, embrassant une portion de ce cœur de l'Imerina dont mon croquis vous donnera une idée et que je n'évalue pas à moins de 60 000 âmes. Ajoutez-y 20 000 âmes pour le reste du nord et 10 000 âmes pour la population qui subit l'influence de Rainibetsimisaraka et vous aurez, je crois, une idée exacte de ce que sont actuellement, non pas les forces insurrectionnelles, car tous ces gens-là sont loin d'être des insurgés, mais le milieu dans lequel l'insurrection puise ses ressources.

« L'insurrection du nord a eu dès le début un caractère politique beaucoup plus franchement accentué que le mouvement du sud. Elle a un programme partout répandu par voie de kabars, de lettres et d'affiches même : délivrance de la reine (parfois remplacement de la reine par un souverain plus patriote), guerre à tous les blancs, sans distinction, guerre à toutes les religions blanches, sans distinction ; assurance que le gouvernement malgache est secrètement d'accord avec l'insurrection. Ainsi, dans le sud, Rainibetsimisaraka n'est pas encore parvenu à entraîner réellement la population. C'est un vieux bandit et il n'y a guère jusqu'ici que les pillards qui le suivent. Il lui faudrait un grand résultat comme l'eût été la prise d'Antsirabe pour se transformer tout à fait en homme politique. Il s'ensuit que même de la région qu'il terrorise, on continue à correspondre avec nous, à nous renseigner, à nous demander secours.

« Dans le nord, au contraire, une fois qu'une population a tourné, son adhésion à l'insurrection est d'une ténacité singulière. Ce programme politique la réduit évidemment et, dès lors, toutes les communications se rompent avec elle ; nous n'en recevons plus rien et quand nos colonnes passent, elles trouvent tous les hommes en fuite et les femmes obstin m nt muettes. Impossible d'en obtenir un renseignement.

« Cette insurrection du nord paraît conduite avec de la

méthode et de l'intelligence. Elle se fait toujours précéder d'émissaires, qui commencent par travailler la population par le patriotisme et par la terreur : « Délivrons notre pays ; « le gouvernement est avec nous. Et du reste si vous ne « venez pas avec nous, nous vous considérerons comme « des traîtres. Il y a tant de milliers d'hommes à tel « endroit, tout près ; nous allons venir et nous brûlerons « et tuerons tout. » Ces pauvres diables de paysans ne sont rien moins que belliqueux ; ils ne demanderaient pas mieux que de rester tranquilles. Mais les insurgés sont réellement là et de nulle part ils ne voient de secours à attendre contre eux. Ils cèdent donc. La nuit, ils mettent eux-mêmes le feu à leur église ou à leur temple. On a pu en voir ainsi, entre Ambohimanga et Ambohidratrimo, seize brûler d'une seule nuit, il y a une quinzaine de jours. Quand un village a donné ce gage à l'insurrection, il en devient le complice déterminé.

« Cette tactique de l'insurrection aurait dû commander la nôtre. Il est bien évident que la première chose à faire, du moment qu'elle revêtait ce caractère de propagande, était de la circonscrire, de l'empêcher de prendre l'irrésistible ascendant qui résulte d'une extension incessante et, par conséquent, d'un succès constant. Il n'y a pas trace d'une préoccupation de ce genre dans les mesures prises jusqu'à présent. Je vous le disais, la colonne du nord, 800 hommes, a été comme perdue pendant un mois, hors de toute portée. D'autres petites colonnes ont été formées pour des cas particuliers, sont arrivées généralement sur place vingt-quatre heures après le départ des insurgés et ont laissé de leur passage autant de traces qu'un coup d'épée dans un tas de foin.

« Ici, ce n'est pas comme dans le nord ; le hasard est éliminé pour ainsi dire. Si rien ne change, la certitude que l'insurrection envahira tout l'Imerina est absolue ;

il n'y a qu'à observer la progression qu'elle a suivie jusqu'à présent pour prédire à coup sûr l'avenir. Puisque rien ne l'a arrêtée jusqu'à présent, qu'est-ce qui l'arrêterait désormais si nous continuons à agir de même? Le seul changement à prévoir est que les choses aillent plus vite. Nous ne tenions le pays en effet que par la sécurité que nous offrions aux intérêts. A mesure qu'elle devient plus problématique, les intérêts se détachent de nous. Le prestige de la prise de Tananarive est maintenant évanoui. L'administration malgache, qui s'était mise au nouvel ordre de choses avec un entrain qui me frappait, pendant les premières semaines qui ont suivi mon arrivée, perd visiblement confiance en nous ; on se réserve, on ne marche plus. Quand l'invasion totale de l'Imerina par l'insurrection apparaîtra à tout le monde comme tout à fait probable, nous ne pourrons plus compter sur aucun concours indigène.

« Il n'y a donc de salut que dans un changement de conduite, puisque ce qu'on a fait jusqu'à présent a été si manifestement inapproprié aux circonstances. Peut-être, après tout ce que je viens de vous dire, serez-vous étonné que je pense qu'il soit encore possible de nous tirer d'affaire avec les ressources que nous possédons actuellement dans l'île, et assez facilement relativement. C'est cependant ma conviction, bien réfléchie. Ce sont nos fautes, bien plus que les forces réelles de l'ennemi, qui nous ont mis où nous en sommes.

« L'affaire d'Antsirabe, dont vous trouverez un long compte rendu au *Journal officiel*, vous donnera beaucoup de lumières si vous la lisez attentivement. Vous y verrez que 40 miliciens enrôlés depuis deux mois et 250 de ces pauvres soldats hovas appelés par corvée, sans solde et sans instruction, sont venus à bout en une demi-heure des éléments insurrectionnels qui troublent le nord depuis quatre mois. Le compte rendu officiel dit que les assaillants étaient 1 500 ; ce qu'il ne dit pas, c'est qu'ils n'avaient que 300 fusils.

« N'en concluez-vous pas tout de suite que ce que ces 300 Malgaches ont fait, les 300 hommes du général Oudry auraient pu le faire à plus forte raison ? En temps ordinaire, Rainibetsimisaraka n'a que 2 à 300 hommes autour de lui. Est-ce que 300 hommes de troupes françaises, manœuvrant un peu et se relayant dans les poursuites n'en viendraient pas à bout en quelques jours, en quelques semaines au plus ? C'est là ce qu'il faudrait faire au lieu de laisser paisiblement préparer un nouvel orage qui peut mettre tout le nord en feu, comme nous avons été à deux doigts de le voir à Antsirabe.

« Dans le nord, le pays est beaucoup plus vaste, les ennemis plus nombreux et plus acharnés, mais enfin il n'y a qu'à mesurer l'obstacle. Les insurgés actifs ne paraissent pas être plus de 7 à 8 000 répartis sur l'espace que vous voyez sur la carte, et, bien que des chiffres beaucoup plus élevés soient donnés, j'ai tout lieu de croire qu'ils n'ont pas 3 500 fusils. Ce qui est certain et reconnu de tous nos officiers, c'est que nulle part l'ennemi n'a jamais montré une force capable d'entamer une colonne de 100 hommes ; autrement dit, une colonne de 100 hommes peut aller partout sans risquer jamais de cesser d'être maîtresse de ses mouvements. C'est là-dessus que notre tactique devrait s'établir. Notre lourde colonne de 800 hommes était propre à sa besogne comme un marteau-pilon pour la pêche ; c'est un filet qu'il faut.

« La première chose à faire est de concentrer dans l'Imerina tout ce qu'il y a de troupes disponibles dans l'île. Je ne sais combien nous avons d'hommes ; j'entends parler tantôt de 6 000, tantôt de 7 000. Admettons 6 000, 3 000 doivent suffire amplement au service des postes.

Avec un peu de bonne volonté, un peu de décision et, pour tout dire, un peu d'intelligence aussi, on pourrait donc mettre 3 000 hommes en campagne. Si l'on en lance 400 aux trousses de Rainibetsimisaraka, il en resterait 2 600 pour reprendre l'offensive contre l'insurrection du nord. Contre 3 500 fusils malgaches, on ne me fera jamais croire que ce n'est pas suffisant.

« On peut faire deux plans. Le premier consisterait à fermer le cordon que la force des choses a obligé de commencer. On a mis devant Ambohitrabiby, Ambohimanga et à Ambohidratrimo, de petits postes qui ont couvert Tananarive et obligé l'insurrection à filer vers l'ouest. On continuerait ces petits postes jusqu'à Ankazobé, dans le Vonizongo, de manière à circonscrire enfin l'insurrection, à la cantonner dans le pays qu'elle a déjà conquis. On pourrait attendre ainsi que la saison des pluies la calme naturellement. Quand arrivera octobre, on voudra aller aux rizières, les groupes tendront à se dissoudre d'eux-mêmes. En attendant, on pourrait, ou organiser enfin les milices, ou faire venir du renfort de France. Rien n'est plus rare que l'audace chez les commandants militaires ; ils savent qu'un échec peut compromettre leur carrière et pour risquer une affaire ils ne sont pas fâchés d'avoir trois fois plus de moyens qu'il n'en faut. C'est pourquoi c'est à peine si trois mois d'un insuccès radical ont miné ici dans leur esprit le système des grosses colonnes. Et c'est pourquoi je crois qu'ils adopteront plus volontiers ce plan très prudent que tout autre.

« Je n'ai pas besoin de vous dire que l'adoption en serait déjà un inappréciable progrès sur ce qu'on a fait jusqu'ici. L'insurrection serait enfin arrêtée et la déconsidération où nous tombons aussi. Nous reprendrions un peu sur le moral des indigènes. Une fois les milices constituées ou les renforts arrivés, on couvrirait le pays de petits postes qui se relieraient les uns aux autres par de fréquentes colonnes. La saison des pluies aidant, je ne doute pas que la pacification s'opérerait promptement.

« Mais j'avoue que ces quatre mois d'attente me paraissent bien longs. Tant que cette insurrection aura quelque consistance, nous ne pouvons songer à établir des impôts, et la colonisation de son côté ne pourra reprendre confiance. Je serais donc partisan d'un plan beaucoup plus prompt. Je le répète, une colonne de 100 hommes peut être aventurée partout ; voyez les pertes de trois mois de campagne : trois ou quatre hommes tués, une douzaine de blessés. Je crois donc qu'on pourrait partager les troupes d'opération par colonnes de 100 hommes, leur faire parcourir le pays lentement en chassant devant elles tous les éléments insurrectionnels, mettre derrière tout ce que nous avons de milices, avec le personnel résidentiel disponible qui, aidé des autorités indigènes, ferait les enquêtes et les exemples nécessaires. Il me semble possible de reprendre ainsi en deux mois tout le pays de population dense. Après, on s'arrêterait ou on continuerait, suivant les circonstances. Mais le plus gros serait fait et resterait assuré par de petites garnisons bien placées.

« Si je vous fais ces plans qui ne peuvent servir à rien, c'est probablement que d'abord j'ai le goût d'en faire. A tout problème posé, j'aime à trouver une solution. C'est aussi que je ne vois pas de meilleur moyen de vous éclairer sur les difficultés et sur les possibilités de la situation.

« Je termine en vous répétant ce que je vous disais dans ma dernière lettre. Préalablement à tout, établissez l'unité de responsabilité et de pouvoir. S'il est impossible, pour des raisons que j'ignore, de les donner au résident général, mieux vaut encore les donner au général. Tout, plutôt que cet attelage absurde où chacun tire de son côté.

14

Perte de temps, perte d'argent, gaspillage de forces, une colonie que vous voulez conduire aussi économiquement ne peut pas supporter ce luxe. Si je vous disais que les grosses colonnes, que l'immobilité de la colonne du sud, ce sont des leçons de stratégie que le général se donne l'amour-propre d'infliger au résident général : « Oui, vous, « civils, vous croyez qu'on va comme ça à travers le pays, « mais nous autres, militaires, nous savons... » Et pendant ce temps, l'insurrection va, va, file comme une eau sur une pente.

« Si j'avais le temps, je reprendrais ce que je vous ai dit de mes rapports avec le résident général, j'adoucirais, car, avec tout cela, c'est un très brave homme, très digne homme, très préoccupé, si solitaire qu'il soit, d'être en tout humain et juste. Mais je suis malade, énervé, et le courrier va partir. »

« Tananarive, 27 juin 1896.

« Mon cher ami,

« Je sais l'incorrection de cette correspondance et cependant les circonstances sont telles que je ne puis m'empêcher de la continuer.

« Le 13 et le 14 au soir, on a vu de grands incendies au nord-ouest de Tananarive. On a vu plus tard que ce n'étaient que de ces feux d'herbes que les indigènes allument pour renouveler leurs pâturages. Mais sur le moment, on a cru que c'étaient des villages qui brûlaient. L'Ambodirano (province de 140 000 habitants) paraissait donc envahi à son tour par l'insurrection. Nous venions d'apprendre que le Vonizongi (32 000 habitants à ajouter aux 90 000 déjà soumis aux insurgés) avait succombé tout d'un coup,

que sa capitale était prise et que son gouverneur avait été
tué. Je n'ai pas pu dormir dans cette nuit du 14 ; l'Ambodirano étant entamé, l'insurrection générale me paraissait
imminente ; et je me demandais si, dans la situation que
j'occupe ici, je n'avais pas autre chose à faire qu'à attendre
patiemment les décisions de nos deux chefs. Depuis une
dizaine de jours, je faisais, sans résultat, presser le résident
général d'établir un cordon de postes entre Tananarive
et le Vonizongo, afin d'arrêter au moins l'insurrection si
on ne pouvait la réprimer. (Je ne prévoyais pas alors cette
chute subite du Vonizongo ; le gouverneur était un bon
agent et il avait encore 200 fusils avec lesquels il paraissait pouvoir résister à une attaque). Devais-je faire
quelque chose de plus? Toutes mes réflexions ont abouti
à la lettre suivante, que j'ai envoyée au résident général,
dés le lendemain matin :

« Tananarive, 15 juin 1896.

« Monsieur le résident général,

« L'insurrection ne cesse pas de s'étendre. Nous avons,
depuis deux soirs, pu être, de la résidence même, témoins
des progrès qu'elle fait en ce moment vers le sud. Il est
malheureusement trop évident que si l'on ne change pas
de système de défense et si l'on ne prend pas immédiatement d'autres mesures que celles dont on s'est contenté
jusqu'ici, elle aura gagné tout l'Imerina avant trois
semaines. Tananarive sera bloqué et l'expédition de
Madagascar sera à recommencer.

« Je suis laissé dans l'ignorance la plus complète de la
marche des affaires. Rien ne me serait donc, personnellement, plus commode que de continuer à échapper ainsi

à toute part dans la responsabilité d'une pareille catastrophe. Mais en y réfléchissant longuement pendant ma maladie, il m'a paru que le souci de l'honneur doit passer ici avant celui du repos, et qu'en présence de la grandeur des intérêts en jeu, la situation que j'occupe auprès de vous m'oblige à ne rien négliger pour vous faire entendre des avis dont je crois qu'on peut espérer encore le salut de l'île. J'ai mis tous mes soins jusqu'ici à ne pas vous déplaire, mais je ne puis aujourd'hui me soustraire à ce que je considère comme un devoir.

« Dans toutes nos colonies sans exception, il est de règle que les décisions importantes ne soient prises par le chef qu'après avoir été délibérées en conseil. Un conseil de ce genre est prévu par l'article 8 du décret qui a fixé vos pouvoirs. Or, jamais circonstances plus graves que celles que nous traversons ne pourront se produire ; par conséquent, jamais la nécessité de cette institution n'a été plus justifiée. J'espère que vous voudrez bien pardonner au premier d'entre eux de vous rappeler respectueusement que c'est une prérogative de vos collaborateurs d'en faire partie et qu'il ne peut leur être possible d'en être privés en aucun temps plus qu'au moment où de si grands malheurs sont à craindre.

« J'ai donc l'honneur de vous prier de convoquer le général et vos chefs de service pour délibérer sur la situation actuelle le plus tôt possible, car je crois qu'il n'y a plus un jour à perdre. Je suis maintenant assez remis pour pouvoir quitter le lit pendant deux heures. Je vous serais reconnaissant si vous vouliez bien en même temps me faire communiquer l'état de distribution des troupes dans l'île, afin que je puisse motiver les propositions que je désire vous soumettre dans cette réunion, et qui sont les suivantes :

« 1° Établir autour de l'insurrection du nord un cordon

de postes militaires qui la cantonne dans la région qu'elle a déjà envahie et qui en arrête enfin la marche incessante depuis trois mois et demi.

« 2º Établir derrière ce cordon une série de commissions mixtes, composées de Français et d'indigènes, qui fassent des enquêtes village par village, recherchent les complices de l'insurrection, punissent les coupables et rétablissent ainsi la tranquillité dans la zone qui a déjà commencé à subir l'influence des insurgés.

« 3º Prendre des mesures pour mettre Rainibetsimisaraka hors d'état de nuire et l'empêcher de recommencer un coup analogue à celui d'Antsirabe, ce qui est inévitable dans les circonstances actuelles.

« 4º Supprimer les garnisons qui ne sont pas indispensables sur la côte ; réduire les autres au strict minimum et faire monter sans retard à Tananarive les soldats rendus ainsi disponibles.

« 5º Lever un contingent indigène de 1 500 à 2 000 hommes.

« 6º Si le nom de police mixte doit être rejeté, organiser sous n'importe quel nom un service d'espionnage dans un pays qui nous est mal connu et dont une partie importante est en état d'insurrection.

« Je me propose de vous demander en outre que les mesures que comportent ces propositions soient décidées séance tenante afin que l'exécution en puisse être entreprise immédiatement.

« Veuillez agréer, etc... »

« Le résident général nous a convoqués dès le lendemain. Le g·néral, voyant des civils parler de mesures militaires à prendre, s'est emporté, déclarant que paraître supposer que l'armée aurait pu faire mieux qu'elle n'a fait, c'était l'insulter. Mais comme il n'était point question des mesures précédemment prises, mais seulement des mesures à prendre, il est resté. Il nous a révélé qu'il ne disposait que de 4 500 hommes. Dans ces conditions, je retire ce que je vous disais au sujet des trois bataillons supplémentaires que le général a demandés. Je croyais qu'il y avait ici au moins 6 000 hommes, comme cela a été indiqué officiellement en diverses circonstances. Le général a certainement raison sur ce point. Réduire le corps d'occupation au-dessous de 6 000 hommes sera, pour longtemps encore, une imprudence. Nous sommes en train de le vérifier.

« Cette faute atténue beaucoup assurément les responsabilités du général. Elle ne change rien cependant aux critiques que l'on peut faire des expéditions sans résultat dans lesquelles on a fatigué les troupes jusqu'à présent. Et que dire de la façon dont, au milieu d'une crise qui ne peut se dénouer qu'en Imerina, ce corps expéditionnaire si réduit est réparti? Le général n'avait pas apporté son état de situation; j'ignore donc ce qu'il y a de troupes sur la côte ; mais il nous a appris que la garnison de Diego-Suarez se montait à 420 hommes. Diego-Suarez est à l'extrémité de l'île, dans une région où la population est très clairsemée et très divisée, ce qui veut dire que les troubles qui peuvent s'y produire se borneront toujours à des voleries de bœufs. Par extraordinaire, un mouvement politique s'y manifesterait-il, que ce ne serait, en raison de la position géographique, qu'un mouvement tout local, sans répercussion possible sur le reste de l'île.

« Les 1 200 blancs ou créoles d'Antsirane se défendraient parfaitement tout seuls au besoin.

« Enfin, il y a presque toujours, dans le port, des navires de guerre qui pourraient débarquer des secours. Je n'ai pu m'empêcher de m'étonner que, dans ces conditions, la garnison ne fût pas réduite à 50 hommes. Et comme il était difficile de répondre à l'observation, je crois bien que c'est cela qui a le plus irrité le général.

« La discussion s'est traînée au milieu des propos incidents et des anecdotes. Aucune de mes propositions n'ayant été mise aux voix, le Conseil n'a pu se prononcer sur elles. Les seules mesures auxquelles on ait paru se décider ont été qu'on tirerait une compagnie de Diego-Suarez, et qu'on établirait, de Tananarive dans la direction du Vonizongo, pour couper l'insurrection, non un cordon de postes (les troupes manquent), mais trois postes à Anbohidratrimo, à Babay et à Ambohibeloma. Ce dernier est beaucoup trop en arrière ; il laisse une partie du Marobatana à découvert. De plus, la ligne n'étant pas prolongée jusqu'au désert, l'insurrection pourra la déborder sans sortir du pays peuplé où elle trouve ses ressources. Cependant, cela vaut toujours mieux que rien ; le mouvement a si peu de moyens d'agression qu'avec un peu de chances, ces postes continuant à l'ouest de Tananarive, ceux de l'est suffiront peut-être à le cantonner enfin.

« Sur les autres propositions que j'avais faites, il a été impossible de rien obtenir. Rainibetsimisaraka est toujours inquiétant ; il a recommencé à recruter et d'après des renseignements indigènes, il se concerterait avec les Sakalaves du Betsiriri entraînés par Razafindrazaka, l'ancien gouverneur hova de Mahalo, qui n'a pas osé revenir dans l'Imerina parce qu'il a fait fusiller le colon français Greve pendant la guerre. On ne peut rien faire, tous les moyens manquant, troupes ou milices. On ne veut point d'un service d'espionnage ; on ne veut point de commissions mixtes, mesures que je ne cesse depuis trois mois de représenter sous des formes diverses et toujours rejetées. Nous sommes dans cette situation étrange qu'après quatre mois d'insurrection, il n'y a pas eu d'autres recherches de coupables et pas d'autres exemples faits que ceux dont l'armée, dont ce n'est pas le métier, a pris l'initiative, sauf une exception cependant à Ankadimanga, où les chefs ont été condamnés à l'amende. Aucune des nombreuses dénonciations qui nous arrivent n'a jamais été instruite. Enfin on ne veut pas entendre parler de contingents indigènes levés, même provisoirement et en vue seulement de la répression de l'insurrection, en dehors de cette milice recrutée par voie d'engagements volontaires, dont personne ne peut dire à quelle époque elle sera constituée.

« Voyant, après trois heures de conversation, le peu de succès de mes propositions, j'ai essayé de les reprendre en bloc. Puisque l'insurrection est une chose dont l'étendue et la force sont aujourd'hui bien connues, ai-je dit, je demande qu'on calcule les efforts nécessaires pour en venir à bout, qu'on arrête un plan et qu'on demande par le télégraphe au ministère, en s'appuyant sur l'avis du conseil, les moyens qui pourraient manquer actuellement dans l'île pour l'exécuter. Le général, avec les ressources dont il dispose, ne se considère comme tenu que d'assurer la sécurité de Tananarive et de la route de Tamatave ; pour le reste, il donne le concours qu'il peut donner, mais il s'en désintéresse à peu près ; aussi, l'important pour lui est de tenir le plus gros de ses troupes concentrées à Tananarive pour être garé contre toutes les éventualités qui peuvent se produire dans la ville même, comme si Tananarive devait se défendre à Tananarive, et comme si la meilleure manière d'en assurer la sécurité n'était pas de pacifier le pays dont il est le centre.

« Quant au résident général, il a paru attendre la fin de l'insurrection, surtout des circonstances atmosphériques qui obligeront les insurgés à rentrer chez eux pour reprendre les travaux des champs. Ma proposition est donc tombée dans le vide et nous continuerons à dépendre aussi complètement que par le passé du dieu hasard dont la conduite à notre égard depuis trois mois n'est cependant pas faite pour inspirer un bien grand optimisme.

« Il est vrai que depuis une douzaine de jours il y a une accalmie. Sauf l'attaque de plusieurs convois à 15 kilomètres de Tananarive et d'un village près de la ville, l'insurrection manifeste moins de force d'expansion. On en conclut qu'elle touche au déclin. Le pays insurgé serait ravagé et épuisé, deux ou trois cents des insurgés actifs auraient été tués dans les rencontres avec les troupes, la masse qui a été insurgée malgré elle serait tout à fait fatiguée du désordre, les exemples faits sur l'initiative de l'armée auraient refroidi les sympathies que l'insurrection pouvait avoir dans le pays encore paisible ; toutes ces causes réunies font qu'on espère que, soit pour le repiquage du riz dont c'est l'époque actuellement, soit au plus tard au retour des pluies en octobre, les insurgés se disperseront d'eux-mêmes. Il m'est impossible de partager cette confiance.

« Que la masse insurgée malgré elle soit impatiente de sécurité, je le crois ; mais pourquoi la terreur qui a réglé jusqu'ici sa conduite l'abandonnerait-elle? Si le pays insurgé est épuisé, pourquoi l'élément irréductible de l'insurrection, les pillards et les bandits ne passeraient-ils pas dans des pays ayant encore toutes leurs ressources et pas plus de moyens de défense que ceux qui ont été déjà envahis? Enfin, je ne puis concevoir comment cette population de 120 000 âmes rentrera dans l'ordre d'elle-même, toute seule, sans y être aidée. Bref, je ne comprends rien à cette façon de gouverner et je ne puis penser sans bouillir d'impatience à notre organisation administrative suspendue, à l'établissement de notre système fiscal ajourné, à toutes nos chances de recettes taries en dehors de la douane, au déficit inévitable à la fin de l'année, aux colons qui s'en retournent exaspérés et à qui il est impossible de donner une espérance sérieuse sur le moment où ils pourront revenir. »

« Tananarive, 10 juillet 1896.

« Mon cher ami,

« Notre situation a peu changé depuis quinze jours ; et par le seul fait qu'elle ne s'améliore pas, elle s'aggrave. Tout croît en effet avec le temps : la démonstration de notre impuissance, la ruine du pays insurgé qu'on achève de piller et d'incendier, l'inquiétude du pays encore tranquille, la désaffection générale, l'exaspération qui chauffe tous les esprits parmi les Français, militaires, fonctionnaires, missionnaires et civils, et nous met en pleine anarchie.

« Dans l'ouest, sur la route de Majunga, des postes ont été établis à Babay et Ambohipihonana (autrement dit Ankazobé, capitale du Vonizongo) ; ils sont trop espacés et il était à prévoir que celui qu'on s'est obstiné à mettre, à Ambohibeloma laisserait le Marovatana à découvert ; c'est ce qui est arrivé ; les fahavalos commencent à passer l'Ikopa et à envahie l'ouest de cette province.

« Dans l'est, des postes établis entre Ambohitrabiby et Ambatomainty contenaient les insurgés du nord et couvraient de loin la route de Tamatave. On les a retirés et les insurgés sont descendus en masse sur la route. Le télégraphe a été coupé, des poteaux arrachés, des convois pillés, des bourjanes blessés, et pendant une dizaine de jours on n'a pu y passer qu'en s'exposant à des coups de fusil. Aujourd'hui encore on ne s'y aventure qu'avec une escorte.

« Des cinq grandes routes qui vont de Tananarive aux extrémités de l'île, celles de Majunga, d'Ambatodrazaka, de Fanarantsoa sont coupées et celle de Tamatave devient dangereuse. Il ne reste plus de libre que celle du lac Stasy. Des bandes insurgées ont même franchi la route de Tamatave et ont envahi le nord du Sisaony. Le chef-lieu d'une des trois circonscriptions de cette province de 116 000 habitants, Ambatomanga, a été incendié le 27 juin et son gouverneur grièvement blessé. Une quarantaine de villages ont été détruits aux alentours en quelques jours. L'Imerina retourne ainsi, peu à peu, à l'état sauvage, car que peuvent faire les habitants des villages incendiés? On les voit errer sur les hauteurs, fuyant à l'approche du moindre groupe suspect, français ou malgache, et les plus hardis vont rejoindre les bandes insurgées. Que de misères !

« On dit maintenant que les insurgés n'ayant comme armes et comme munitions que ce qui a été caché au moment du désarmement, ce fonds commence à s'épuiser. Cela doit être vrai, mais tant qu'il n'y aura pas un plan conçu pour la répression de l'insurrection et que je n'en verrai pas poursuivre l'exécution résolument, je persiste à croire qu'il n'y a aucune chance qu'elle prenne fin. Sauf la capitale du Vonizongo qu'on a occupée, on ne lui a jusqu'ici repris pas un pouce de terrain nulle part et elle s'est au contraire étendue encore dans le Marovatana et le Sisaony.

« Pour vous tracer un tableau exact de la situation, je dois cependant noter comme une amélioration que peu à peu, par la force des choses plus que par la volonté des hommes, le cordon de postes militaires autour du pays insurgé se constitue enfin. Ils sont trop espacés encore en quelques endroits, mais comme on est maintenant décidé à appliquer le système des petits postes et des petites colonnes et que l'on voudra essayer d'arrêter les bandes qui passent au travers, il finira bien par se constituer. Ce ne sera point le salut, mais du moins on pourra, sans trop risquer de perdre de nouveaux territoires, perdre du temps à chercher le moyen d'étouffer l'insurrection.

« Je m'excuse encore une fois de cette correspondance extra-hiérarchique. Faut-il se taire? Faut-il parler? Je vous jure que jamais le mot célèbre qu'il y a des situations où le difficile n'est pas de faire son devoir, mais de le connaître, n'a été plus vrai que de la nôtre. »

« 11 juillet.

« Comme il reste un jour avant le départ du courrier, un fait que je viens d'apprendre me décide à vous parler d'une question dont vous devez être harcelé à Paris comme nous le sommes ici. Je vois à Paris ceux qui doivent profiter des malheureuses circonstances actuelles pour essayer de mettre en pièces l'administration hova, je ne vois pas ceux qui peuvent la défendre. Elle doit donc y être malade. Ici, je vois venir le moment très prochain où je serai seul à résister à l'espèce de fureur qui s'est emparée de nos compatriotes.

« Dès le mois d'avril, lorsque l'insurrection a commencé à prendre de l'importance et mauvaise tournure, on a accusé le gouvernement malgache de l'avoir fomentée. Il doit regretter sa défaite et c'est une association d'idées irrésistible pour l'imagination populaire que de supposer que rien de ce qui paraît préparer sa revanche puisse se faire sans son concours.

« A cette époque, les soupçons visaient spécialement Rainandriamanpandry. Puis, plus tard, on a dépisté les chiens et c'est sur Rasanjy qu'on s'est lancé. Le seul service de renseignements que nous ayons ici est un service militaire dirigé par le jeune lieutenant Peltier, homme tout à fait ignorant de la politique malgache, mais très ardent et très indiscret, qui s'est donné pour tâche de découvrir la preuve de la culpabilité de Rasanjy. Tous les quinze jours, Tananarive apprend qu'on la tient enfin, cette preuve. Le lieutenant Peltier a fait, en effet, quelques découvertes intéressantes, mais auxquelles, finalement, on n'a pu mêler Rasanjy, ni de près, ni de loin, La conviction ne s'en est pas moins solidement établie qu'il est le grand meneur de la conspiration ; vous ne trouveriez actuellement que bien difficilement un officier ou un colon qui ne professe qu'on ne viendra pas à bout de l'insurrection tant qu'on n'aura pas exécuté ce malheureux. Et parmi tant de sujets de tristesse, nous voyons ceci : la résidence générale conservant au moins en intention le gouvernement malgache pour obéir aux instructions du gouvernement français, et une opposition enragée et aveugle conduite par l'armée s'acharnant à le détruire.

« Il me semble que la psychologie de cette campagne, telle que je la conçois, pourrait vous fournir d'utiles indications. C'est pourquoi je vais essayer de vous la faire.

« Tout d'abord, accuser le gouvernement malgache, c'est justifier l'armée. Elle obéit en cela à son instinct, sans s'en rendre compte probablement. En effet, du moment que les progrès de l'insurrection sont dus à la complicité du gouvernement malgache, on ne peut plus s'en prendre à la façon peu habile dont la répression est conduite. Cette complicité explique et couvre tout.

« En second lieu, combattre des gens un jour et essayer de gouverner avec eux le lendemain, ce système exige plus de souplesse d'esprit qu'on n'en peut attendre du soldat. L'armée est donc foncièrement hostile à l'administration indirecte. Elle n'y comprend rien. Aussi suis-je bien convaincu que l'administration indirecte est impossible avec la dualité de pouvoir qui rend l'armée complètement indépendante de l'autorité civile. S'il est au contraire un pays où il soit indispensable que l'autorité civile tienne l'armée en respect par le pouvoir de récompenser et de punir, c'est ici où la divergence fondamentale d'opinion entre l'autorité civile qui fait de l'administration indirecte, et l'armée qui méprise le régime, rendra toujours la discipline très difficile à maintenir. Avec la dualité de pouvoir actuelle, l'armée est fatalement un centre d'opposition active. En temps de crise, aucun résident général n'y résistera.

« En troisième lieu, le gouvernement malgach ne joue aucun rôle dans la répression de l'insurrecti n. Ce n'est pas de sa faute, mais le public n'en sait ri n. Comme un des moyens les plus employés par les insu gés pour attirer les populations à eux est de prétendre qu'ils agissent au nom du gouvernement malgache, je crois qu'il eût été de bonne politique de mettre autant que possible le gouvernement malgache en avant pour démontrer par des faits la fausseté de cette prétention. Ce n'est point ce qui a été fait. Le résident général ayant l'habitude de tout faire par lui-même a encouragé les gouverneurs indigènes à lui écrire directement et il s'est réservé personnellement l'instruction des faits insurrectionnels et l'interrogatoire des témoins et des accusés. Je me suis occupé du gouvernement malgache jusqu'au 1ᵉʳ juin dernier ; j'y allais le matin, je mettais de côté les affaires comportant une décision et je les soumettais au résident général. Je puis dire qu'à cette date, bien que l'insurrection durât déjà depuis trois mois et demi et eût déjà envahi un territoire peuplé de 90 000 habitants, je n'avais pas encore pu obtenir une seule fois que les autorités indigènes fussent mises en mouvement, et il n'était pas à ma connaissance qu'il eût été pris d'autres mesures pénales que des amendes prononcées par le résident général, sur une enquête à laquelle les autorités indigènes sont restées étrangères, contre quatre ou cinq personnes d'Ankadimanga impliquées dans l'assassinat d'un commissaire royal et de trois officiers hovas à Manvakandriana.

« Quelques individus ont été condamnés à mort par les tribunaux malgaches. On les fait exécuter, non par le bourreau malgache, mais par des miliciens commandés par des Français. Il était d'usage que deux notables fissent au peuple un kabar au nom de la reine avant l'exécution pour expliquer la condamnation. Cette cérémonie a été supprimée. Enfin des faits de rébellion sont aujourd'hui, bien qu'aucun Européen n'y soit mêlé en aucune façon, déférés au tribunal français ; ce n'est plus une rébellion contre la reine, mais une rébellion contre la France ; renonçant à tous les bénéfices du maintien du gouvernement malgache, c'est nous-mêmes qui prenons cette posture et entrons dans la thèse des insurgés.

« Le gouvernement malgache est donc complètement effacé dans la répression de l'insurrection. Il en résulte forcément : 1º que les insurgés ont beau jeu à assurer que le gouvernement malgache est secrètement de cœur avec eux ; 2º que quand les militaires en campagne voient, d'une part, ces déclarations des insurgés, et, d'autre part, l'inertie du gouvernement malgache, ils concluent en toute sincérité à sa complicité.

« Telles sont, à mon avis, les causes générales qui ont conduit à son degré actuel de violence la campagne contre le gouvernement malgache. Les circonstances particulières qui la font peser plus spécialement sur Rasanjy sont les suivantes :

« Il a d'abord contre lui les jésuites, hostiles par principe à tout gouvernement protestant. Ils donnaient, il y a trois mois, contre Rainandriamanpandry ; ils donnent aujourd'hui avec la même ardeur contre Rasanjy. Bompard pourra vous dire combien ce personnel jésuite est médiocre. Plus un bruit est absurde, plus il a de chance d'être accueilli et colporté par eux. Il n'est sorte d'histoires grossières qu'ils ne mettent en circulation. Comme elles sont juste au niveau de la foule et qu'ils ont de l'autorité par leur caractère missionnaire et par leur long séjour dans l'île, ils ont une grande action. Leur absence de tout esprit politique les rendra toujours très difficiles à manier. Pour le moment, ils sont exaspérés contre la résidence et, en faisant campagne contre Rasanjy, ils font campagne contre elle.

« Mais les jésuites n'ont en somme aucun sujet personnel d'animosité contre Rasanjy. Pour les missionnaires anglais et norvégiens de toute secte, c'est au contraire une guerre à mort. Il y a trois ans, un pasteur malgache, à la suite de démêlés avec la London Missionnary Society, a tenté de fonder une église protestante purement malgache. Et Rasanjy, conformément à la pensée de l'ex-premier ministre, qui était de se débarrasser de tous les étrangers, quel qu'ils fussent, lui a donné son appui. C'est ce qu'on appelle le schisme du Tranozozoro ou de l'église en roseaux. Dans un pays où il n'y a point d'esprit chrétien véritable et où le gouvernement dispose réellement des consciences, ce schisme, avec la protection d'un homme aussi influent que Rasanjy, menaçait les églises étrangères dans leur existence même. Vous concevez quelles haines mortelles, quelles haines de clergé, Rasanjy a ainsi amassées sur sa tête. Ce serait une question inopportune pour l'instant, mais en d'autres temps il serait intéressant pour nous d'examiner si nous n'aurions pas tout profit à nous servir de ce schisme national pour ruiner l'influence anglaise qui ne paraît point actuellement s'exercer dans la politique, mais qui, désormais, dans un pays français, ne peut plus être qu'une anomalie et une gêne. En tout cas la plupart des délations contre

Rasanjy, quand on remonte aux sources, partent des Anglais et des Norvégiens.

« Enfin, Rasanjy a contre lui le parti de la reine. Le public français ici met tous les Malgaches dans le même sac. C'est pour lui un Hova. Il ne veut pas entrer dans cette considération que c'est un monde comme un autre, avec des intérêts divergents, des passions qui se contrarient et où, par conséquent, avec un peu d'habileté, on peut toujours se créer des adhérents. Il accepte donc sans sourciller l'hypothèse d'une collaboration de Rasanjy et de la reine contre nous, alors qu'en réalité une haine violente existe entre eux. Elle va jusqu'à avoir fait craindre plusieurs fois à Rasanjy d'être assassiné.

« Quelle en est l'origine? Rasanjy prétend que dans les dernières années, l'ex-premier ministre, très épris de sa jeune femme et devenu sénile, lui avait en réalité abandonné le pouvoir, que c'est la reine qui a voulu la guerre, et que lui qui avait vu l'Europe et qui jugeait la partie perdue d'avance, n'ayant cessé de donner des conseils pacifiques, aurait été pris en aversion dès cette époque. M. le Myre de Vilers pourrait vous dire exactement ce qu'il faut penser de cette attitude que s'attribue Rasanjy. D'autres disent que Rasanjy, visant la succession de l'ex-premier ministre, aurait visé en même temps à le remplacer auprès de la reine et aurait échoué dans sa tentative de séduction. Quoi qu'il en soit, ce que je puis assurer, pour en avoir eu les preuves sous les yeux, c'est que cette haine de la reine s'est manifestée de la manière la moins contestable depuis que je suis ici. M. Ranchot avait très bien commencé et j'ai achevé une organisation du gouvernement malgache qui a transformé la reine en une espèce de reine constitutionnelle ne pouvant agir que par ses ministres, lesquels, installés au petit palais de Tsiazompaniri, n'y agissent à leur tour que par nous.

15

« Le nœud du système est dans l'usage malgache qui n'attache point d'importance à la signature et ne reconnaît qu'une pièce est officielle que lorsqu'elle est revêtue du sceau de l'État. Le sceau de l'État est gardé sous deux clefs dont l'une est entre les mains du garde des Sceaux, dont j'ai fait un fonctionnaire de Tsiazompaniri ayant l'ordre de ne laisser apposer le sceau que sur des pièces examinées préalablement par nous. L'autre est entre les mains de la reine. La reine ne s'est pas soumise sans résistance à cette organisation. Deux fois, elle a émis la prétention de faire sceller par le garde des Sceaux des pièces quelle ne voulait pas lui laisser li e et qu'elle ne voulait pas laisser porter à l'examen de Tsiazompaniri. Deux fois, la résistance du garde des Sceaux a donné lieu à des scènes de violence, que le pauvre garde des Sceaux, épouvanté, est venu chaque fois me rapporter toutes chaudes en me demandant secours.

« Ce sont, à ma connaissance, les seules occasions qui nous aient permis de saisir sur le vif les sentiments de ce monde très fermé et sur lequel, en l'absence de toute police, nous n'avons aucune indication. Eh bien, dans ces scènes, la camarilla de la reine, Ratsimihaba, que vous venez de voir à Paris et son frère Razafidemby en tête, excitaient la reine à résister à ces empiétements des blancs ; Rasanjy donnait à la reine des conseils de soumission, et la reine, avec un emportement qui est célèbre dans son entourage, attribuait à Rasanjy ce qu'elle considérait comme une nouvelle humiliation et lui reprochait toute cette organisation nouvelle qui avait transporté la réalité du pouvoir, de son palais à elle, au palais de Tsiazompaniri.

« Ces scènes, je le répète, seuls renseignements certains que l'on possède sur l'intérieur du palais, ont éclairé rétrospectivement pour moi un incident qui s'est produit au moment de mon arrivée ici, c'est-à-dire dans la seconde quinzaine de février. Un jour la reine a convoqué le résident général pour une confidence très secrète. L'ayant mis à part, elle lui a révélé mystérieusement qu'elle avait découvert une conspiration contre la France, et elle a produit le dénonciateur qu'elle n'avait voulu interroger, disait-elle, qu'en sa présence. C'était un jeune cadet d'artillerie qui a débité une leçon apprise de laquelle il ressortait que Rasanjy faisait appel aux gouverneurs contre les Français. Il produisait, à titre de preuve, une lettre signée « Rasanjy » adressée au gouverneur d'Ambohimanga. La ruse était grossière, car il suffit de comparer l'écriture de la lettre à celle du cadet pour constater que c'était la même. Le cadet a maintenu sa version quelque temps. Puis, emprisonné à la gendarmerie, ne voyant que des blancs, sentant que la reine ne pouvait pas le sauver, il a raconté que l'intrigue avait été ourdie entre la reine et Ratsimihaba pour perdre Rasanjy. Rasanjy, mon personnel français de Tsiazompaniri et moi, nous sommes restés convaincus que c'était là la vérité. Si jamais affaire malgache était claire, c'était bien celle-là.

« Cette haine, si pleinement démontrée par les faits, étant donnée, j'avoue que tant qu'on ne m'aura pas fourni des preuves matérielles de la complicité de Rasanjy avec l'insurrection, ma raison se refusera à y croire un seul instant. On aura beau me dire que je suis neuf dans le pays, je répondrais que c'est un défaut qui, comme la jeunesse, passe tous les jours, que voilà six mois que j'y suis et que mon opinion sur Rasanjy est justement celle de tous les vieux fonctionnaires et de tous les vieux colons que j'y connais. On aura beau me dire que les Hovas sont des abîmes de fourberie, je répondrais que d'abord, j'ai beau les étudier, je ne parviens pas à découvrir qu'ils soient si différents des autres peuples à demi barbares que j'ai déjà pu voir. Ils sont plus libres de croyances et de préjugés héréditaires, voilà ce qui me pa. it surtout les caractériser. Et je répondrais ensuite qu'une fourberie qui tendrait à rendre le pouvoir à une femme, dont le premier usage qu'elle en ferait serait de couper le co. au fourbe, est un sentiment que je me refuse à comprendre, quelle que soit la catégorie humaine dans laquelle on prétend le placer. Le jeu des intérêts avec toutes les nuances que peuvent déterminer les différences de races est partout le même au fond ; je tiens, jusqu'à nouvel ordre, Rasanjy pour un homme qui risquerait tout à notre chute.

« Je le défends donc de mon mieux. On me dit : ne fût-ce que pour donner une satisfaction à l'opinion publique, pourquoi ne pas le remplacer au moins? C'est une politique que je ne saurais conseiller pour mon compte. Voici mes raisons :

« 1º D'abord je trouve peu généreux de sacrifier un homme au concours duquel nous avons fait appel, et la mesure aurait l'effet d'une lâcheté. Sur qui pourrons-nous compter si nous lâchons sans motif ceux qui nous servent? Et dans l'espèce, je ne vois pas, pour l'instant, où nous pourrions retrouver aujourd'hui dans l'île un homme de la valeur intellectuelle de Rasanjy.

« 2º Cela ne servirait à rien. Les gens qui crient aujourd'hui contre Rasanjy croient sincèrement ne crier que contre lui. En réalité, c'est contre le système qu'ils s'insurgent. L'administration indirecte ne sera jamais populaire ; elle offense l'esprit simpliste de la foule. Si on sacrifiait Rasanjy, la campagne recommencerait dès le lendemain contre son successeur.

« 3º On hâterait ainsi la destruction de l'administration malgache. Or, à côté de la prétendue œuvre occulte de cette administration, que la foule s'obstine à considérer seule et dont on n'a pu du reste jusqu'ici lui fournir aucune preuve, il y a une œuvre publique, patente, au grand jour, visible pour tout le monde, bien que personne ne la veuille voir : c'est le maintien de la tranquillité qui subsiste encore dans une grande partie du territoire. Pourquoi le pays est-il encore tranquille? C'est parce que les Fokou-Olona obéissent encore aux M'piadidys, les M'piadidys aux gouverneurs et les gouverneurs aux bureaux de Tsiazompaniri. Et cette obéissance va jusqu'au sacrifice de la vie. Quel homme sensé et de sang-froid pourra croire que les gouverneurs d'Asivonimamo, d'Antsirabe, du Vonizongo et d'Ambatomanga, que le commissaire royal massacré avec ses officiers à Manfakandriana, se soient fait tuer pour obéir à leurs instructions officielles inspirées par nous, si elles avaient été contredites par des instructions secrètes données en dessous main? Le jour où l'instrument qui distribue ces instructions officielles serait détruit, quelle prise conserverions-nous sur ce pays encore tranquille, et que deviendrait sa tranquillité?

« En même temps que l'armée pousse à la destruction de l'administration malgache, elle pousse, par conséquence logique, au fractionnement de l'île en autant de provinces indépendantes qu'il y a de peuplades distinctes. Les officiers qui viennent du Tonkin citent l'exemple des résultats obtenus par l'administration indépendante qu'on y a donnée aux montagnards. Les conditions politiques des différentes tribus de l'île sont très différentes de l'une à l'autre; elles sont très différentes certainement aussi de celles des montagnards du Tonkin. Parce qu'un système a réussi dans un pays, on n'en saurait donc conclure *a priori* qu'il réussira dans l'autre. Je ne dis point qu'il doive être écarté purement et simplement à Madagascar, mais à mon avis ce n'est en aucune manière une solution à nos difficultés actuelles et ce n'est, en aucune manière, un sujet à aborder en ce moment.

« Voici pour moi comment la question se présente. Dans

le Boneni, les Hovas ont installé deux lignes de postes pour défendre deux routes allant de Tananarive à Majunga. Chacun de ces postes est accompagné d'un village artificiellement peuplé de colons hovas envoyés là par réquisition. Ces villages sont comme les auberges de ces routes. Sous prétexte d'autonomie provinciale, allons-nous livrer ce pays aux Sakalaves? Ces colonies artificielles se dissoudraient tout de suite ; les Hovas rentreraient dans l'Imerina, les postes seraient détruits et, à moins de les remplacer par des postes français, toute communication deviendrait fort précaire sur les deux routes de Majunga.

« Chez les Antankares, les Antsianakas et les Betsimisarakas, c'est-à-dire les peuplades du nord et de la moitié septentrionale de la côte est, la conquête hova date de près d'un siècle. Pendant ce temps, la domination hova s'est naturellement appliquée à détruire toutes les influences sociales qui auraient contrarié son autorité. Il n'y en a donc plus. En outre, soit qu'en raison du climat les missionnaires aient délaissé ces pays, soit que ces pauvres populations soient réellement rebelles à l'instruction, il n'y a parmi elles ni écoles, ni gens sachant lire et écrire, à de très rares exceptions près. Comment recruter un personnel local dans ces conditions? Nos agents de la côte subissent nécessairement l'influence du milieu européen dans lequel ils vivent.

« Notre résident de Tamatave m'ayant écrit officieusement qu'il croyait qu'il serait difficile d'y administrer longtemps avec les Hovas, je l'ai mis au pied du mur et lui ai demandé de me désigner, pour le proposer comme gouverneur, un candidat betsimisaraka. Depuis deux mois et demi, j'attends sa réponse ; il cherche. Décider qu'on exclura les Hovas de l'administration de ces tribus, ce serait, ou les vouer à l'anarchie, ou se condamner à leur donner une administration française, vœu non dissimulé des partisans de la mesure.

« Il y a du reste une part de légende dans les haines intransigeantes que ces populations nourriraient contre les Hovas. Elles ne les aiment point, mais de là à faire le serment d'Annibal, il y a un abîme. Ce ne sont pas elles qui les haïssent le plus, ce sont les créoles de la côte qui, habitués à agir en souverains parmi ces tribus pusillanimes et étonnamment douces, ne trouvaient d'obstacles que chez les fonctionnaires hovas. La soi-disant insurrection du mois de janvier est une mystification dont j'ai en vain prié le résident général de faire l'histoire au ministère. Toutes les bandes avaient à leur tête des étrangers, Bourbonnais, Mauriciens ou Comoriens ; dès qu'elles ont appris qu'on les avait trompées, elles se sont partout dispersées. Rien n'était plus factice que ce mouvement présenté comme un mouvement national par les journaux créoles de Tamatave.

« Chez les Betsileos, bon nombre de fonctionnaires étaient recrutés par les Hovas eux-mêmes parmi la tribu. Il y a chez eux un grand nombre d'écoles et rien ne serait plus facile que de recruter un personnel administratif purement betsileo. Mais je me demande pourquoi on s'en irait, par pur amour de l'art, séparer deux pays de même nature, deux populations qui ont de grandes ressemblances entre elles, alors que l'union est à peu près complètement faite et que les Betsileos eux-mêmes ne songent point à la séparation.

« Restent les Antaimoms, les Antanosys, les Tanalas indépendants, les Barres et les Sakalaves du Menabé et de l'Ambonyo. Ces tribus, ayant échappé jusqu'ici à la domination hova, ont conservé leurs familles royales, sauf chez les Sakalaves dont l'indiscipline est telle qu'aucune cohésion sociale n'y paraît possible. Je crois qu'on pourra essayer chez ces peuples de prendre un chef influent, lui fournir les moyens de se soumettre les autres et constituer ainsi, sous notre haute direction, de petits États indépendants de la reine de Tananarive. Mais cette solution n'intéresse que des pays sur lesquels nous sommes actuellement sans action. C'est pourquoi je dis que le fractionnement de l'île n'est ni un remède aux difficultés actuelles, ni une question à poser en ce moment. Commençons donc par organiser immédiatement ce qui est organisable.

« Au surplus, pour les partisans du fractionnement, il s'agit bien moins de faire triompher un système dont ils n'ont certainement envisagé ni les difficultés, ni les conséquences, que de détruire l'administration malgache pour arriver à l'administration directe. C'est toujours la question qu'on retrouve au fond de tous les débats sur Madagascar. Et ce qui m'a décidé à vous en écrire, c'est que je sens que le résident général va lâcher sur ce sujet. Ce que nous faisons ici depuis quelques mois ne ressemble en rien à l'administration indirecte telle que je la conçois ; mais s'il ne tire point parti du gouvernement malgache dans la pratique, j'aimais du moins dans M. Laroche la résistance qu'il opposait aux attaques dont il est l'objet. Je crains qu'elle ne soit épuisée.

« Mon cher ami, si mon avis peut avoir quelque influence sur vous, je vous supplie de ne céder à votre tour qu'à la dernière extrémité. Je sais qu'un ministre n'est pas toujours libre. Je devine aussi qu'un système que les apparences rendent responsable de notre situation actuelle doit devenir bien difficile à défendre. Mais il n'y est pour rien ; ce sont nos fautes et rien que nos fautes qui nous ont conduits où nous en sommes. Défendez-le donc aussi longtemps qu'il sera défendable. L'argument en sa faveur qui frappe le plus notre monde politique est qu'il est beaucoup plus économique. C'est une raison considérable ; ce n'est pas la plus considérable à mon sens. J'ai longuement réfléchi sur ce sujet en Tunisie. Le problème que nous aurons à résoudre un jour à Madagascar s'est posé déjà dans la plupart de nos colonies ; il consistera à faire vivre côte à côte une population de race blanche française à côté d'une population d'autre race trop nombreuse pour qu'on puisse songer à la supprimer, comme on a fait en Australie et aux États-Unis. Car le haut pays de Madagascar sera un pays de peuplement ; le climat en est délicieux et les blancs pourront s'y reproduire. Dans nos vieilles colonies, nous avons émancipé les noirs et nous leur avons donné les mêmes droits politiques qu'aux blancs. En Algérie, nous avons soumis les indigènes à notre administration en leur refusant ces mêmes droits. Aucune de ces solutions n'a donné de résultats satisfaisants. Dans nos deux vieilles colonies, la race blanche a été opprimée par la race noire et elle disparaît peu à peu. En Algérie, l'indigène a été livré au colon et il en a conçu une telle haine, il se venge avec tant d'âpreté par le vol et l'assassinat, que l'insécurité est devenue le grand obstacle de la colonisation.

« Nous avons essayé d'une troisième solution en Tunisie, et bien que l'expérience ne puisse encore être tenue pour terminée et complète, tout donne à espérer que c'est la bonne. A côté d'une colonie française à laquelle on a concédé des droits représentatifs analogues à ceux de la métropole, la population trouve dans le maintien de l'administration indigène une garantie pour ses croyances, ses mœurs et ses intérêts et, dans les emplois de cette administration, un motif de s'instruire et de se rapprocher de nous. Quand on aura détruit l'administration malgache, tout essai de cette troisième solution sera impossible à Madagascar. Il me semble que vous auriez droit à la reconnaissance de notre pays si vous nous préserviez de ce malheur.

« Je vous envoie d'autre part une correspondance échangée avec le résident général au sujet du haut personnel malgache. Elle contient quelques indications qui compléteront celles que je viens de vous donner. J'ai beau chercher dans ma mémoire, c'est le seul cas dont je me souvienne où mon avis m'ait été demandé. Il n'a pas été répondu à mes propositions qui n'ont eu, par conséquent, aucune suite.

« Ma lettre manque de certains développements que rendaient inutiles, pour le résident général, des conversations antérieures. Quand je constate que Rainandriamanpandry et Rasanjy ne nous rendent pas tous les services que nous pourrions attendre de véritables collaborateurs indigènes, je veux dire que jamais ils n'ont pris l'initiative de nous dénoncer les personnalités de Tananarive qui peuvent être en relation ave l'insurrection. Rien de plus. C'est, du reste, un genre de services que nous n'obtiendrons, je crois, d'aucun Malgache tant que notre domination ne sera pas plus assurée (1).

(1) Les rapports entre M. Laroche et M. Paul Bourde devenant de plus en plus tendus, le ministre écrivit à ce dernier la lettre suivante :

« Paris, le 23 juillet 1896.

« Mon cher ami,

« Vos lettres ont été lues par moi et par quelques amis avec le plus vif intérêt. Vos renseignements sont précieux et vos appréciations me paraissent justes, au moins pour la plupart. Une seule divergence de vues importante nous sépare ; je crois que vous considérez trop Madagasar à travers votre expérience tunisienne. Or, l'île n'est ni aussi unifiée, ni aussi avancée en civilisation que la régence ; de là, pour nous, l'obligation d'y introduire des pratiques politiques et administratives différentes et plus variées.

« Peut-être avez-vous été surpris par le télégramme où je vous priais d'aller gérer la résidence de Tamatave. Cette résolution m'a été dictée par une double considération : d'une part, d'après le témoignage de vos propres correspondances, votre situation personnelle n'est pas, à Tananarive, ce qu'elle devrait être ; vous n'y êtes

« Tananarive, le 25 juillet 1896.

« Mon cher ami,

« La situation s'est sensiblement aggravée pendant cette quinzaine. On s'est contenté dans l'ouest d'une ligne de postes trop espacés. Les insurgés l'ont percée. On manquait de troupes, disait-on. Aujourd'hui que le mal est fait, que le gouvernement d'Ambohitsoanarivo est en pleine insurrection, on en trouve et on y envoie 250 hommes avec de l'artillerie. C'est, en petit, toute notre histoire depuis cinq mois : nous suivons l'insurrection, nous allons où elle va quinze jours après elle. Nulle part on ne la prévient.

« Cette colonne pacifiera-t-elle la province ? Je le souhaite ardemment, mais il n'y a point d'exemple encore que nous ayons repris un territoire insurgé. Si elle n'y réussit pas, l'insurrection générale m'apparaît de nouveau comme très probable. Le gouvernement d'Ambohitsoanarivo confine en effet à la vallée de la Kitsamby, qui est une espèce de marche, peuplée de tous les mauvais sujets chassés de l'Imerina. L'insurrection y trouvera un terrain tout préparé et, de là, elle gagnera le Vahimankaratra déjà si troublé par Rainibetsimisaraka. Si les choses en viennent

pas utilisé comme il conviendrait, et je ne crois pas du reste que les circonstances y soient favorables à ce que vous le soyez ; de l'autre, l'importante résidence de Tamatave, où sont concentrés pour l'instant la plupart de nos colons et la majeure partie de nos intérêts économiques, était entre les mains d'un maladroit. J'espère donc que, tant pour vous-même que pour le service, vous n'aurez pas hésité à accepter cette nouvelle situation.

« Bon courage, mon cher ami, et croyez à mes meilleurs sentiments.

André Lebon. »

là, il faudra deux ou trois ans de régime militaire avec 12 à 15 000 hommes pour reconquérir l'île. Mettez-vous bien en face de cette perspective, si vous ne voulez pas être surpris par les événements.

« Il nous reste cependant un espoir encore, c'est que le nouveau général qui va arriver, nous dit-on, soit un homme capable et décidé, qui prenne en main une direction que personne n'exerce depuis cinq mois. Mais sera-ce un homme capable ou simplement un désigné par son tour de rang?

« Avec le gouvernement d'Ambohitsoanarivo, le pays insurgé compte environ 200 000 habitants. Le recensement n'a été fait que pour une de ses circonscriptions ; mais nous avons celui des rizières ; il suppose environ 60 000 âmes.

« J'en étais là de ma lettre lorsque nous arrive le courrier nous apportant l'abolition de l'esclavage que nous ignorions. Cela me casse bras et jambes. Pauvre pays, toujours aussi chevaleresque, aussi logicien, aussi dupe des mots! Il a manqué à cette discussion un argument qui, je crois, aurait fait reculer la Chambre, c'est le tableau exact de notre situation ici. Vous n'êtes pas renseigné ; les dépêches officielles si optimistes qui nous reviennent de Paris par les journaux nous en donnent ici à tous la conviction. Un huitième de la population soulevé ; le reste partout dans l'état de fermentation le plus inquiétant et prêt à désobéir ; impossible pour un blanc de s'aventurer nulle part sans une escorte de cinquante hommes ; et c'est par là-dessus qu'éclate une mesure dont l'exécution eût été difficile au milieu d'une paix profonde et sous une domination fortement établie. Quelle folie! Quand je songe aux conséquences, j'en suis malade.

« Toutes les tribus de l'île ont des esclaves ; le contrecoup se fera donc sentir sur toutes ; c'est du moins à craindre. Envoyez dès maintenant le plus de troupes que vous pourrez et, autant qu'il est en votre pouvoir, répandez dans la presse et dans le Parlement cette idée que, pour le moment et pour longtemps, il n'y a qu'une question qui doit absorber toute l'attention de l'administration, c'est la question de la pacification ou, plus exactement, de la prise de possession de l'île. Tant qu'elle ne sera pas résolue, on peut faire tout ce qu'on veut à Paris, il en sera comme si on légiférait sur le Bornou.

« J'avais quelques nouveaux faits à vous présenter pour vous montrer combien la question du fractionnement de l'île est complexe et impossible à résoudre par une décision de principe générale. Les gouvernements d'Anoro-toangana, de Vohemar et de Mandritsara, où il n'y a point de créoles, sont restés parfaitement tranquilles jusqu'ici. Je viens de voir à la douane la statistique des six premiers mois pour le port de Tamatave. Sur 400 000 francs de recettes, les droits de sortie figurent, savez-vous pour combien ? 33 000 francs. Autant dire que le commerce d'exportation a disparu. La cause est l'abstention du Hova, seul négociant de l'île, et que l'insurrection de janvier a chassé de la côte. Le résident par intérim de Tamatave, à qui on avait demandé de désigner un candidat Betsimisaraka pour le gouvernement général de cette ville, vient de monter à Tananarive. Il avoue qu'il n'a pu trouver personne. Il y a à Tamatave une personnalité Betsimisaraka très connue que nous lui avions signalée, c'est un nommé Philibert qui parle français, qui a quelque instruction et qui était juge. Il déclare que le pire des Hovas vaut mieux. Je voulais vous développer tout cela mais je n'en ai pas le courage.

« Comme ma stratégie malgache doit vous rester assez incompréhensible, je vous envoie une carte de l'Imerina avec l'indication des divisions administratives que nous avons créées en nous conformant toujours du reste aux divisions historiques auxquelles la population est accoutumée. J'ai tracé par une ligne bleue les limites de l'insurrection. Il y a des postes français en dedans de cette ligne ; il va de soi qu'ils maintiennent la tranquillité à quelques kilomètres autour d'eux. Mais on ne communique avec eux qu'au moyen de petites colonnes et il y a des faits insurrectionnels fréquents en arrière.

« Cette carte vous fera comprendre la gravité de l'insurrection du gouvernement d'Ambohitsoanarivo ; nous commençons à être tournés. »

« Tananarive, le 27 juillet 1896.

« Mon cher ami,

« Le courrier extraordinaire me permet d'ajouter un mot à ma lettre. Vous ne pouvez vous faire une idée du désespoir chez quelques-uns et de la consternation chez tous, que cause la nouvelle de l'émancipation *immédiate* des esclaves. Désespoir chez les colons qui voient ajourner indéfiniment tout espoir de se mettre à l'œuvre ; désespoir chez les chefs de mission, jésuites et protestants, qui s'attendent à voir périr ce qui restait de leurs églises. Ils sont déjà bien éprouvés. On a brûlé cent vingt églises catholiques et trois ou quatre cents temples protestants (je n'ai pas sous la main le chiffre exact pour ces derniers ; je tiens le premier de l'évêque). Les autres survivront-ils à la crise que tout le monde prévoit ?

« Et que faire ? Comment mettre à exécution ce vote

chimérique de la Chambre? Comment compter sur les autorités indigènes alors que tous les fonctionnaires qui les composent sont propriétaires d'esclaves et, par conséquent, atteints dans leur fortune par là même? Or, le pays encore tranquille, nous ne le tenons que par les fonctionnaires indigènes.

« Le temps était un facteur essentiel dans la solution de la question de l'esclavage. Du moment qu'il manque, il ne faut pas espérer trouver de bonne solution. Mais, parmi celles qui peuvent s'offrir, il est encore possible de faire un choix ; voici, à mon avis, la moins mauvaise, et à vrai dire la seule qui me paraisse praticable.

« Les parties recensées de l'île (c'est au moins les neuf dixièmes de la population) ont donné, sur 1 million 413 940 habitants, un total de 406 411 esclaves, savoir 110 224 mâles, 141 175 femmes et 155 012 enfants. Ajoutez un dixième, et vous aurez 450 000 esclaves. Estimez l'esclave à 100 francs l'un dans l'autre, le rachat exigerait une somme de 45 millions. Je ne crois pas que les Chambres soient disposées à garantir n'importe quelle opération financière qui pourrait nous les procurer. L'État est donc impuissant à faire quoi que ce soit pour indemniser les propriétaires.

« Faut-il renoncer à les indemniser et recourir à la libération brutale? Alors nous courrons tous les risques de l'insurrection générale et d'une dissolution complète du pays. Dans cette éventualité, il est extrêmement probable que la France sera amenée à dépenser en frais de guerre autant et peut-être plus que les 45 millions de l'indemnité. Je n'ai pas besoin de faire remarquer que si les 45 millions étaient donnés en indemnité aux propriétaires, ils resteraient dans le pays et contribueraient à la richesse publique. Tandis que s'ils sont dépensés en frais de guerre, ce sera une perte sèche ajoutée à toutes les ruines qu'entraînera après elle l'insurrection.

« Il me semble donc que le dilemme pourrait être posé aux Chambres : voulez-vous dépenser 45 millions? Il vaut mieux les donner en indemnité aux propriétaires. Ne voulez-vous rien dépenser? Ne refusez pas l'indemnité aux propriétaires, car dans ce cas l'insurrection générale est à peu près inévitable et c'est peut-être beaucoup plus de 45 millions que vous coûtera la répression.

« Si cette argumentation vous paraissait de nature à faire impression sur elles, vous pourriez examiner la solution qui consiste à faire payer l'indemnité par les esclaves eux-mêmes.

« Pendant quatre mois, j'ai passé mes matinées à causer avec Rainandriamanpandry et Rasanjy, et je suis probablement le seul homme avec M. Ranchot, qui avait fait de même avant moi, à pouvoir sentir tout ce qu'il y a d'inique et de stupide dans cette légende du Hova féroce et intraitable dont se repaissent les polémiques des journaux français. Cette question de l'esclavage avait préoccupé les hommes politiques de ce pays et ils avaient commencé à la résoudre bien avant que nous eussions paru dans l'île et alors qu'ils agissaient en toute liberté.

« C'est sous Radama Ier que la traite a été abolie. C'est sous la précédente reine qu'ont été affranchis les esclaves de la couronne qui forment aujourd'hui la caste des Tsiarondas. Rainandriamanpandry et Rasanjy envisageaient comme une chose très faisable l'émancipation graduelle des esclaves des particuliers et Rainandriamanpandry avait spontanément, à la suite de nos conventions, rédigé le projet suivant :

« 1° Sont libérés :

« Tout esclave mâle qui aura payé à son maître 100 francs ;

« Toute servante qui aura payé 150 francs ;

« Tout enfant de cinq à dix ans qui aura payé 75 francs ;

« Tout enfant de moins de cinq ans qui aura payé
50 francs.

« 2° Tout esclave qui se rachète sera classé comme suit :
« Si son dernier maître était Tsimahafotsy, il fera partie
« des Tsimahafotsy et sera soumis aux mêmes obligations
« que les Tsimahafotsy. Il en sera de même pour les autres
« castes. Si son dernier maître était de la caste noire et
« que lui-même ne soit pas d'origine noble, il sera incorporé
« dans la caste noire. S'il était d'origine noble avant
« d'avoir été réduit en esclavage, il retournera dans sa
« caste une fois libre. Les enfants d'un esclave d'origine
« noble qui aura contracté un mariage avec une femme
« de la caste noire, seront classés parmi les hovas (rotu-
« riers) au moment de leur libération. »

« Cette question du classement est ou était importante :
« 1° Au point de vue des corvées qui se font par tribus
(encore une question sur laquelle vous paraissez bien mal
renseigné, que cette question des corvées, qui est capitale
ici) ;
« 2° Au point de vue des privilèges de castes et des
mariages.

« Nous avons ici, à la fois, des castes et des tribus (je
parle de tribus hovas). Voudra-t-on en tenir compte
encore à l'avenir?

« Eh bien, pour en revenir à l'esclavage, je trouve ce
projet de Rainandriamanpandry fort sensé (comme en
général tout ce que ces hommes nous proposent), et je
m'en serais, pour mon compte, parfaitement contenté
pendant une dizaine d'années. Puisqu'il est impossible
maintenant de s'y tenir, pourquoi ne pas transformer en
libération obligatoire cette libération facultative. Maître
et esclave seraient appelés devant le gouverneur. L'esclave
recevrait un acte de libération, et en échange il délivrerait
à son maître la reconnaissance d'une dette de 100 francs

payable en **deux** ou trois ans. Le très bas prix auquel sont cotés les esclaves leur rend l'acquittement facile et il me semble que ce système peut se défendre. Je ne vous le donne pas comme devant rassurer tous les intérêts et prévenir tous les troubles. Je le répète, si ce n'est pas ce qu'il y a de mieux, c'est, me semble-t-il, ce qu'il y a de moins mauvais.

« L'un des arguments les plus forts en sa faveur, c'est qu'il ne rompra pas brusquement les rapports entre le maître et l'esclave. Pendant les trois ans accordés pour le paiement, il est probable que beaucoup d'entre eux continueront à vivre comme par le passé ou à peu près, et c'est ce qui est à souhaiter. Car c'est un côté de la question des plus inquiétants. Si l'esclave est brusquement séparé du maître, que vont devenir beaucoup d'entre eux? Ils n'ont ni champ, ni maison, ni économies. Ils ne pourraient que faire des vagabonds qui s'en iraient grossir les Fahavalos.

« Aussi pensé-je qu'il faudrait employer simultanément, encore un autre moyen pour pallier les inconvénients de cette brusque mise sur le pavé de 450 000 individus. Ce serait de créer des colonies. Cela est tout à fait dans les usages malgaches. Il existe notamment, au sud de B tafo du Vakniankaratra, une région d'une fertilité célèbre nommée le Behazembina. Colonisée sous Radama Ier, et très florissante pendant une trentaine d'années, elle est redevenue déserte par suite des incursions des Sakalaves. On pourrait profiter de l'occasion pour la repeupler. Les rizières y sont toutes prêtes ; il n'y a qu'à y remettre l'eau. Les esclaves qui consentiraient à s'y établir recevraient le lot de rizière nécessaire à un ménage.

« *P.-S.* — Tout cela dit, je ne puis m'empêcher de vous répéter : envoyez-nous le plus de troupes que vous pouvez.

Avec 10 000 hommes : 4 000 dans l'Imerina, 1 000 dans le Vakinankaratra, 2 000 dans le Betsileo, 1 000 sur la côte et 2 000 en réserve, on peut encore espérer, pour l'instant, tenir le pays. »

« Tananarive, 10 août 1896.

« Mon cher ami,

« Le 1er août dernier, le résident général m'a fait passer la note que je joins à cette lettre (1). On m'a assuré dans son entourage qu'il n'avait, en aucune manière, provoqué cette disgrâce. Je ne dois donc y voir que votre réponse personnelle à mes deux premières lettres (2). Évidemment, vous ne m'avez pas cru. La mesure est bien dure.

« Bien que vous veniez de condamner si nettement cette correspondance, je vous serais reconnaissant si vous vouliez bien excuser cette lettre qui sera la dernière, je vous le promets ; je voudrais vous préparer à ne point me recevoir trop sévèrement quand j'aurai à me présenter à vous.

« Depuis ma seconde lettre, les gouverneurs généraux du Vonizongo et du Marovatana ont été tués ; celui d'Ambohitsoanarivo a été obligé de se réfugier à Tananarive en laissant sa famille aux mains des insurgés, et leurs trois provinces ont été envahies. De 90 000, le nombre des habitants du pays insurgé a passé à plus de 300 000, savoir :

Une partie d'Ambatoudrazaka et de Moramanga........   20 000
Les deux tiers territoriaux de l'Avaradrano (sur 260 000 habitants) 120 000

---

(1) Cette note était la simple copie d'un télégramme du ministère des colonies daté du 1er août et ainsi conçu : « Priez M. Bourde d'aller gérer la résidence de Tamatave. »
(2) On a vu plus haut, dans les lettres de M. Laroche, que M. Bourde fut très mal renseigné sur place.

Le Marovatana, moins les environs de la capitale.......	70 000
Le Vonizongo, moins les postes occupés..............	30 000
Les deux tiers d'Ambohitsounarivo (Valalafotsy et Mamolakoza)..	40 000
Quelques districts nord et ouest de l'Ambodirano.......	20 000
Quelques districts du Vakinankaratsa et du Sisaony...	20 000

« Ces évaluations faites d'après le détail du recensement sont corroborées par les suivantes. Des déclarations des chefs de missions, il résulte qu'à l'heure actuelle les missions catholiques en sont à 141 églises brûlées, les missions luthériennes norvégiennes à 50 temples, les missions anglicanes à 64, la London Missionary Society à 470, les Quakers à ?, soit un total de 725. Or, un édifice religieux presque toujours servait à plusieurs villages, quelquefois à tout un district. Voyez combien cela suppose de villages dévastés, et s'il n'y a pas concordance évidente avec les chiffres d'habitants ci-dessus.

« Nous sommes donc aujourd'hui à 230 000 habitants plus près de l'insurrection générale qu'il y a deux mois. Je vous avais développé deux opinions : la première, c'est qu'étant donné notre manière d'entendre la répression, l'insurrection ne s'arrêterait pas et que sa généralisation était à craindre. A deux mois de distance, je ne crois pas qu'elle puisse être considérée comme exagérée. Quant à la seconde, si, comme tout le monde l'assure, Gallieni est capable de concevoir et d'exécuter un plan, si, plus heureux que nous, il obtient du résident général d'associer une répression administrative à la répression militaire et, si vous parvenez à ajourner assez l'affaire de l'émancipation pour lui procurer un délai suffisant, il vous fera par ses propres résultats la preuve qu'elle était fondée, c'est-à-dire qu'il n'est pas un moment où, depuis son début, l'insurrection n'aurait pu être enrayée, que les calamités qui désolent ce pays sont hors de proportion avec leurs causes, et que les neuf dixièmes auraient pu lui en être épargnés.

« Si ma bonne foi ou ma sûreté de jugement vous ont été suspectes, je m'en remets donc avec confiance aux événements pour les justifier. Il ne restera de punissable dans mon cas que le fait de vous avoir écrit. S'il a besoin d'une excuse, j'espère que vous voudrez bien prendre en considération que les six mois que j'aurai passés à Madagascar auront été, je ne force point les mots, véritablement horribles. Je voyais ce vaste pays se dissoudre entre nos mains, s'en aller pièce à pièce pour ainsi dire, semaine par semaine, et canton par canton, sans remède ni espoir, toutes nos propositions de répression échouant contre une obstination qu'il a bien fallu promptement reconnaître comme invincible. Je voyais ce peuple si intelligent, si perfectible, que nous avons surpris en plein effort spontané vers la civilisation, et qui, à cause de tout cela, mériterait notre intérêt, tomber dans une désorganisation irrémédiable, car, dans la voie où on l'engage, on ne lui laissera jamais la quantité d'originalité nécessaire à sa vie morale et à son relèvement.

« Je voyais, par une sorte de fatalité inéluctable, notre nouvelle possession s'orienter dans une direction contraire à tous les principes d'organisation coloniale qui me sont chers, l'Algérie recommencer, sous la pression d'une force que je commence à croire supérieure à tous les raisonnements et qui est l'instinct de notre race, un nouvel insuccès s'ajouter à toutes les causes de discrédit de notre politique coloniale, en un mot tout ce qui a été ma croyance, ou si vous voulez, ma naïveté à croire que quelque chose d'analogue à la Tunisie pouvait se recommencer, détruit dans cette expérience à laquelle j'avais espéré avoir une part et à laquelle j'avais été si heureux de venir concourir.

« Je vous jure que j'ai infiniment plus souffert de ces

cruelles déceptions que des mauvais traitements d'un chef qui, tout en me recevant à sa table, m'a systématiquement ignoré dès le premier jour, au point que ses communications à Tsiazompaniri ont toujours été régulièrement adressées à mes sous-ordres, jamais à moi.

« J'étais là, au milieu de l'administration malgache, comme au centre de toutes ces ruines ; tant que j'ai eu quelques projets à étudier, je les ai étudiés avec les ministres indigènes ; le résident général ne les consultant point, cette sorte de travail a été épuisée pour eux quand je n'en ai plus eu à faire. Le résident général transmettant ses ordres aux gouverneurs par les résidents, non seulement les ministres n'ont plus eu à s'en occuper, mais ils ont ignoré ce dont étaient chargés leurs gouverneurs. Et les gouverneurs ayant été encouragés à écrire directement au résident général, la correspondance à laquelle les ministres ont à répondre a diminué de jour en jour. Aujourd'hui, ils passent des journées à battre les vitres de leurs ongles, annulés, dépouillés de tout pouvoir apparent aussi bien que réel et harcelés d'accusations mortelles. Les malheureux, comment serais-je resté insensible à leurs appréhensions ? De l'inutilité démontrée de l'administration malgache à sa suppression, la conclusion s'imposera, un peu plus tôt, un peu plus tard ; je crains que le pas ne soit déjà à moitié fait dans l'esprit du résident général.

« Ce n'était pas pour participer à cette besogne que j'étais venu à Madagascar.

« Fallait-il vous prévenir ? Fallait-il me taire ? J'ai hésité trois semaines. Des considérations personnelles me tourmentaient dans les deux sens. J'ai été déjà une fois en désaccord avec un de mes chefs à Tunis ; je risquais ma réputation à recommencer ; et si mes lettres ne sont pas nettes, c'est que je n'ai pu me délivrer de ce souci. D'aut part, ce fait que j'avais un ministre à qui je croyais pouvoir écrire me semblait me donner une responsabilité particulière. Bref, je me suis décidé à écrire ; j'ai eu tort puisque vous avez dû m'en punir. Pour adoucir des rigueurs qui ont dû vous coûter, me permettrez-vous de faire valoir que vous êtes pour quelque chose dans ma faute, puisque si tout autre personnage politique eût été ministre, je n'eusse pas même eu la pensée de lui écrire ? Je n'ai pas une santé à supporter le climat de Tamatave, et du reste quel est l'homme qui accepterait d'être ramené du rang de secrétaire général à celui de résident ? J'espère donc fermement que vous ne me refuserez pas la faveur que je vous ai fait demander, de rentrer en France.

« Du reste, j'en ai pris mon parti. Évidemment, il me manque quelques-unes des qualités nécessaires à un fonctionnaire actif, particulièrement la patience. En rentrant, j'ai l'intention de solliciter un de ces emplois du ministère des Finances où les invalides des autres services prennent leur retraite. Je voudrais m'assurer une existence honorable et trouver le loisir de me mettre définitivement aux études historiques que je prépare depuis plusieurs années. Ayant obtenu du résident général de passer par Bourbon et Maurice, je serai à Paris le 10 octobre seulement ; voulez-vous me permettre d'espérer que je ne ferai pas appel en vain au souvenir de nos anciennes relations pour que vous veuillez bien m'aider dans mon projet ?

« Je suis votre dévoué serviteur. »

Lettres de Gallieni.

« Saint-Raphaël, 4 août 1896.

« Monsieur le ministre,

« Je me permets d'appeler encore votre attention sur la nécessité d'envoyer au plus tôt à Madagascar le bataillon de légion que je vous ai déjà demandé.

« Dans l'état d'effervescence où se trouve l'île, il devient indispensable, non seulement de garder d'une manière suffisante la capitale, Tananarive, mais aussi de conserver nos communications avec la mer. Or, la liberté de celle-ci ne peut être assurée qu'au moyen de postes échelonnés le long de nos deux grandes routes. Ces postes exigent, pour être occupés, des forces de quelque importance, pour qu'ils ne soient pas exposés à être enlevés.

« Il est possible qu'aujourd'hui ce faible renfort puisse suffire pour parer aux dangers résultant de la difficulté de nos communications, dangers qui, pour être écartés, pourraient nécessiter plus tard l'envoi de troupes plus nombreuses.

« Je demanderai donc que des ordres soient donnés d'urgence pour l'envoi immédiat, à Madagascar, de ce bataillon de légion. »

« Marseille, 10 août 1896.

« Monsieur le ministre,

« Je voulais vous écrire depuis quelques jours déjà, mais mes nombreux déplacements dans cette dernière quinzaine pour aller voir mes parents, dispersés un peu partout, ne me l'ont pas permis. Je tenais, en prenant congé de vous, à vous exprimer toute ma gratitude pour l'insistance que vous aviez mise à réclamer ma promotion de général avant mon embarquement, et surtout pour la haute marque de confiance que vous m'aviez donnée en me choisissant pour le commandement supérieur des troupes à Madagascar. D'ailleurs, je ne m'abuse nullement sur les difficultés de ma tâche, et je me demande avec une certaine inquiétude si je serai à même d'améliorer la fâcheuse situation actuelle de la grande île.

« Je crois, d'après la lecture des rapports que j'ai vus, d'après les renseignements des personnes qui connaissent Tananarive, que les procédés que j'ai déjà employés au Soudan et au Tonkin trouveront, en les adaptant au pays, leur place à Madagascar. Mais vous avez déjà compris, avec la largeur de vues et d'idées qui guide vos actes depuis que vous êtes au Pavillon de Flore, que ces procédés rompent un peu avec notre routine administrative. Pour que je sois en mesure de les appliquer, il faut donc que je trouve en M. Laroche la confiance, l'appui qui me sont indispensables. J'ai besoin de toute initiative, correspondant d'ailleurs à la grande responsabilité que je devrai assumer dans le territoire militaire futur. S'il en est ainsi, je crois qu'il me sera possible d'apporter quelques remèdes au mal actuel. Dans le cas contraire, il sera inutile d'insister.

« Si M. Laroche ne veut pas comprendre que je suis son collaborateur dévoué, mais tenant à être libre de prendre toutes les mesures de détail nécessaires pour arriver peu à peu à la pacification de l'île, je demanderai à rentrer de suite, ou sinon, à me renfermer exclusivement dans mes fonctions militaires, me contentant de déférer aux ordres qui me seront donnés et récusant dès lors toute responsabilité sur les événements.

« Cette initiative, cette liberté d'action, cet appui, je les ai trouvés chez MM. Étienne et de la Porte, quand je commandais au Soudan, chez MM. de Lanessan et Rousseau quand j'étais au Tonkin. Rien ne s'oppose donc à ce que la même expérience soit tentée encore une fois.

« Je pars donc plein de courage et ayant le plus ferme désir de répondre à votre confiance ; mais, si l'entente complète et loyale ne peut se faire à mon arrivée, je renoncerai aussitôt à la mission qui m'a été donnée, estimant que, dans ces conditions, il serait complètement impossible d'arriver à aucun résultat favorable. Ce qu'il faut avant tout là-bas maintenant, ce sont des solutions franches et la cessation de ces conflits qui arrêtent toutes les bonnes volontés.

« Je me permettrai encore d'insister sur la question des deux autres compagnies de légion à mettre en route. Deux sont ici et partent avec moi. Les deux autres doivent suivre. Vous pouvez être certain que si la pacification fait des progrès et si les milices rendent les services que vous attendez d'elles, je ne perdrai pas de vue qu'il est essentiel de diminuer les frais d'occupation de Madagascar. Ce sera l'une de mes principales préoccupations. »

« Tananarive, 8 septembre 1896.

« Monsieur le ministre,

« Je m'autorise de la bienveillance que vous m'avez montrée ces derniers mois, pour vous écrire officieusement et appeler dès maintenant votre attention sur certains points particulièrement urgents. Comme vous le savez, le *Yang-Tzé* a touché successivement à Mayotte, Majunga, Nossi-Bé, Diego-Suarez et Sainte-Marie, ce qui m'a permis déjà de prendre une idée de nos affaires le long de la côte ouest et nord-est.

« On voit tout d'abord combien est regrettable l'absence d'une communication télégraphique entre Tananarive et les divers points de cette côte : Majunga, Diego, etc. Sur ces points, on vit tout à fait à part du reste de l'île ; pas d'instructions, pas de communications, pas de ligne de conduite commune. Tout le monde est d'accord à ce sujet : administrateurs, militaires, marins. Aussi chacun agit-il à sa guise. Pour le moment, sur cette côte, tout est aux Hovas. Les populations, Sakalaves du nord-ouest, Antankars, Betsimisaras, ne demandent que notre appui, au moins moral, pour se débarrasser de leurs gouverneurs hovas. Nous soutenons ceux-ci ; nous combattons ces races ennemies du gouvernement indigène de Tananarive. Il y a là tout un nouveau mot d'ordre à donner : soutenir les populations contre leurs gouverneurs hovas, pour qu'elles puissent s'en débarrasser elles-mêmes, de manière à former tout autour de l'Émyrne une ceinture de peuplades indépendantes des Hovas et agissant sous l'impulsion de nos résidents.

« Partout, à Majunga, à Diego, j'ai trouvé les attributions des résidents et des commandants militaires tellement mélangées, qu'il est impossible de saisir les responsabilités. Il faut que chacun soit chez soi, c'est-à-dire que là, en dehors de l'Émyrne et des Betsiléos, ce sont les résidents qui doivent avoir toute l'initiative des mesures politiques et militaires à prendre, et par suite, la responsabilité.

« J'en parlerai à M. Laroche à mon arrivée à Tananarive et, en ce qui me concerne, je tâcherai de mettre chacun à sa place. Sans cela, rien à faire. Nos résidents auront évidemment une tâche délicate à accomplir, mais MM. Mizon et Aubry Lecomte particulièrement m'ont paru bons et, je crois, feront bien, *s'ils sont guidés* vers un but unique, que l'on pourra d'ailleurs atteindre par des moyens différents.

« Notre action est nulle aussi tout le long de ces côtes, puisque le pavillon hova flotte encore sur la plupart de leurs anciens postes. Mais ce qui est le plus fâcheux, c'est que, faute de bâtiments aptes à tenir la mer et à cette besogne spéciale, la contrebande s'exerce partout ; les armes entrent, échangées contre la poudre d'or des régions révoltées, tenues par les insurgés, et la douane, non organisée *partout*, ne fait aucune recette. Et cependant, les recettes de douane sont les seules sur lesquelles nous puissions compter d'ici quelque temps. Pas de recettes de douane sans occupation de la côte sur tout son pourtour par de petits postes de douane, soutenus par une flotte sérieuse. Sur une note ci-incluse, je vous parle de cette question de la flotte.

« J'ai trouvé à Majunga une flottille importante (voir à ce sujet la même note). Je m'occupe déjà d'étudier le meilleur emploi à faire de cette flottille qui est en très bon état. Vous pouvez compter que je m'efforcerai de réaliser le plus d'économies possible, mais ces économies devront être judicieuses pour ne pas être nuisibles. Je ne sais quelles sont encore vos intentions à ce sujet, mais je vous prierais de ne rien décider encore avant l'arrivée de nos propositions. Cependant, le capitaine de vaisseau qui est à Majunga peut, de son avis même, être supprimé dès maintenant, et je pense que d'ores et déjà il serait possible de constituer le personnel de la flottille, comme je vous le propose dans ma note. Ce serait toujours autant d'économisé. Dans une autre note, je vous indique déjà les principaux moyens d'utiliser cette flottille.

« J'ai trouvé le long de ma route et surtout ici, à Tananarive, des renseignements assez précis sur notre situation en Émyrne. Elle n'est pas brillante, comme vous le savez, et l'insurrection progresse chaque jour. Le mot d'ordre a été donné : on ne cultive plus, ce qui nous expose à une famine dans quelques mois. Déjà le prix du riz a doublé à Tananarive. Les Hovas s'enhardissent et nous avons déjà eu des officiers blessés et des hommes tués dans plusieurs engagements. La sécurité n'existe que là où sont nos postes. La question se présente donc un peu sous le même aspect qu'au Tonkin.

« Il va nous falloir, pour réprimer la rébellion, un réseau de postes très serré, pour rassurer les habitants, leur permettre de reprendre leurs cultures, ce qui est capital, et faire ensuite notre petite besogne politique. Après, plus tard, comme je l'ai fait au Tonkin, on pourra supprimer ces postes ou les reporter plus loin, ce qui, je crois, sera inutile ici, si nos résidents savent s'attacher les peuplades du pourtour et les gagner à notre cause, ce qui ne me paraît pas difficile. La pacification du plateau central est donc une affaire de troupes. Il faut beaucoup de postes, par suite beaucoup de troupes, au moins pour le moment. Déjà, la ligne de communication de Tamatave à Tananarive absorbe une partie notable de nos forces et il a fallu presque renoncer à garder nos communications avec Majunga et, *a fortiori*, avec Fianarantsoa. Que va-t-il rester pour créer, autour de Tananarive, d'autant plus qu'il faut garder cette capitale de 100 000 habitants, si nous voulons éviter un événement fâcheux, toujours possible, ce réseau de postes? Je sais que vous n'êtes pas disposé, en ce moment, à nous donner des renforts. Mais je vais voir si, avec une meilleure répartition des troupes, il me sera possible de renforcer l'Émyrne où, comme je vous l'ai déjà déclaré, la situation s'aggrave chaque jour, et où, en outre de l'insurrection, nous sommes menacés d'une famine à bref délai.

« De plus, je vous demanderai de m'autoriser, par câble, à prendre, à la Réunion, deux compagnies d'infanterie de marine, qui viendraient nous renforcer provisoirement ; il n'y aurait pas ainsi d'excédent de dépense. Je me propose d'ailleurs de renvoyer dans cette colonie une demi-batterie d'artillerie, qui n'est pas utile ici. Et, par la suite, je verrai, dès que notre œuvre politique s'accomplira, à renvoyer toutes les troupes disponibles. Mais, en ce moment, il faut agir d'urgence.

« Je voudrais encore vous parler d'un autre point. Il s'agit de la politique à suivre à Tananarive. Comme vous le savez, la politique suivie jusqu'à ce jour par M. Laroche est tout à fait hova. On dirait que c'est ce dernier gouvernement qui domine encore, profitant de notre faiblesse, avec sa duplicité habituelle, pour gâcher la situation et nous mettre dans la position précaire que vous connaissez. Il y aura donc sans doute à prendre quelques mesures de rigueur qui n'auront certainement pas l'agrément du résident général, trop compromis vis-à-vis des Hovas, pour agir lui-même maintenant.

« Il est donc indispensable que pendant plusieurs mois

encore je sois laissé maître à Tananarive d'agir comme je le jugerai utile, quand je me serai rendu compte de la situation sur les lieux. Cette liberté d'action, je ne l'aurai pas, si M. Laroche reste à Tananarive. Il est donc nécessaire qu'il reste pendant quelque temps sur la côte, où, du reste, comme je vous l'ai expliqué plus haut. il a une mission importante et nécessaire à accomplir. Notez, monsieur le ministre, que je ne vous adresse cette demande dans aucun but personnel. Je suis tout prêt à me ranger sous l'autorité de M. Laroche, comme sous celle de son successeur ou de son intérimaire, si vous le jugez utile. Je veux seulement accomplir ma besogne à mon aise et sans gêne aucune, et vous comprendrez aisément que cela ne me sera pas possible si M. Laroche reste à Tananarive avec son nombreux personnel, déjà engagé dans une politique diamétralement opposée à celle qu'il convient de suivre, je crois.

« Je me suis permis d'attirer votre attention sur ces quelques points, vu leur urgence, et je vous prie de donner une solution également urgente à mes demandes. »

« Tananarive, le 28 novembre 1896.

« Monsieur le ministre,

« Je vous remercie. d'avoir bien voulu me renouveler, par votre lettre du 24 octobre, l'assurance de la confiance que vous mettez en moi. Vous savez que je n'épargnerai ni ma peine, ni celle de mes subordonnés, pour venir à bout de la rude tâche que vous m'avez donnée. Je voudrais même vous donner une entière satisfaction en obtenant des résultats rapides et décisifs. Mais l'obligation, que je me suis faite, de ne vous demander aucun renfort et de me contenter des moyens que j'ai trouvés ici, malgré leur insuffisance, ne me permettra que d'arriver progressivement à la pacification de l'île. D'ailleurs, il ne faut pas s'y tromper : nous avons à faire la conquête, l'organisation de toute notre nouvelle possession. Sauf quelques points des côtes et Tananarive, nous n'avons pénétré nulle part, ou du moins nous n'avons fait que passer, ne mettant rien à la place de ce que nous détruisions.

« De plus, nous sommes dans un milieu évidemment hostile et mal disposé à notre égard. Les Hovas, dont l'orgueil et la duplicité n'ont pas de limites, n'admettront pas, de longtemps encore, l'idée que tout espoir de recouvrer leur ancienne puissance est perdu pour eux ; et cela d'autant plus que les Anglais, dans la lutte qu'ils ont soutenue ici contre nous, depuis le commencement de ce siècle, n'ont cessé de nous représenter comme un peuple léger, sans consistance, incapable de mener une entreprise jusqu'au bout. Ils ont réussi à faire tellement entrer cette idée dans les têtes des Hovas, qu'il n'est pas une proclamation, un kabary des chefs rebelles, dans lesquels elle ne soit développée. De là cette persistance des personnages importants à ne pas nous fournir un concours sans réserves, et celle des insurgés, égarés par les mauvais conseils, à ne pas écouter nos paroles de pardon. Chez eux tous, l'espoir reste toujours.

« J'ai déjà élagué pas mal dans le personnel de la cour et du gouvernement. Le moment de déposer la reine ne me paraît pas encore venu. J'estime la mesure dangereuse en ce moment. Quant à Razanjy, j'ai dû le conserver parce qu'il me fallait auprès de moi un Malgache intelligent et au courant des affaires indigènes. Il est du reste compromis à fond pour nous et nous donne son concours le plus énergique. Quant aux populations de la campagne, il est regrettable de penser qu'elles restent d'abord sourdes à nos mesures de bienveillance et qu'elles ne finissent par se rendre que devant la force. Il faut, pour ainsi dire, reprendre chaque village l'un après l'autre, convaincre les habitants que nous ne leur voulons aucun mal, les réinstaller chez eux après de nombreux kabarys. Bref, c'est là une besogne longue et délicate qui, je l'espère, sera féconde en résultats mais ne s'accomplira pas du jour au lendemain.

« Je ne parle pas des populations sakalaves de l'ouest, chez lesquelles nous n'avons pas encore pénétré, et avec lesquelles je vais commencer bientôt à entrer en contact.

« En somme, mes différents rapports vous indiqueront déjà les résultats obtenus. De gros efforts ont été faits depuis deux mois et la pacification s'étend sur une notable partie de l'Émyrne. Mais, je le répète, il ne faut rien brusquer et laisser se continuer le programme d'extension progressive que j'ai inauguré dès mon arrivée à Tananarive. Je voudrais que vous soyez persuadé d'ailleurs que nous ne perdons pas notre temps ici, et que chacun, militaires comme civils, fournit son maximum de travail et comprend bien le but vers lequel nous tendons tous, à savoir la pacification et la colonisation de Madagascar.

« Je ne voudrais point porter de jugement défavorable sur mon prédécesseur, avec lequel j'ai eu les relations les plus courtoises avant son départ, mais il m'a laissé une succession très difficile à tous points de vue.

« Ainsi que vous l'avez vu dans mes derniers rapports politiques, j'espère que nos résidents de la côte vont commencer, eux aussi, à étendre notre influence dans l'intérieur et à joindre leurs efforts à ceux que nous faisons nous-mêmes en Émyrne. Cependant, je sens chez eux beaucoup de répugnance à se séparer de leurs autorités hovas. Je n'en suis pas étonné. J'ai déjà éprouvé ces mêmes oppositions lorsque j'ai voulu appliquer cette politique de races au Soudan et au Tonkin.

« La question anglaise forme toujours l'une de mes plus graves préoccupations. Nos rivaux britanniques ont pris une telle influence à Madagascar que nous les rencontrerons encore longtemps devant nous et que notre principal objectif devra être de les combattre. Les révoltés ne cessent de proclamer qu'ils sont leurs amis et qu'ils comptent toujours sur eux pour les soutenir contre nous. J'ai des faits précis à citer à ce sujet. Je rends justice à l'attitude correcte que tiennent les missionnaires anglais à Tananarive, notamment les méthodistes. Mais je n'en saurais dire autant de leurs pasteurs malgaches des campagnes qui, malgré la surveillance dont ils sont l'objet, combattent de toutes leurs forces notre influence. On n'enlèvera pas aux Malgaches cette idée que tout protestant est un Anglais et tout catholique un Français. Mes circulaires à ce sujet, la rigoureuse neutralité que j'observe et que j'impose à tous mes résidents et commandants de cercles, n'ont été d'aucune utilité. Cette question religieuse vient bien malheureusement et inopportunément compliquer ici le problème politique, déjà si délicat.

« Me plaçant à un point de vue exclusivement français, je m'occupe donc à essayer de détruire tous les moyens d'influence que les Anglais ont créés ici et qui paralysent notre action pacificatrice parce que les Malgaches n'admettront jamais la sincérité des Anglais, même si ces derniers acceptent franchement notre domination sur la grande île. Je viens de leur enlever, par réquisition militaire, le grand hôpital où ils avaient organisé une faculté de médecine donnant des diplômes aux médecins hovas, exerçant en un mot une grande propagande parmi les populations environnantes. Déjà, le général Duchesne

avait dû loger dans cet hôpital une grande partie de ses
malades. En présence du surcroît de malades que nous
occasionncnt les opérations actuelles, faites en pleine saison
des pluies, j'ai donc réquisitionné l'hôpital en entier,
détruisant du même coup ce moyen d'influence des Anglais
autour de Tananarive. Une indemnité leur sera donnée
par le génie en échange de notre prise de possession. J'ai
agi du reste en toute cette affaire avec l'avis du procureur
général.

« En même temps, j'organise la faculté pour notre compte
et nul médecin hova ne pourra désormais exercer s'il n'est
muni d'un diplôme de la faculté française.

« Je tiens le plus grand compte de vos observations au
sujet de nos dépenses. Je m'efforce, avec le concours de
M. Homberg, de remettre le plus grand ordre partout.
J'ai arrêté toutes les dépenses inutiles. J'ai supprimé et
je supprime encore les emplois qui ne sont pas strictement
nécessaires. Mais il faut cependant que nos services
marchent, particulièrement celui des douanes, qui ne peut
suffire avec son personnel actuel, d'où diminution de nos
recettes.

« De plus, si nous voulons réellement activer la pacification de l'île, il faut augmenter le nombre de nos résidents
sur les côtes et leur donner les moyens d'action suffisants
par la création des milices, ce qui me permettra en outre,
je l'espère, de ne pas vous demander de renforts militaires.
Enfin, nos résidents et douaniers de la côte, installés d'une
manière déplorable, sont tous malades et il est indispensable de les loger. Autrement, ils ne pourront suffire à
leurs pénibles obligations. En un mot, nous ne faisons
que les dépenses strictement nécessaires.

« Cette lettre vous parviendra au moment de l'ouverture
de l'année nouvelle, et je vous prie de me permettre, en
vous renouvelant tous mes remerciements pour votre

bienveillance à mon égard, de vous présenter mes vœux les plus profonds, pour vous et pour les vôtres. »

« Tananarive, le 13 décembre 1896.

« Monsieur le ministre,

« Permettez-moi de vous écrire ces quelques lignes avant que le courrier léger parte pour Tamatave. Il s'agit de M. Bourde, à qui vous venez d'accorder un congé de trois mois qui sera sans doute prolongé. Je crois que son renvoi ici ne me faciliterait pas ma tâche. Malgré ses hautes qualités, je ne le crois pas assez souple pour se plier à mes instructions et me fournir son concours le plus entier pour la mise en œuvre de notre nouveau programme politique et de colonisation. Il faut que je sois absolument certain de mes collaborateurs pour accomplir dans de bonnes conditions la tâche que vous m'avez confiée. Déjà, tout commence à bien marcher.

« Je suis enchanté de M. François, et dès que vous m'aurez débarrassé de Mizon et que vous m'aurez peut-être envoyé Rodier, si celui-ci veut accepter la résidence supérieure de la côte ouest, je crois que d'ici un an ou dix-huit mois, Madagascar sera tout à fait tranquille et ouvert *partout* à nos colons et commerçants. Si Rodier ne voulait pas venir, je préférerais m'arranger avec les ressources en personnel que j'ai sur place et renoncer à cette création d'un commandement de la côte ouest. Mais M. Bourde ne pourrait convenir. Il est fait pour le premier rang et non pour le second. Il va sans dire qu'il n'y a plus place pour lui à Tananarive. La machine y est bien montée. Un changement de rouage serait mauvais.

« Je vous demanderai aussi de vouloir bien débarrasser notre pauvre budget de l'entretien des fonctionnaires qui, tels que MM. L..., G.., V..., etc., ne doivent plus revenir ici.

« Comme vous le montre ma situation politique de ce courrier, tout va bien et j'ai une forte confiance dans l'avenir. Je crois être maître maintenant de la situation, à part bien entendu les incidents encore inévitables pendant quelque temps dans ces immenses régions, depuis si longtemps vouées à l'anarchie.

« La question religieuse et anglaise forme ma plus grande préoccupation. Pour les Anglais surtout, si nous ne nous défendons pas contre leur énorme influence, contre les empiétements que l'ancien gouvernement malgache leur a permis, nous pouvons renoncer à faire une colonie française de Madagascar. Nous y entretiendrons des soldats et des fonctionnaires, mais l'influence commerciale et politique sera à nos rivaux britanniques. Je crois donc faire œuvre de bon Français en travaillant à détruire cette influence.

« Je vous remercie à nouveau de la confiance que vous avez bien voulu me montrer encore dans l'interpellation de Launay. »

« Tananarive, 13 janvier 1897.

« Monsieur le ministre,

« Le courrier arrivé hier à Tananarive nous a apporté, en outre de vos communications officielles, le compte rendu de la séance de la Chambre des députés du 7 décembre dernier. Je tiens à vous remercier encore une fois de l'approbation que vous avez bien voulu donner à mes actes, et de la confiance que vous me témoignez. Vous pouvez compter que tant que je serai à Madagascar, je m'efforcerai d'y répondre de mon mieux.

« Vous connaissez d'ailleurs les énormes difficultés de ma tâche, d'autant plus que je me suis fait un point d'honneur de la remplir sans vous demander de nouveaux renforts, quelque insuffisants que soient nos effectifs, réduits encore par les maladies dues à l'influence de la mauvaise saison.

« Ainsi que je vous en ai déjà rendu compte dans mes situations politiques, j'ai été forcé, au départ de M. Laroche, de prendre le titre qu'il avait lui-même. Déjà, les nobles hovas et les étrangers, qui se figurent pouvoir, sous mon successeur, reprendre leurs intrigues contre notre influence, faisaient courir le bruit que mes pouvoirs n'étaient que très provisoires et que j'allais être bientôt remplacé. Avec des populations aussi impressionnables, aussi méfiantes que les Malgaches qui sont constamment à se demander de quel côté va tourner le vent, ces insinuations avaient les plus graves inconvénients et étaient de nature à enrayer la pacification.

« Usant de l'initiative que vous avez bien voulu me laisser, et n'ayant en vue que le but final à atteindre, j'ai donc immédiatement ajouté, à mon titre militaire, celui de résident général de France à Madagascar. Comme cela, nul n'en ignore et on sait que je ne suis pas ici un simple intérimaire. Si je n'avais pris cette mesure immédiate, je n'aurais pas eu l'autorité nécessaire pour continuer ma mission.

« Ceci posé, je vous répéterai que je suis parfaitement d'accord avec vous sur le caractère provisoire de cette mission. Je n'ai qu'un désir, c'est qu'elle se termine le plus rapidement possible. Vous savez que, quand je suis parti de France, je rentrais à peine d'une très pénible campagne de quatre ans au Tonkin, sur nos frontières de Chine. Bien qu'incomplètement remis de mes fatigues, et ayant le plus vif désir de ne me point séparer à nouveau de ma famille, je suis parti, estimant que je ne pouvais me dérober devant cette mission, en raison même de ses difficultés et ne voulant pas faillir à mon passé. Mais j'appelle de tous mes vœux le moment où je pourrai remettre ma lourde tâche au successeur qui me sera désigné. J'ai dû, ces derniers jours, me soumettre aux ordres du médecin et prendre quelque repos après le surmenage auquel j'avais été exposé depuis mon arrivée ici. Ma tâche est réellement trop lourde et mon labeur trop grand. C'est vous dire avec quelle satisfaction je remettrai les pieds sur le paquebot pour rejoindre la France et rentrer auprès des miens. Mais, d'un autre côté, il est de mon devoir strict de ne pas déserter mon poste ou, du moins, de ne pas vous abuser sur l'indication du moment où il me paraîtra possible de faire cesser le régime exceptionnel actuel. Je ne veux pas prendre la responsabilité de laisser à mon successeur civil une situation présentant encore des dangers. Or, ce moment n'est pas encore arrivé, tant s'en faut ; Madagascar est immense et ce n'est pas du jour au lendemain qu'il est possible de modifier l'état d'anarchie dans lequel se trouve encore la plus grande partie de l'île.

« Nous avons déjà conquis l'Émyrne ; il faut maintenant nous y maintenir, en nous attachant les populations, puis pourchasser sans relâche les bandes insurgées irréductibles que nous avons rejetées dans les forêts et que nous ne lâcherons que lorsqu'elles n'existeront plus ou se seront rendues à merci complètement. Autrement, elles reviendront à la charge et tout sera à recommencer. L'expérience du Tonkin est là pour prouver ce que valent ces répits donnés aux bandes, ces compositions avec leurs chefs.

« Je n'ai rétabli la paix sur nos frontières de Chine, je n'ai rétabli la tranquillité dans le Haut-Sénégal que par cette manière d'agir. Naturellement, il en résultera encore des incidents, des engagements, des pertes même, mais ce sont là incidents de guerre qui sont forcés et qui n'ont aucune importance au point de vue de la pacification générale.

« Vous devez vous figurer nos soldats engagés dans ces bois épais, exposés à tomber dans les embuscades, et vous ne vous étonnerez pas alors des combats qui sont la conséquence de ces rencontres. Je vous demande encore la permission, à ce sujet, d'insister sur la nécessité d'octroyer aussitôt que possible, au corps d'occupation, la médaille de Madagascar. Ces braves gens qui sont constamment à la peine ne peuvent s'expliquer ce retard et se figurent qu'ils sont abandonnés.

« J'ai été un peu étonné, je l'avoue, des attaques qui se sont produites à la tribune de la Chambre contre mes actes d'administration. On a oublié dans quelle situation j'ai pris la colonie : les Hovas tout-puissants, la reine souveraine, l'insurrection aux portes de la capitale. Il fallait, de cette situation, passer à la nouvelle que je voulais créer. Mon discours à la reine a été critiqué, mais je venais d'arriver ; je la voyais entourée encore d'un énorme prestige ; nous étions presque bloqués dans Tananarive. Il a donc fallu que les paroles très nettes que je lui ai adressées sur la souveraineté de la France à Madagascar fussent accompagnées de quelques compliments à son adresse. Aujourd'hui, je me sens plus maître de mon terrain ; je prépare peu à peu sa déposition, en la tenant isolée dans son palais, en lui enlevant toutes fonctions et toute autorité, en essayant en un mot de la faire oublier. Dans deux ou trois mois, j'espère que j'aurai nos villages assez dans la main pour pouvoir la déposer tout simplement, sans que les chefs de l'insurrection ou les partisans malgaches des Anglais puissent s'emparer de ce fait pour créer un nouveau soulèvement.

« Dans toutes ces questions, il faut agir avec une extrême prudence.

« Je regrette de n'avoir pu déchiffrer la partie de votre câblogramme relative à la question religieuse qui est toujours ma grosse préoccupation. Quoi que je fasse, je suis certain de ne satisfaire personne. J'ai l'avantage, à mon point de vue du moins, de n'avoir aucun préjugé, aucune idée préconçue en ce qui concerne la religion. Voilà de longues années que je vis en contact avec des gens de toutes religions, chrétiens, musulmans, bouddhistes, fétichistes de toutes sectes, et partout je me suis efforcé de ne heurter les convictions de personne, assistant avec le plus grand calme et avec respect aux cérémonies les plus bizarres, les plus répugnantes, auxquelles j'étais souvent convié. Je dois dire que, partout, j'ai trouvé les missionnaires comme les plus gênants, parce qu'ils veulent toujours former un État dans l'État. Donc, ici, je n'ai aucune peine à m'abstenir de toute manifestation religieuse et à conserver la neutralité entre tous. Mais, catholiques et protestants veulent me faire sortir de ce rôle. L'évêque, comme le pasteur français, comme les pasteurs anglais, écoutent les potins de leurs Malgaches, les excitent en sous-main, occasionnent de véritables troubles, exagèrent les faits à plaisir, calomnient nos officiers ou résidents, ne peuvent supporter l'idée de n'être plus les maîtres dans les villages.

« La lutte entre jésuites et pasteurs est des plus vives et, puisqu'il en est ainsi, puisque nos conseils de modération, de sagesse ne veulent pas être écoutés, ni par les uns, ni par les autres, je vous proposerai, par le prochain courrier, des mesures radicales se résumant à peu près ainsi :

établissement d'un clergé officiel, création d'un enseignement officiel, indépendance des Frères et des Sœurs à l'égard des jésuites, envoi de plusieurs pasteurs français, etc... La grosse difficulté en tout cela est dans la nationalité des pasteurs anglais. Quoi que disent les méthodistes, quelque attitude réservée qu'ils semblent avoir à Tananarive, ce sont eux qui représentent l'élément anti-français aux yeux de la population. Les chefs de bandes parlent constamment de leurs amis les Anglais ; partout, depuis trois mois, leurs propriétés, leurs personnes sont protégées. C'est ce qui me force à être si sévère dans la surveillance des réunions où parlent ces Anglais, qui recherchent les allusions, les versets de la Bible, représentant la situation comme mauvaise, etc...

« Mais cette question religieuse forme ici une très grosse difficulté, et je serai bien de l'avis de M. Rouanet, que la meilleure solution serait l'expulsion de l'île de tous missionnaires et pasteurs, si l'on n'était forcé de constater que le christianisme constitue en somme un progrès, qui n'est du reste que superficiel pour les Malgaches, et que les missions catholiques et protestantes ont créé ici des écoles dont nous devons profiter.

« Les journaux semblent parler de la tension de mes rapports avec les Anglais. Il n'en est rien. Je suis dans les termes les plus courtois avec tous ces messieurs, avec le vice-consul notamment. Mais je ne puis accepter leurs prétentions, car ils ne peuvent se décider à rentrer maintenant dans la règle commune. J'ai dû aussi passer outre aux protestations du consul contre la traduction de ses nationaux devant nos tribunaux. J'ai dû refuser l'immatriculation de l'hôpital anglais, puisque ni la terre ni l'hôpital n'appartenaient à la mission anglaise, et que c'eût été livrer aux Anglais la moitié de Tananarive et presque toute l'île en créant ce précédent.

« Puisque vous me permettez de parler librement avec vous, je vous prierai, pour le moment, de ne pas toucher à l'organisation que j'ai établie provisoirement à Madagascar. La machine marche bien maintenant ; civils et militaires s'entendent à merveille et tout rouage nouveau aurait pour objet de tout déranger. Il ne serait possible, si vous trouviez l'homme pouvant convenir, que de créer une sorte de résident supérieur sur la côte ouest. Mais une fois Mizon parti, les choses pourront, je crois, marcher bien et cet emploi pourra être inutile.

« Permettez-moi encore de vous recommander la nomination du docteur Clavel, surtout en raison du conflit actuel, la croix de M. Pradon, et aussi la croix de M. Sourd, vieux magistrat ayant déjà derrière lui les meilleurs services coloniaux. »

« Tananarive, 25 janvier 1897.

« Monsieur le ministre,

« Je vous exprime toute ma reconnaissance pour votre lettre du 21 décembre qui confirme l'approbation que vous avez déjà voulu donner à mes actes par vos communications officielles et par vos déclarations publiques. Vous savez que cette approbation me permet seule de faire face à ma tâche, qui me paraît de plus en plus lourde au fur et à mesure que m'apparaissent les difficultés pour la réalisation du vaste programme de pacification et de colonisation que vous m'avez tracé.

« Il n'est pas aisé en effet de faire sentir son action sur ces immenses régions dépourvues de voies de communication rapides et tenues seulement par quelques fonctionnaires mal secondés, souvent malades, et encore insuffisamment orientés sur le but général à atteindre.

« Si le télégraphe me reliait à chacun de nos résidents, combien il me serait plus facile de remettre chacun dans le droit chemin et de guider les efforts communs pour sortir notre nouvelle colonie de l'état d'anarchie dans lequel elle se trouve. Actuellement, tout est difficulté ici. L'ordre commence à régner à peine dans l'Est, que la situation devient grave dans l'Ouest, et cependant nous ne pouvons négliger le plateau de l'Émyrne, sous peine de voir compromettre les résultats déjà obtenus. Avec cela, une saison d'hivernage très dure et un mauvais état sanitaire viennent compliquer nos opérations et m'enlever le concours d'un grand nombre de mes collaborateurs. Enfin, je suis forcé de perdre mon temps au règlement de questions qui ne devraient pas me détourner de ma mission essentielle, relative à la pacification et à la colonisation de notre nouvelle possession.

« Ceci m'amène à vous parler de la question religieuse et de l'hôpital anglais. Je ne me serais certainement pas occupé de ce dernier, si les méthodistes n'avaient demandé son immatriculation, en y comprenant le vaste terrain qui s'étendait tout autour des bâtiments. C'est alors que j'ai trouvé le contrat avec le gouvernement malgache, et que, sur l'avis du procureur général, je leur ai adressé la sommation que vous connaissez. Puis, comme ils ne cachaient pas leur intention de passer outre à cette sommation, et, pour ne pas avoir à les expulser par la force, toujours sur l'avis de M. Dubreuil, j'ai usé du droit de réquisition. Une commission leur a offert une indemnité qu'ils ont refusée. Le tribunal les a condamnés à l'accepter ; elle reste à leur disposition.

« Mais, je le répète, malgré les inconvénients de la situation, puisque nos malades étaient installés dans l'hôpital depuis septembre 95, et que nous étions forcés de payer une somme assez ronde pour cela, j'aurais sans doute laissé traîner les choses pendant quelque temps si la London Missionary Society n'avait demandé l'immatriculation de l'hôpital. Si j'avais cédé, la question se posait aussitôt dans les mêmes termes pour les nombreux établissements, temples, écoles, maisons particulières, que les Anglais possèdent à Tananarive et ailleurs. Donc, si nous cédions sur ce point, nous nous exposerions à voir immédiatement revendiquer par des étrangers des terrains et bâtiments qu'ils savent ne pas leur appartenir.

« En outre, vous savez quel est le but général à obtenir à Madagascar ; c'est de franciser l'île, ou au moins le plateau central où tout est anglais, habitudes, langue, commerce, tendances, quoi qu'en dise M. Lauga. Tous mes efforts ont donc pour objet de détruire cette influence, en raison de l'opposition sourde que nous trouvons chez les Anglais qui continuent à inculquer aux Malgaches cette idée que nous sommes un peuple versatile et changeant, incapable de mener à bien une entreprise quelconque, et que, dans quelque temps, nous abandonnerons encore Madagascar pour laisser l'autorité aux Anglais. Cela prend avec les Malgaches, qui se demandent encore quel sera leur sort futur. Nous devons donc leur prouver que nous sommes bien les maîtres et que leur intérêt est de nous seconder dans tout ce que nous faisons maintenant, d'autant plus que nous avons besoin de leur concours. En un mot, il faut que nous leur imposions la langue, les habitudes, les marchandises françaises, et, pour cela, nous devons partout intervertir les rôles, mettre les Français à la place des Anglais.

« C'est dans ce but que j'ai créé un hôpital malgache qui, sous la direction de nos médecins français, remplacera l'hôpital de Soavinandriana, et aussi une école de médecine, qui prendra la place de l'école anglaise. Était-il admissible que, dans une colonie française, les jeunes médecins malgaches fussent formés par des Anglais et munis de diplômes anglais?

« Comme vous le voyez, c'est toujours au même ordre d'idées que j'obéis : faire de Madagascar une colonie française et non anglaise.

« Il ne faut pas, à ce point de vue, que ma tâche soit arrêtée par la question religieuse, et que les Anglais, s'abritant derrière leur qualité de protestants, viennent enrayer notre œuvre ici. S'ils étaient catholiques, nous devrions agir à leur égard de la même manière.

« Par le prochain courrier, je vous écrirai longuement au sujet de cette question religieuse qui me cause beaucoup d'ennuis et me détourne de ma mission essentielle ici. Chaque parti met la plus mauvaise foi dans ses accusations, et les plaintes de tous ne reposent, le plus souvent, que sur des mensonges, ainsi que je vous le démontrerai prochainement. Mais nous sommes forcés de compter avec ces querelles religieuses qui, pour moi, n'ont d'importance que parce qu'on semble leur en attacher beaucoup en France. J'observe, je vous l'ai déjà écrit, la plus sévère neutralité religieuse, et je la fais observer par mes subordonnés. Et, même, si j'ai quelque chose à me reprocher à ce point de vue, c'est plutôt en faveur des protestants.

« C'est ainsi que j'ai répondu deux fois à la reine, qui me demandait si elle devait se convertir au catholicisme, son ancienne religion, que je ne m'occupais pas de cette question ; que je lui ai défendu, le jour de Noël, alors que, circonvenue par l'évêque, elle lui avait promis de se rendre aux vêpres, de quitter son palais. Vous savez du reste qu'il suffirait d'un mot du résident général pour que tous les Hovas se convertissent en masse au catholicisme ou à toute autre religion.

« J'observe donc la plus stricte neutralité, mais les protestants voudraient plus ; ils voudraient que, par un acte officiel, j'informe les Malgaches que ceux qui sont protestants doivent rester protestants. Je n'y puis consentir, puisque ce serait sortir justement de cette neutralité.

« Quoi qu'il en soit, puisque ces querelles existent, je vous fais des propositions nettes par le prochain courrier, pour y remédier : création d'un clergé officiel, catholique et protestant ; invitation aux pasteurs anglais d'avoir à quitter l'île et le remplacement par des pasteurs français ; création d'un enseignement officiel ; remplacement de l'évêque *jésuite* par un évêque séculier ; indépendance de la mission laissée aux frères, aux sœurs, etc. En résumé : disparition des pasteurs anglais d'une part, suppression ou amoindrissement des jésuites d'autre part.

« Les renseignements qui vous ont été donnés au sujet des temples livrés aux catholiques sont inexacts. C'est encore la question des terrains et immeubles cédés à titre provisoire par le gouvernement malgache qui se pose. Le fait est le suivant : dans un village, tous les habitants se font catholiques, et ils demandent aussitôt que le temple, qui *a été construit par la corvée*, sur un terrain du village, devienne une église. Cela n'a pu leur être refusé. Le temple ou église est la maison du village. Les Anglais ont bien essayé là aussi de faire régulariser ces concessions provisoires, mais je m'y suis refusé. Que les pasteurs français remplacent les pasteurs anglais, et immédiatement tout se règle aisément. Je remettrai aussitôt, à titre définitif et avec immatriculation, tous les temples à nos pasteurs. Avec les Anglais, ce n'est pas possible, et c'est ce qu'ils cherchent.

« C'est ce que je tâcherai d'expliquer à M. Boegner, qui m'a écrit par ce courrier. Il peut compter sur mon concours absolu, mais à condition qu'il sépare sa cause de celle des

Anglais. S'il s'agit de soutenir les Anglais dans leurs revendications de terrains par exemple, sous prétexte que ces terrains sont occupés par des temples, je ne pourrai donner mon adhésion. La réclamation que les sociétés évangéliques formulent en faveur de l'hôpital anglais prouve qu'elles ne se placent pas à un point de vue français, mais que, pour elles, le côté religieux passe avant tout. Je ne saurais m'associer à une besogne semblable et je doute que le gouvernement m'y pousse.

« En résumé, je vous enverrai par le prochain courrier un rapport qui vous éclairera à ce sujet. J'observe les règles de la plus exacte courtoisie, de la plus grande correction internationale, vis-à-vis des missions anglaises, — je vous en fournirai les preuves, — mais je suis forcé de ne leur accorder que ce à quoi elles ont droit strictement, et surtout de les empêcher de gagner à la main, notamment au point de vue de leurs prétentions en fait de terrains, bâtiments, etc. Suivant moi, nous devons arriver à déterminer peu à peu ces missions anglaises à nous quitter et, à ce point de vue, les missions évangéliques françaises nous rendront le plus grand service en prenant la place des Anglais.

« Pour ma part, je suis tout disposé à leur venir en aide autant que le permettront les ressources de notre maigre budget, par exemple en prenant à notre compte la solde d'un certain nombre de pasteurs français, mais à une condition, c'est qu'elles séparent leur cause des Anglais. Nous ne pouvons réellement pas subventionner nos rivaux britanniques, d'autant plus qu'ils représentent aux yeux des Malgaches l'élément hostile à la France, exemples : l'opposition des consuls anglais, les proclamations des chefs fahavalos, les allusions malveillantes faites souvent dans les temples par les pasteurs malgaches, les actes criminels commis par certains sujets anglais sur nos côtes

(Spiral, les frères de Lastelle, etc.). Le jour où les querelles religieuses auront lieu entre Français, je ne m'en préoccuperai plus. Catholiques et protestants *français* pourront se disputer les Malgaches comme ils l'entendront. Là question de notre domination à Madagascar ne sera plus en jeu. Il naîtra même de ces querelles une émulation dont nous pourrons profiter pour nos écoles et l'enseignement du français. Quant à empêcher jésuites et pasteurs de se plaindre, de dénaturer les actes de l'administration, j'y renonce, et cela ne doit pas d'ailleurs nous détourner de la mission que nous accomplissons en ce moment dans notre nouvelle colonie.

« Je vous écris officiellement par ce même courrier, au sujet du secrétaire général et du conseil d'administration, au sujet desquels vous m'avez écrit vous-même. Vous savez dans quelles conditions vous m'avez donné ma mission à Madagascar. Je vous ai exposé, avant mon départ, les principes généraux d'après lesquels j'agirai. Ces principes, vous me les voyez appliquer depuis mon arrivée ici, et je vous tiens bien exactement au courant de mes actes jusque dans leurs moindres détails. Je vous avais demandé avant tout la plus grande liberté, afin de me permettre d'obtenir une unité de direction et d'action absolue. J'ai réalisé cette unité par le système que j'ai organisé : j'ai pris en mains la direction de tous les services et, pour intermédiaire, j'ai organisé très fortement mon état-major avec des éléments mixtes, civils et militaires, ce qui me permet de donner aux affaires les solutions promptes et décisives qu'exigent les événements.

« Les bureaux travaillent ensemble ; les conflits sont évités ; l'unité de direction est ainsi assurée d'une manière complète. Évidemment, mon chef d'état-major est forcé de donner ainsi une énorme somme de travail ; mais je ne vois pas d'autre système possible avec la situation exceptionnelle que nous avons à Madagascar et qui y a motivé mon envoi. Je vous demanderai donc de surseoir encore à la désignation d'un secrétaire général pour la colonie. Le moment ne me paraît pas encore venu de modifier l'état de choses actuel ; à une situation exceptionnelle, il faut des moyens exceptionnels. Je serai le premier à vous prévenir dès que nous pourrons rentrer dans la règle commune. Ma tâche est trop lourde, mes responsabilités sont trop grandes pour que je prolonge au delà du temps nécessaire une mission si honorable mais si périlleuse pour celui qui en est chargé. En attendant, je vous demande instamment de laisser fonctionner la machine comme je l'ai organisée.

« Mes rapports officiels vous font connaître la situation qui s'améliore toujours en Émyrne et sur le plateau central. Le gros des bandes insurgées a été rejeté dans la grande forêt longue de 200 kilomètres, qui s'étend à l'est entre notre ligne d'étapes et le lac Alaotra. Le pays est là très accidenté ; la forêt est très épaisse ; la région est déserte et privée de ressources, aussi les opérations y sont-elles très laborieuses, surtout avec cette épouvantable saison des pluies. Afin de nous éviter de trop grosses pertes dans ces bois, presque impénétrables, j'essaie d'en faire faire le blocus en établissant des postes et blockhaus le long de la route de Tananarive au lac Alaotra et dans la vallée du Mangoro. Il faut que ces bandes arrivent à crever de faim pour nous demander merci. Si nous les laissons tranquilles, elles reprendront courage et tout sera à recommencer. Les villages de l'Émyrne sont réoccupés depuis trop peu de temps pour que nous puissions avoir encore une foi absolue dans leurs bonnes dispositions. Mais, à ce point de vue, les progrès sont énormes, surtout dans la partie occidentale de l'Émyrne, vers le lac Itary, où nous sommes arrivés au contact des Sakalaves. Je vais établir là maintenant une sorte de frontière, où des postes permanents, tenus par nos troupes européennes, nous mettront désormais à l'abri des incursions de l'extérieur et, en même temps, tiendront les Hovas en respect, pour le cas où ils voudraient s'insurger à nouveau. C'est ainsi que j'avais opéré sur notre frontière de Chine au Tonkin. Puis j'emploierai nos troupes noires à pénétrer peu à peu vers la côte, afin de nous implanter au milieu de ces Sakalaves, incorrigibles pillards, qui ne veulent pas qu'on aille chez eux, et c'est le pays de l'or.

« On les abordera avec des paroles de paix. Si elles ne sont pas écoutées, je leur infligerai une ou deux bonnes leçons et après, suivant la coutume, je leur tendrai la main et j'en ferai tout ce que je voudrai. Mais il faut vous attendre à des incidents qui seront la conséquence naturelle de la mise en œuvre de notre programme de pacification et de pénétration dans toutes les parties de l'île. Ces incidents pourront nous coûter des tués et des blessés, mais ils n'auront pas d'importance générale, à moins qu'après les pluies nous n'ayons encore un mouvement insurrectionnel sérieux, ce dont je doute. Notre organisation en Émyrne avec nos cercles, secteurs, etc., sera trop solide en ce moment pour que nous ne puissions en peu de temps réduire ces troubles.

« Notre côte est va très bien. Les provinces Betsimisaraks sont maintenant organisées. M. Pradon s'est parfaitement tiré d'une situation très difficile et je le recommande d'une manière toute particulière à votre sollicitude. Je craignais bien d'avoir à diriger une véritable expédition militaire contre Mandritzara. Grâce à son énergie et sa décision, il a su refouler les insurgés, enlever Mandritzara, et il vient d'organiser le pays avec les chefs sakalaves.

« J'aurais voulu négliger, pour quelque temps encore,

la côte ouest, dont nous n'avions pu nous occuper jusqu'à ce jour. Mes moyens sont trop limités pour que je puisse trop disperser nos troupes. Mais les incidents se multiplient de ce côté et j'ai pris un certain nombre de mesures, que vous verrez sur mes instructions, dont je joins un exemplaire à cette lettre.

« Le difficile, à Madagascar, est d'imprimer à tous une direction conforme au but général à atteindre. C'est ainsi que nos résidents les plus éloignés, Nossi-Bé, Majunga, Tulléar, Fort-Dauphin, n'ont pas encore bien compris ma manière de faire. Ou bien ils restent immobiles dans leurs résidences, se bornant à administrer la localité, ou bien ils prennent quelques miliciens et s'en vont au loin faire quelque expédition.

« Ce système est des plus mauvais. Il faut, comme nous avons fait en Émyrne, comme je l'ai fait au Soudan, gagner du terrain peu à peu, ne pas faire un pas en avant sans avoir *organisé* le terrain occupé, si nous voulons faire de la besogne qui dure.

« Mes instructions ci-jointes vous montrent comment je comprends notre action sur la côte ouest. Mais il est essentiel que nous organisions solidement notre flottille, autrement nous n'arriverions à rien. Il est fâcheux que nous n'ayons pas encore nos canonnières dans ces belles et larges rivières qui descendent du plateau central. Pour cela, il faut que ce matériel naval soit toujours tenu en bon état, qu'il soit bien outillé et bien commandé. Il faut donc un officier de marine à la tête de ce service, au moins pendant quelque temps encore.

« Je suis certain qu'une fois la côte ouest tenue par nos postes de douane et par la flottille, nous rattraperons largement nos dépenses. Une cause qui contribuera à la pacification vers Majunga, ce sera la disparition du résident Mizon. Il ne voulait en faire qu'à sa tête et s'était mis tout le monde à dos, fonctionnaires civils, militaires, colons, marins.

« En résumé, je crois que, si ma santé me permet de tenir mon poste jusqu'au bout, vous aurez une situation bien changée l'année prochaine à pareille époque. Mais je suis fatigué, et par le climat, et par mes précédentes campagnes coloniales, et par mon énorme travail ici. Du reste, nous avons une saison très dure et nous avons un grand nombre de malades. Aujourd'hui, la situation sanitaire du corps d'occupation est de 905 malades dans les hôpitaux et ambulances. Beaucoup de mes meilleurs collaborateurs sont alités, M. Homberg est très fatigué et souvent couché.

« En même temps, ces pluies diluviennes, outre qu'elles mettent tout le pays sous l'eau, détruisent notre poste militaire de Tamatave, jettent à terre tous les travaux faits par M. Viart et démolissent nos constructions. C'est un moment très pénible à passer et, malgré tout, vous devez vous en apercevoir aux résultats obtenus, tout le monde est bien dans le collier, civils comme militaires, et fournit un travail considérable.

« Je ne pense pas que vous ayez attaché de l'importance à ces bruits qui ont couru dans les journaux sur la non-proclamation de l'abolition de l'esclavage ici. Il est certain que M. Laroche a été des plus incorrects en prenant cette mesure sans me prévenir, sans prévenir personne, alors que déjà il n'était plus résident général. Mais, cette réserve faite, j'ai immédiatement donné tous les ordres de détail pour appliquer la mesure ; au moment même où Rainadriamanpandry était fusillé, ma proclamation malgache affichée et publiée partout faisait appel aux anciens esclaves ; le lendemain, l'ordre était donné de faire inscrire tous ces affranchis et de venir en aide aux femmes, enfants, etc., abandonnés par leurs anciens maîtres. Bref, je faisais ce que mon prédécesseur aurait dû faire au préalable.

« Maintenant, il est certain que l'esclavage existe toujours chez les Sakalaves de l'ouest, mais il disparaîtra au fur et mesure que nous pénétrerons chez eux.

« En résumé, vous pouvez compter, si ma santé ne m'oblige pas à m'arrêter, sur mon concours le plus énergique pour essayer de venir à bout de la tâche que vous m'avez confiée et d'appliquer les idées et les prescriptions que vous me communiquerez, pour notre œuvre à Madagascar.

« P.-S. — Je me permettrai d'appeler encore votre attention sur la question de la médaille de Madagascar. Vous savez que les intérêts du corps d'occupation sont maintenant entre vos mains et nos soldats méritent amplement cette marque de confiance du gouvernement, qu'ils attendent avec impatience. »

« Tananarive, 12 mars 1897.

« Monsieur le ministre,

« Je vous suis bien reconnaissant de votre dernière lettre du 9 janvier. Dans la situation difficile où je me trouve et au milieu des circonstances délicates où je suis souvent placé, je crains toujours de mal faire et je suis particulièrement heureux quand vous venez me dire que je suis dans la bonne voie. Vos instructions à mon départ de France étaient nettes, mais c'est leur application qui est difficile, en raison des multiples incidents, des complications continuelles qui surgissent autour de moi. D'autre part, je ne puis leur opposer la force d'inertie, car je serais aisément débordé par les événements et nous perdrions le bénéfice des résultats déjà obtenus.

« Enfin, vous savez que la difficulté de nos communications ne me permet pas de vous demander vos instructions chaque fois que j'ai à prendre une décision importante et, le plus souvent, urgente.

« Mais, dans tous mes actes, je me suis toujours laissé guider par deux ou trois principes qui sont, suivant moi, indispensables pour établir définitivement notre domination à Madagascar, à savoir : abaissement du prestige et de l'autorité de la race hova, sauf à utiliser ses qualités au point de vue commercial et de la colonisation ; remplacement de l'influence anglaise par l'influence française ; prédominance du point de vue commercial dans tous nos actes d'administration et de politique indigène.

« J'essaie de conformer toute notre conduite à ces principes essentiels.

« Le remplacement des gouverneurs hovas en dehors de l'Émyrne, l'abolition de l'esclavage et l'appui donné par moi aux anciens affranchis, les mesures libérales, j'allais dire *démocratiques*, que je prends, la déposition de la reine surtout, sont les principaux moyens employés pour diminuer l'immense orgueil de la race conquérante, son prestige, son esprit de domination, et faire disparaître les dangers que nous faisait courir le maintien de l'hégémonie hova.

« La dernière grosse mesure politique à prendre dans ce sens était la déposition de Ranavalo. J'avais hésité longtemps devant une mesure aussi grave. J'avais même espéré pouvoir me servir de la reine pour nous aider dans notre œuvre de pacification. J'ai dû me détromper. La reine n'avait rien oublié. Son attitude, presque hostile à la fête du Bain, et si différente de celle de Razanjy, les papiers trouvés lors des événements d'Ambohimanga, et

surtout la persistance que mettaient les chefs des castes
nobles et des dernières bandes insurgées à se servir de son
nom pour préparer de nouveaux troubles après les pluies,
m'ont déterminé à en finir. Les commandants de cercles
étaient tous unanimes à ce sujet : Ranavalo servait de
porte-drapeau à tous nos ennemis, tandis que nos amis
hésitaient, se demandant pourquoi nous conservions l'ancienne royauté. L'un de nos commandants de cercles
m'ayant prévenu qu'il venait justement de découvrir dans
un village une sorte de complot, ayant pour objet de déterminer un nouveau soulèvement en avril, au nom de la
reine, je me suis décidé à agir aussitôt, tout en préparant
la mesure, dont je connaissais la gravité, avec le plus grand
soin.

« Aujourd'hui la situation est nette : la maison de
Radama n'existe plus. L'Émyrne est administrée par un
gouverneur général, sous notre haut contrôl . Ranavalo
est en route pour la Réunion, avec les princesses, et même
son pasteur malgache, l'un des ennemis les plus dangereux que nous possédions ici. Je considère notre avenir
politique avec moins d'inquiétude. J'aurais voulu prendre
votre approbation avant cette grave mesure, mais nos
communications télégraphiques étaient trop lentes et il
fallait agir vite.

« Je vous envoie un croquis vous indiquant notre organisation actuelle de l'Émyrne, avec le réseau de nos postes,
blockhaus, villages armés, etc. Vous verrez que presque
partout nous avons dépassé les limites des pays hovas.
La situation est particulièrement bonne à l'ouest et au sud.
Je viens de donner l'ordre d'occuper Triromandidy et
Ankavandra, en plein pays sakalave et dans la région
aurifère, ce qui va permettre à nos concessionnaires de
mines de montrer s'ils sont sérieux et veulent se mettre
au travail, leur protection étant assurée.

« C'est au nord-est que nous avons le plus de difficultés. Les insurgés qui sont conduits là par les chefs les plus irréductibles se cramponnent aux forêts et refusent de s'en laisser déloger. Le colonel Combes vient d'enlever les camps de Rabosaka, très sérieusement fortifié ; mais, à l'inverse de ce qui s'est passé dans l'ouest et au sud, personne n'a voulu se soumettre. Il a fallu tuer un certain nombre de prisonniers, devant la résistance acharnée qu'ils nous opposaient. Malgré tout, ces bandes ont été rejetées plus au nord et j'espère bien que notre réseau de blockhaus, se resserrant de plus en plus autour de la forêt, finira par avoir raison d'elles. D'ailleurs, nous ne pouvons pas les lâcher, surtout en ce moment, car elles viendraient encore incursionner sur notre route et parmi nos villages soumis. Or, nous sommes à la veille de la reprise périodique du fahavalisme et nous devons prendre nos mesures en conséquence. Si je pouvais rester en Émyrne et si je n'étais obligé, le mois prochain, d'aller à Tamatave et sur la côte, je crois que les Hovas n'oseraient bouger. Mais mon voyage est indispensable et je partirai vers le 15 avril, bien que les colons de Tananarive soient venus m'exprimer leurs inquiétudes à ce sujet.

« En somme, la situation est toujours très bonne en Émyrne, où notre programme de pacification et d'organisation suit son cours normal, peut-être même plus rapidement que je ne l'avais prévu. Mais il faut s'attendre à tout, et le moindre relâchement dans la surveillance peut amener un nouveau soulèvement, nos premiers résultats étant encore trop récents pour être absolument définitifs. Les Hovas sont d'incorrigibles perturbateurs. Il y a quelques jours encore, nous avons pris en plein Tananarive une prêtresse et un marchand d'amulettes chez lesquels nous avons trouvé les lettres les plus compromettantes pour le plus gros personnage de la ville, 15ᵉ Honneur

et gendre de Rainailivony. Tout ce monde a été naturellement arrêté.

« En ce qui concerne maintenant la seconde partie de
notre programme général, c'est-à-dire le remplacement de
l'influence anglaise par l'influence française, je crois que
cette dernière période non plus n'aura pas été mauvaise.
Les conventions passées avec les sociétés bibliques et qui
ont eu pour objet de nous mettre en possession, contre
indemnités, et moyennant le droit de devenir les propriétaires réguliers d'une partie de leurs immeubles, des
bâtiments les plus importants qu'elles possédaient à
Tananarive, ont porté un gros coup à leur prestige. Les
Malgaches comprennent maintenant que nous sommes bien
les maîtres. C'est nous qui occupons les plus beaux bâtiments,
où nous avons installé nos services publics ; c'est nous qui
imposons notre langue, nos méthodes d'enseignement, etc.

« Cette prééminence bien acquise, je crois qu'il me sera
possible d'ouvrir avec ces messieurs, surtout avec la
« Foreign Association », les relations les plus courtoises,
et même les plus amicales, ainsi que j'ai déjà commencé.
C'est ainsi que j'ai prié M. Standing, de cette mission,
d'être professeur de pédagogie et de chant à notre école
« Le Myre de Vilers », à condition que la religion soit
exclue de son cours. De plus, je vais voir si, à titre gra-
cieux, je ne peux pas leur offrir un supplément d'indemnité pour leur hôpital. Je leur donne en même temps
toutes facilités pour leurs écoles de la campagne et, dans
ces cessions de bâtiments à Tananarive, je me suis arrangé
pour que leur œuvre d'enseignement puisse continuer
comme par le passé.

« La « L. M. S. » est plus réfractaire. Elle était toute-
puissante et se résigne avec peine à son nouveau rôle
effacé. Mais j'espère, avec elle aussi, arriver à m'entendre
parfaitement.

« L'essentiel était de persuader à tous ces Anglais que j'étais bien décidé à me servir de tous mes pouvoirs contre eux s'ils ne voulaient pas modifier leur attitude hostile vis-à-vis de la France. Ils en sont bien convaincus aujourd'hui. Je les seconde donc maintenant le plus possible dans leur œuvre d'enseignement français, mais en continuant à les surveiller étroitement. C'est ainsi que, partout, j'ai mis des soldats à leur disposition, pour leur faciliter, dans leurs écoles, l'étude de notre langue.

« En ce qui regarde la partie religieuse, je me maintiens toujours dans la voie que vous connaissez. Mais que toutes ces querelles absorbent mon temps ! Je voudrais rester à l'écart de tout cela, je ne le puis. Je suis forcé d'intervenir malgré moi pour répondre aux réclamations de tous. Je vous aurais adressé mon volumineux rapport religieux par ce courrier, si je n'avais voulu attendre les conclusions de la commission sur la propriété des édifices religieux. Mais je ne vous cacherai pas que la conclusion de mon rapport est que je ne puis continuer à consacrer à ces questions tout ce temps, alors que j'ai tant à faire ailleurs. En somme, je n'ai pas été envoyé ici pour faire des Malgaches des protestants et des catholiques. Je dois en faire des sujets soumis de la France. Le reste m'importe fort peu. Je vous demande donc de me trouver un moyen de me débarrasser de ces questions, soit par l'envoi d'un fonctionnaire spécial à cet effet, soit par la création d'un tribunal de conflits religieux.

« J'ai écrit à M. Boegner par le dernier courrier. Je suis tout prêt à lui donner le concours le plus énergique. Mais il ne pourra jamais rien faire sans les Anglais. Le pasteur Escande se trouve ici, avec de pauvres diables, malades, besogneux, insuffisants, pour lesquels les Anglais eux-mêmes n'ont qu'une estime très médiocre. Ce n'est pas

avec ces faibles moyens que la Société de Paris arrivera
à faire face à sa tâche.

« Malgré tout, quoi que puisse dire Luther ou Loyola,
je ne laisserai se produire aucun désordre et je ne m'écar-
terai en rien du programme politique que je crois bon pour
l'avenir et la prospérité de notre colonie.

« J'ai parlé très roide à l'évêque. Il se tient tranquille
maintenant. Il a même rédigé une circulaire que je vous
envoie et qui est très correcte (1). Inutile de vous dire

(1)   *Lettre circulaire de Mgr Cazet,*
        vicaire apostolique de Madagascar septentrional,
            aux missionnaires de son vicariat.

« Tananarive, le 19 février 1897.

« Mes Révérends Pères, P. C.

« Par la circulaire du général Gallieni en date du 13 février, vous
avez vu avec quelle énergie il insiste auprès des autorités françaises
et indigènes, pour qu'elles observent fidèlement la neutralité religieuse, qu'elles n'exercent aucune pression, et qu'elles laissent les
Malgaches libres d'embrasser la religion qu'il leur plaira. Le général
s'appuie sur le passage suivant d'une récente dépêche de M. le
ministre des Colonies : « Je ne saurais admettre que les querelles
« religieuses puissent être une occasion de troubles dans la colonie,
« et je blâmerais les autorités locales qui hésiteraient à réprimer
« immédiatement les fauteurs de désordre, à quelque confession
« qu'ils appartiennent. »

« Nous ne saurions trop, mes Révérends Pères, entrer dans l'esprit de cette circulaire et de cette dépêche au sujet de la liberté de
religion et d'enseignement ; c'est vers cette liberté que nous avons
longtemps, mais en vain, aspiré. Maintenant qu'on nous l'a accordée,
usons-en, mais dans un esprit de douceur et de paix, évitant et
faisant éviter avec soin, par nos adhérents, comme nous l'avons
fait jusqu'ici, tout ce qui serait de nature à occasionner le moindre
trouble parmi les Malgaches.

« Entrant d'avance, il y a plusieurs semaines, dans les intentions
du gouvernement français, je vous ai recommandé de ne jamais
écrire aux autorités locales pour ce qui concerne les questions
d'ordre purement spirituel, questions dans lesquelles il leur est
défendu de s'immiscer. Dans notre réunion mensuelle du 17 février,
j'ai renouvelé cette recommandation avec plus d'insistance, et je

que l'expulsion des jésuites de Madagascar, actuellement,
serait un coup funeste pour l'influence française dans la
grande île. Il faut arriver progressivement, comme je le
propose dans mon rapport, à diminuer leur influence par

vous ai vivement exhortés de vous pénétrer de plus en plus, au
milieu des difficultés qui peuvent se présenter, d'un esprit de douceur, de patience, de bonté à l'égard de tous. C'est dans cet esprit
que vous avez agi jusqu'ici et, sans que nous nous en doutions,
on en a été frappé. Voici, en effet, ce que m écrivait, le 25 octobre
dernier, un capitaine qui, après avoir fait partie de l'expédition
et séjourné plusieurs mois à Tananarive, a été rappelé en France :
« Votre patience pendant le temps d'épreuves que vous venez de
« traverser, vous a encore grandis dans l'estime générale, et c'est
« avec respect que les officiers du corps expéditionnaire parlent des
« Pères qu'ils ont pu apprécier et aimer. »

« Continuons, mes Révérends Pères, à pratiquer cette patience
et cette longanimité, et à ne nous occuper en rien des affaires
publiques, si ce n'est pour demander à Dieu qu'elles progressent
pour le bien de la France et de Madagascar. Nous nous conforme-
rons ainsi à une maxime de saint Ignace, qui disait : « Le moindre
« bien, fait avec calme et édification, me semble préférable à de
« plus grandes choses propres à entraîner du trouble et du scan-
« dale. »

« Vous me demanderez peut-être ce que vous devez faire, quand il
se passe des faits dans le genre de ceux que me signale le R. P. Dupuy,
dans sa lettre du 17 de ce mois : « Les pasteurs luthériens (mal-
« gaches, district d'Antsirabe) continuent, dit-il, leurs exploits de
« jadis. Depuis quinze jours, ils ont dispersé trois de nos classes,
« frappé nos institutsurs et emmené de force plusieurs élèves. »
Dans des cas analogues, vous recommanderez à vos adhérents,
élèves ou autres, de ne jamais mettre le tort de leur côté ; ensuite,
après vous être assurés des circonstances du fait, vous tâcherez
d'obtenir des opposants, par vos aides malgaches, ou par vous-
mêmes, qu'ils respectent la liberté des catholiques, comme ceux-ci
respectent celle des protestants. Si vos démarches échouent, vos
adhérents porteront plainte à l'autorité locale qui, conformément
« aux instructions de M. le ministre, n'hésitera pas à réprimer immé-
« diatement les fauteurs de désordre, à quelque confession qu'ils
« appar iennent. »

« S'il est nécessaire que vous interveniez par écrit, vous ne le
ferez qu'après m'avoir informé de tout ce qui s est passé et reçu
ma réponse.

« Telles sont, mes Révérends Pères, les recommandations que j'ai

la création d'un enseignement neutre, d'un clergé officiel, etc...

« Le départ du courrier me force à suspendre ma lettre.

« Vous pouvez toujours compter, quoi qu'il arrive,
que je continuerai à vous tenir au courant de nos affaires.
Je vous ai voué une profonde reconnaissance pour la
confiance que vous avez eue en moi et je n'oublierai
jamais votre bienveillance. Mais je ne vous dissimulerai
pas que je serai parfaitement satisfait le jour où je mettrai
le pied sur le paquebot pour rentrer en France. La tâche
est réellement trop lourde et on ne peut la conserver longtemps. »

« Tananarive, 27 avril 1897.

« Monsieur le ministre,

« Je vous remercie de la lettre particulière que vous
avez bien voulu m'adresser par le dernier courrier. Je
ne vous cache pas que j'avais été un peu ému par votre
câblogramme du 14 mars. J'avais cru y voir que vous
n'aviez plus en moi la même confiance et que vous me blâ-
miez pour la mesure prise vis-à-vis de la reine, alors qu'il
ne m'avait semblé sortir nullement de vos instructions
écrites et verbales, par lesquelles vous aviez bien voulu
me laisser toute initiative au point de vue de notre politique indigène. De plus, mes rapports, mes câblogrammes
précédents ne laissaient aucun doute sur la nécessité de

cru devoir vous renouveler en vue de la paix commune et de l'avancement des œuvres de la mission.

« Je me recommande à Vos Saints Sacrifices, en union desquels
je suis, mes Révérends Pères, etc...

« JEAN-BAPTISTE, S. J. »

nous débarrasser de la reine. Je ne crois pas, et c'est l'avis de tous ici, qu'il y ait eu, depuis l'entrée des Français à Tananarive, de mesure plus heureuse, au point de vue de la consolidation de notre influence, que cet éloignement de Ranavalo. Les résultats ont été presque immédiats et m'ont permis de passer à ma deuxième manière, c'est-à-dire de ne plus me laisser guider, dans mes rapports avec les Malgaches, que par cet esprit de bienveillance et de bonté qui m'a déjà si bien réussi, sur les bords du Niger comme sur nos frontières de Chine. J'espère qu'il en sera de même désormais avec les Hovas.

« C'est donc sous l'impression que j'avais mal agi, avec trop de précipitation ou à la légère, et que j'avais pu ainsi aller à l'encontre de vos instructions, que je vous ai demandé, si mes explications étaient jugées insuffisantes, à être remplacé. Mais je vous demande de rester bien persuadé que, quoi qu'il fût advenu, même si vous aviez jugé utile de me désigner un successeur, je n'aurais jamais oublié la grande bienveillance que vous m'avez toujours montrée, et la reconnaissance que je vous dois.

« Pas un seul moment, je n'ai pensé à trouver insuffisantes les explications que vous aviez données au Sénat à mon sujet, lors de la demande de M. Trarieux. Si vous n'avez pas approuvé d'emblée la déposition de la reine, c'est qu'apparemment vous aviez des raisons pour parler ainsi devant nos sénateurs. Cet incident, étant donné l'appréciation générale que vous avez bien voulu porter sur moi, n'a fait au contraire qu'augmenter les sentiments de respectueux attachement que je vous ai voués.

« Je serais désolé que, de votre côté, vous ayez pris en mauvaise part ma demande de remplacement. Je me fais une très haute idée de la mission que vous m'avez confiée et je désire la remplir de mon mieux. Pour atteindre ce but, j'ai essayé, dès mon arrivée à Tananarive, de me tracer une ligne de conduite me permettant d'arriver progressivement au rétablissement de nos affaires à Madagascar. La déposition de la reine était l'un des points principaux, le plus essentiel même, de ce programme. Je n'aurais donc pu y renoncer, sous peine de voir compromettre les résultats favorables que j'en attendais au point de vue politique. Il était donc de mon devoir de vous demander à être remplacé du moment que vous sembliez désapprouver l'opportunité de l'envoi de Ranavalo à la Réunion. Le câblogramme Reuter, connu ici et faisant connaître que les protestants français désapprouvaient cette mesure qui devait faire l'objet d'un débat aux Chambres, avait certainement diminué mon autorité ici.

« La L. M. S. redoublait ses réclamations et une campagne de mensonges, de calomnies, s'était immédiatement organisée parmi le vieux parti hova pour troubler les esprits des populations qui commençaient à se rallier à nous. On parlait de la guerre entre la France et l'Angleterre, de mon remplacement immédiat, etc... C'est ainsi que naissent les insurrections à Madagascar, les Malgaches étant crédules à l'excès. C'est pour cela aussi que la L. M. S. sera toujours, rien que par sa présence ici, un grand danger pour notre domination, quels que puissent être d'ailleurs les efforts que font les missionnaires anglais pour avoir une attitude correcte. Pendant longtemps encore, nos adversaires ici s'appuieront ur les Anglais, sur la L. M. S. notamment, qui est, pour le gouvernement britannique, en tous pays, un merveilleux instrument de propagande, non seulement religieuse, mais politique et commerciale. Le principal magasin de Tananarive leur appartient et porte sur sa façade les mots : « Printing Office. L. M. S. » J'admire bien sincèrement ces gens-là qui ont des méthodes de patriotisme pratique remarquables. Mais ils font œuvre anglaise et il est de notre devoir de leur jeter dans les jambes tous les obstacles qui sont légalement à notre disposition.

« Bref, ma situation aurait été des plus fausses et pleine de conséquences graves, si les Malgaches et les Anglais avaient été persuadés que ma conduite n'avait pas votre approbation complète. D'autre part, il ne me paraissait guère possible de modifier ma manière de faire vis-à-vis des uns et des autres. C'est pour cela que je vous avais demandé instamment à rentrer, au cas où mes explications vous eussent paru insuffisantes. Mais si cela eût été, il n'y aurait eu de ma part aucune récrimination, aucun changement à mes sentiments de reconnaissance vis-à-vis de vous. En mon âme et conscience, j'estimais simplement que pour accomplir la tâche que vous m'avez tracée dans ses lignes principales, il fallait suivre tel programme. Ce programme ne pouvant être suivi pour des raisons qui m'échappent et qui ressortissent peut-être de la politique intérieure en France, il était dès lors de mon devoir de me retirer.

« Mais votre câblogramme m'annonçant le vote de la Chambre des députés et me transmettant les félicitations au corps d'occupation, est venu clore l'incident de la manière la plus heureuse. Je ne doute pas d'ailleurs que ce résultat favorable ne soit dû en grande partie à votre haute intervention dans les débats. La publication de ce câblogramme a eu jusqu'ici un grand retentissement, d'autant plus que j'ai eu la satisfaction de voir tous nos compatriotes s'associer dans une démarche collective pour me féliciter à ce sujet. Cette démonstration a eu un effet considérable sur les Malgaches et... sur les Anglais. Dans quatre jours, je pars pour Tamatave et pour une tournée assez longue sur les côtes et dans l'intérieur de l'île. Je pourrai ainsi me rendre mieux compte des mesures à prendre pour améliorer notre situation dans ces régions.

« Comme vous me le recommandez, je fais de mon mieux pour apaiser les querelles religieuses. Je ne vous dis pas que je conserve la neutralité religieuse. J'ai prévenu les chefs des diverses confessions que je n'admettais pas qu'ils mettent en doute mon esprit d'impartialité à cet égard, pas plus d'ailleurs que celui de nos officiers ou rési-dents. Si l'un de ceux-ci ne se conformait pas exactement à mes injonctions à cet égard, je n'hésiterais pas à le punir et à le renvoyer en France à votre disposition, qu'il soit militaire ou civil. Le volumineux rapport religieux que je vous ai envoyé par le dernier courrier vous aura, je pense, éclairé à ce sujet. Au point de vue religieux, tous ces pasteurs, curés, jésuites, jouent ici le rôle le plus fâcheux et le plus ridicule que l'on puisse imaginer. Si ces messieurs ont obtenu des résultats sérieux au point de vue de l'enseignement, il n'en est pas de même au point de vue religieux, quoi qu'ils puissent prétendre. Le Mal-gache n'a pas de convictions religieuses ; il est simplement fétichiste au fond de son être. Il change de religion avec une facilité remarquable, au gré du dernier qui lui parle, d'une simple fantaisie même. Cela n'a pas d'importance pour lui. Je gage que, sur mon ordre, tous les Hovas de l'Émyrne se feront catholiques un lundi pour se refaire protestants le jeudi de la même semaine, si cela leur est prescrit..

(Ici figure un passage un peu trop scabreux sur les mœurs des femmes indigènes, nobles ou non.)

« D'autre part, et c'est une des causes les plus sérieuses des querelles religieuses, ces mêmes Malgaches sont men-teurs à l'excès. Ils ont un esprit inventif remarquable, et nos pasteurs ou missionnaires ont le tort d'accueillir leurs mensonges avec trop de facilité. Les mêmes Malgaches qui se plaignent au pasteur protestant des faits de pression de la part du jésuite, viennent le lendemain porter les mêmes plaintes à celui-ci contre le pasteur.

« En résumé, tout ce mouvement religieux est ici purement factice et, si les missionnaires des diverses confessions étaient plus raisonnables, il n'aurait rien de sérieux ni de grave. Le malheur, c'est qu'il est exploité au profit d'une influence souvent hostile à la France.

« Mais vous pouvez être assuré que personne ici ne s'écarte de la neutralité religieuse que vous avez prescrite. Le temps seul pourra amener l'apaisement entre les diverses sectes ; mais la lutte sera toujours vive, en raison justement du milieu ondoyant que forment les Malgaches.

« Il est réellement fâcheux que ces querelles aient en France un retentissement qu'elles ne méritent pas. Je dois avouer du reste que les pasteurs et instituteurs qui nous sont arrivés hier m'ont fait la meilleure impression. Je n'ai pas eu besoin de leur dire qu'ils pouvaient compter sur mon concours le plus complet, à une condition essentielle, c'est qu'ils ne se mettent pas à la remorque de la L. M. S. Je leur ai déclaré que leur intervention ne m'empêcherait jamais de poursuivre les mesures que j'estime utiles pour diminuer l'importance des Anglais ici. En dehors de cela, tout mon appui leur est acquis pour des œuvres françaises et cet appui se manifestera par des faits et non par des paroles.

« Quant à nos officiers, je puis vous affirmer qu'ils cherchent à intervenir le moins possible dans ces questions religieuses. Chez beaucoup même, la terreur de ces incidents est telle que, dès que la sentinelle du poste annonce au loin un pasteur ou un curé, ils se sauvent immédiatement pour ne pas le rencontrer.

« Je vous ai donné mon opinion sur les jésuites. Si on les expulsait maintenant, on commettrait une grave faute politique, qui serait de suite exploitée par les Anglais.

Il faut attendre pour cela, si le gouvernement juge cette mesure utile au point de vue de l'opinion en France, qu'ils aient été remplacés par d'autres missionnaires et que les pasteurs français aient pu évincer la L. M. S.

« Tout Français qui arrive ici est aussitôt pris par cette idée que l'Anglais est l'ennemi. C'est pour cela que nos officiers, nos fonctionnaires, nos colons, d'opinions religieuses généralement assez tièdes en France, ne manquent jamais ici d'aller le dimanche à la messe. Or, dans un poste, il suffit que le commandant du poste aille un jour à l'église pour que tous les habitants du village se fassent catholiques le lendemain. Si, en ce qui me concerne, je me dispense, autant par habitude que pour ne pas gêner les Malgaches à ce sujet, de paraître à l'église, je ne puis me permettre de donner des instructions conformes à ce sujet à mes subordonnés. On trouve déjà que j'ai trop de complaisance pour les protestants. Ceux-ci ne s'en montrent guère reconnaissants, puisqu'on m'accuse de cléricalisme. Mais cela n'a rien d'important. Quoi que je fasse, quoi que je dise, je suis certain de ne contenter personne à ce point de vue. Il est certain que je ne pourrai jamais convaincre M. Trarieux que je ne suis pas un jésuite. L'essentiel, pour nos affaires de Madagascar, est que je ne me laisse entraîner ni d'un côté ni de l'autre. De cela vous pouvez être certain, parce que vous me l'avez prescrit, puis parce que la question religieuse m'est absolument indifférente. J'apprécie les missionnaires pour les résultats au point de vue de l'enseignement, et je les seconde de mon mieux ; au point de vue religieux, je ne les comprends pas. Ils poursuivent ici un mythe et, chaque jour, les faits le prouvent au delà de toute expression.

« Je terminerai en vous demandant de ne pas blâmer ma bienveillance pour mon personnel. Je vous assure que je lui demande des efforts réellement extraordinaires et que je ne tiens compte ni des difficultés, ni du climat. Vous avez vu la grande consommation que j'ai faite de fonctionnaires civils de toute catégorie. Je n'ai en vue, et cette idée 'est partagée par eux tous, que le but à atteindre. Tout le monde travaille avec une ardeur inouïe. Sans cela, nous n'en serions pas où nous en sommes. Je voudrais tant achever ma tâche le plus rapidement possible et passer ma succession à un autre, dès qu'il me sera possible de m'éloigner sans paraître déserter mon poste. Je n'en suis pas encore là malheureusement. »

« Tananarive, le 26 juillet 1897.

« Monsieur le ministre,

« Je vous prie de me permettre de vous entretenir de la question de nos travaux. Vous n'ignorez pas que sans eux, sans un port, un câble autour de l'île, des logements sur les côtes pour nos soldats et fonctionnaires civils et douaniers, une route surtout, en attendant un chemin de fer, nous n'arriverons à rien ici, que tous nos efforts de colonisation seront vains, et que notre situation au point de vue du ravitaillement s'aggravera certainement, sans tenir compte même du gros dépassement que subira notre budget militaire du fait des transports.

« Aujourd'hui, je suis très inquiet sur ce qui va se passer jusqu'à la prochaine récolte. Je me trouve devant un dilemme insoluble: faute de route, nous manquons de tout ici : vivres, cartouches, armes, habillement, etc. J'ai dû prendre, depuis quelques jours, des mesures énergiques : nouvelle diminution de la ration de vin, diminution de la ration de pain, utilisation pour nos troupes des vêtements trouvés au palais de la reine et transformés par les soins de l'École professionnelle, recherche de nouvelles lignes de ravitaillement, etc. Mais tout cela ne constitue que des remèdes des plus insuffisants.

« D'autre part, comme il fallait s'y attendre, le riz manque en Émyrne. C'est la conséquence des événements des deux dernières années, et surtout de l'insurrection durant laquelle toute la population sans exception avait abandonné les villages et s'était retirée dans les bois, obéissant stupidement au mot d'ordre venu du palais de la reine. C'est la nécessité de remettre tous ces malheureux au travail qui m'a déterminé à demander à nos troupes, malgré la dernière saison des pluies et maintenant encore, l'énorme effort que vous connaissez. Deux fois j'ai été sur le point de tout arrêter, devant les pertes que nous occasionnaient les maladies, devant les difficultés presque insurmontables du ravitaillement de nos postes, perdus en pleine forêt, interceptés par les rivières grossies ou des marais presque infranchissables.

« J'ai persisté, malgré nos 1 200 malades du mois de janvier, malgré nos 90 morts des mois de décembre, janvier et février, et j'ai bien fait car l'insurrection a plié devant notre ténacité et les habitants vont pouvoir se remettre aux cultures. Les ordres les plus énergiques sont donnés pour cela ; mais en attendant, le riz manque et la récolte n'est qu'en février prochain. Qu'allons-nous devenir jusque-là ? J'ai défendu de lever de nouveaux bourjanes de réquisition pour aller à Tamatave, d'abord pour leur permettre de cultiver, puis parce qu'ils meurent sur cette route, dans la forêt, et que plusieurs ont déjà préféré reprendre la brousse. En même temps, ne pouvant plus nourrir nos mulets, je les ai renvoyés vers le bas.

« Enfin, la flottille de Majunga est absolument à condamner et M. de Lavalette s'oppose formellement à ce qu'on l'utilise encore. De plus, je m'occupe depuis trois mois à faire rassembler les voitures Lefebvre répandues dans les ravins, entre Majunga et Andriba. Lors de mon récent voyage à Suberbieville, j'en ai moi-même trouvé une en pleine brousse, ayant encore entre les brancards le squelette du mulet tout attelé qui la traînait, il y a deux ans. Tout ce matériel vaut au moins 1 200 à 1 500 000 francs et peut nous rendre encore les plus grands services. Mais toutes les voitures sont à réparer. Actuellement, des ateliers fonctionnent à Marololo et Suberbieville, mettant en état 200 voitures par mois. Trois mille voitures ont été reprises dans la brousse ; les autres, je les abandonne. Mais vous voyez combien cette liquidation de la dernière expédition me gêne pour nos transports ainsi suspendus.

« Bref, la situation est celle-ci : nous allons manquer de riz et il m'est impossible d'en envoyer chercher à la côte parce qu'il est indispensable que tout le monde se mette aux cultures abandonnées en grande partie pendant l'insurrection. De plus, nos mulets vont être immobilisés vers le bas, ou du moins ne pourront être utilisés que dans le bas, parce que nous n'avons pas ici de paddy pour les nourrir. Enfin, nous manquons de tout ; nos soldats sont sans vêtements et couvertures, et j'ai dû faire faire des chéchias à nos tirailleurs en les taillant dans de vieux costumes anglais trouvés au palais de la reine. Tout atteint ici des prix formidables.

« Il nous faut donc une route à tout prix. Et faire une route dans ce pays difficile, mouvementé, boisé, pluvieux, argileux, n'est pas commode. Mais ces conditions étaient les mêmes sur les frontières de Chine et dans certaines parties du Soudan, et nous y sommes parvenus cependant. J'ai profité de mon récent voyage à la côte pour réorganiser le travail et mettre tout le génie à la base, depuis Andévorante, avec mission de faire complètement une chaussée empierrée, qui sera poussée régulièrement et progressivement en avant, de manière que le point où aboutiront nos bourjanes de l'Émyrne se rapproche de plus en plus. Quant à la piste muletière, elle est en constante amélioration, quoi qu'on en dise, et, pour en décharger le génie, je l'ai remise entre les mains de nos commandants de cercles et de secteurs.

« Mais cette route est un gros travail qui nous a déjà ruiné plusieurs compagnies du génie et qui nous coûtera de nombreux travailleurs, surtout parmi les Chinois.

« Je comprends la nécessité de vous fournir des études sérieuses et définitives à ce sujet et on y travaille activement. Mais c'est une très grosse affaire que d'étudier ces tracés définitifs à travers des forêts vierges et des régions aussi tourmentées que celles qui constituent l'île. Malgré tout, j'espère, avec l'aide des études du commandant Roques, pouvoir vous envoyer prochainement un travail complet de la route.

« D'autre part, je dirige du monde sur Diego et Tamatave pour étudier les projets de phares, port, bassins de radoub, etc. Depuis ma récente tournée, mes idées se sont faites plus précises sur ces différentes questions. Madagascar est si grand, et il y a tout à faire...

« C'est justement au sujet de ces travaux que je voudrais vous entretenir spécialement par cette lettre.

« Je pense bien, ainsi que le dit M. Bricka, qu'un bon directeur de travaux publics serait ce qu'il nous faudrait en ce moment. Mais il faudrait alors un homme sérieux, à l'esprit large, apte à se servir de toutes les ressources locales et surtout ne devant pas se laisser décourager par les énormes difficultés que nous rencontrons tous ici et qui effraient tous les nouveaux arrivés. Témoin la lettre lamentable de ce pauvre M. Minault, qui a fait ici le plus déplorable effet et annonçait un état moral des plus médiocres. Qu'aurait-il dit s'il avait passé la saison des pluies dans la forêt, sans vivres, sans médicaments et en face des fahavalos?

« Il faut donc un homme très capable au point de vue technique, expérimenté, et solidement trempé au physique comme au moral. De plus, il faut qu'il ait, pour toutes ces études de travaux, des auxiliaires sérieux et instruits, ce que ne sont pas la majorité des conducteurs et ingénieurs coloniaux que nous avons ici. C'est pour cette raison que je crois qu'il vaut mieux, aux débuts de notre difficile colonie, nous en tenir au génie. Ce corps a des défauts, mais il est militaire. Il tombe malade et meurt sans se plaindre ; il est plein de dévouement et on l'envoie où on veut. Les travaux publics, dans nos colonies nouvelles, présentent des difficultés dont on n'a pas d'idée en France.

« Ce n'est que du jour où Lanessan et Rodier m'ont confié la direction d'ensemble (pas technique) du chemin de fer de Langson, que celui-ci, qui traînait depuis de si longues années, a pu se terminer. Moi et mes officiers, nous étions constamment sur les chantiers ; j'avais donné des soldats comme surveillants de travaux, je contrôlais et dirigeais les ateliers d'indigènes, etc. Il en sera de même ici. La future compagnie du chemin de fer court au-devant d'un fiasco complet, si elle ne prévoit d'avance les énormes difficultés qui l'attendent : insalubrité excessive vers les côtes, mortalité des travailleurs et du personnel, désertion des ouvriers, leur ravitaillement, dégâts de la saison des pluies, etc. Il faudra une main d'une énergie peu commune, autrement ce sera un nouveau Panama et l'insuccès ne tardera pas. Suivant moi, l'armée seule peut, à l'origine, entreprendre les travaux, parce qu'elle ne compte pas ses morts.

« Voilà donc la raison essentielle qui me fait, pour le moment, préférer le génie au personnel civil des travaux publics. Je crois du reste que Lavalette écrit dans le même sens à M. Bricka.

« Ceci posé, je vous dirai confidentiellement que le colonel de Labastide, qui est actuellement directeur du génie ici, n'est pas l'homme convenant à ces grosses fonctions techniques que je prévois pour lui : génie militaire, route, étude des projets pour phares, ports, etc. Il sort de l'ancien corps d'état-major et a toujours servi dans les états-majors. Il a évidemment d'autres qualités, mais il n'est pas sapeur de métier. Celui qui vient après lui, le commandant Rancillia, est plus technique, mais il a des idées étroites, qui le rendent absolument impropre à prendre la direction de nos travaux, direction qui, je le répète, est une très grosse affaire et exige un homme compétent et habitué aux colonies. Or, le commandant Roques, que vous connaissez, est cet homme-là. J'ai été étonné, en m'entretenant avec lui, du sérieux de ses connaissances au point de vue des travaux coloniaux. Il dirigerait l'ensemble des travaux, surtout notre travail de route, ayant sous ses ordres le commandant Strauss et s'aidant de ses travaux de la mission du chemin de fer ; il continuerait naturellement à diriger cette ou ces missions et, de plus, ferait préparer tous les projets de travaux : phares, ports, Diego, etc. Ce serait, suivant moi, la meilleure solution et la plus économique.

« Si vous pensez qu'elle puisse être adoptée et qu'il n'y ait pas d'inconvénient à la soumettre à la Guerre, je vous envoie, ci-inclus, une lettre officielle qui pourrait peut-être motiver le renvoi en France de MM. Labastide et Rancillia. Si vous croyez que cette solution présente des inconvénients, je vous serais reconnaissant de détruire cette lettre officielle, dont il ne serait plus question. Ici, le commandant Roques, que j'ai dû consulter, est seul au courant de cette affaire. Si la solution proposée par moi n'était pas acceptée, il y aurait évidemment inconvénient à ce que le colonel de Labastide fût informé de ce fait. Si c'était adopté, vous pourriez me câbler que ces deux emplois sont supprimés par mesure économique et que Roques est nommé directeur. Le seul désir de satisfaire aux desiderata du département me fait vous proposer cette solution.

« Le prochain courrier vous apportera mes rapports détaillés sur nos budgets. Le dépassement au budget militaire sera surtout occasionné par les transports. On ne pouvait prévoir cette augmentation du prix des bourjanes. Vous pouvez être certain que malgré les énormes difficultés de la tâche que j'ai ici, malgré l'épouvantable situation qui m'a été laissée, malgré la liquidation de l'expédition de 95, je n'ai cessé de porter mon attention sur cette question budgétaire. Mais on se trompe en France si l'on croit que c'est en quelques mois que l'on peut pacifier et franciser un pays aussi vaste et aussi pauvre que Madagascar. Du reste, comme je vous l'ai déjà dit, je reste ici par devoir et je hâte de tous mes efforts le moment où nous pourrons remettre la colonie à l'autorité civile. J'engagerais gravement ma responsabilité si je disais que ce moment est déjà arrivé.

« Nous voilà en contact avec les Sakalaves. Ils se défendent et ne peuvent croire que nous osions aller les troubler chez eux. Ils refusent de nous recevoir, de libérer leurs esclaves, etc. Je tâcherai que la poudre parle le moins possible, mais nous aurons des incidents qui, je le crois du moins, n'auront aucune répercussion sur la marche générale de nos affaires, qui continuent à avancer d'une manière normale.

« Les questions religieuses sont dans l'accalmie et je n'ai qu'à me louer de l'attitude des nouveaux protestants français, que je soutiens de tout mon pouvoir. En somme, je continue à soutenir tous les Français, surtout au point de vue de l'instruction, mais je mets obstacle aux empiétements des jésuites et aux progrès des missions anglaises qui seront toujours un grand mal ici.

« Je vous demanderai, en terminant, de bien vouloir faire décerner les palmes académiques au commandant Gérard, pour le soin avec lequel il s'occupe ici de nos écoles, qui font de si grands progrès. »

« Tananarive, le 26 novembre 1897.

« Monsieur le ministre,

« Voulez-vous me permettre, à l'occasion de la nouvelle année qui va s'ouvrir, de vous adresser mes vœux respectueux et les plus sincères. Je tiens aussi à vous exprimer toute ma gratitude pour votre constante bienveillance à mon égard et pour l'énergique et loyal appui que vous n'avez cessé de me donner pour l'administration de la grande île. Mon seul désir est de rentrer en France et de pouvoir vous dire : la mission que vous m'avez confiée est terminée.

« Comme vous le savez, elle est en bonne voie. J'en ai fini avec le centre, l'est et le nord de l'île. Il ne reste plus qu'à nous ouvrir et à organiser les vastes régions de l'ouest et du sud.

« J'espère que ce sera fait dans quatre ou cinq mois et qu'il me sera possible de vous demander alors à rentrer en France.

« Les dissentiments qui nous séparent d'avec les Sakalaves et qui proviennent surtout de l'hostilité des marchands indiens ne tarderont pas, je pense, à disparaître.

J'y mettrai, de mon côté, toute la patience nécessaire.

« Permettez-moi encore de vous féliciter du succès de votre heureux voyage au Sénégal. Combien nous aurions été satisfaits, militaires, fonctionnaires et colons, de vous voir venir constater ici, sur place, tous les résultats obtenus depuis deux ans ! »

« Tananarive, le 27 février 1898.

« Monsieur le ministre,

« Je vous suis profondément reconnaissant des marques si précieuses de sympathie et de bienveillance que vous voulez bien me donner. Elles sont un grand encouragement pour moi, car vous savez que je tiens, avant tout, à répondre à la grande confiance que vous n'avez cessé de me témoigner depuis dix-huit mois. Ma grande ambition serait, à mon retour en France, de pouvoir vous dire, à vous personnellement, que j'ai rempli, de tous points, et malgré les grosses difficultés que j'ai rencontrées, la mission que vous m'aviez confiée. J'avais pensé, un moment, que ma tâche essentielle, à savoir : la pacification de toute l'île, aurait pu être terminée au printemps, ce qui m'aurait permis de rentrer en France, où je suis impatiemment désiré par les miens. Mais, en agissant ainsi, je quitterais certainement l'île dans un moment encore critique par suite de notre mouvement définitif de pénétration dans l'ouest et le sud-ouest, et des sentiments d'inquiétude et d'indécision dans lesquels les Hovas sont entretenus encore par quelques familles de l'ancien parti de la reine et de Rainilairivony qui veulent leur faire croire que, moi parti, tout le système actuel tombera et que l'autorité reviendra aux anciens privilégiés.

« Quelques maladresses de nos magistrats, jaloux d'augmenter leurs prérogatives et de montrer aux indigènes leur indépendance du pouvoir administratif, ce qui trouble absolument les idées de nos nouveaux sujets, n'ont pas été étrangères à cette inquiétude que j'ai pu constater en Émyrne et à Tananarive. J'ai arrêté net le mouvement qui portait les Malgaches à réclamer le statut français et qui était encouragé en sous-main par nos hommes de loi, désireux de compter parmi leurs clients la nombreuse population hova. J'ai fait comprendre à M. Dubreuil que le côté politique primait tous les autres à Madagascar et que, pour pouvoir garder l'île avec le minimum de forces et de dépenses, il fallait aller très doucement et très prudemment. Dans toutes nos colonies, Soudan et Sénégal, Tonkin, Madagascar, la justice française a voulu aller trop vite et à elle incombe certainement une bonne part des résultats défavorables obtenus jusqu'à ce jour dans nos possessions de récente origine.

« Bref, je crois répondre à vos désirs en ne quittant Madagascar que lorsque je croirai pouvoir laisser derrière moi une situation entièrement favorable, au point de vue de la pacification particulièrement, et que je serai à même de vous rendre compte que la mission que vous m'avez confiée est remplie de tous points.

« Il ne s'agira plus alors que de maintenir et de perfectionner en s'inspirant bien des mœurs et des conditions locales. L'immobilisme et l'uniformité sont, suivant moi, les grands défauts de notre système colonial français. Par exemple, à Madagascar, le Hova policé, intelligent et avide de se hausser au niveau de l'Européen, qu'il jalouse d'ailleurs, ne peut être traité comme le sauvage Sakalave, qui n'a connu jusqu'à ce jour que le pillage et la chasse aux esclaves. De plus, ce qui convient aujourd'hui dans notre colonie peut ne plus être bon dans quelques années.

« J'espère que, après le long voyage que je vais entreprendre prochainement sur nos côtes, la situation se sera encore partout avantageusement modifiée et qu'il me sera possible alors de vous indiquer, d'une manière précise, à quelle date je pourrai rentrer en France et vous formuler mon opinion sur le choix de mon intérimaire ou de mon successeur, comme vous le jugerez bon. Ce dont vous pouvez être certain, c'est que je vous donnerai mon appréciation en toute franchise, non seulement sur l'état des choses à ce moment, mais aussi sur les moyens à employer, suivant moi, pour améliorer cet état à tous les points de vue : politique, économique et financier.

« Vous pouvez déjà penser, par la ligne de conduite que j'ai suivie jusqu'à ce jour, que je ne suis pas partisan des méthodes anciennes, surannées, coûteuses, qui déjà ne sont pas fameuses en France, ont eu les résultats les plus funestes dans nos anciennes colonies et ici nous voueraient immédiatement à l'impuissance, à la ruine et peut-être à une nouvelle insurrection.

« Je le vois en ce moment où, pour les réformes que je médite, j'ai pour adversaires le chef des services administratifs, le directeur d'artillerie, le directeur des finances, etc. C'est irrégulier, ce n'est pas conforme aux règlements, il faut donc rester dans l'ornière.

« Par exemple, en ce qui concerne l'alimentation des troupes, je vais, après la récolte, établir, pour nos postes isolés, le système de ravitaillement qui a donné de si bons résultats au Tonkin. Les distributions en nature sont remplacées par une allocation en argent. Avantages à tous les points de vue : nos soldats européens ou indigènes voient mieux ce qui leur est nécessaire, utilisent les ressources locales, sèment, cultivent pour se procurer la farine, le riz, les légumes, le vin même, qui leur sont nécessaires ; ils construisent des voitures, des pirogues, des routes pour faciliter leurs transports ; en un mot, ils font œuvre de colonisation et beaucoup de nos braves troupiers, comme j'ai pu le voir dans ma dernière tournée chez le colonel Lyautey, demandent à s'établir comme colons dans le pays, à faire venir leurs femmes, fiancées, etc. Au point de vue financier, c'est l'indécision et l'ignorance des prévisions budgétaires qui disparaissent, puisque nous savons exactement les sommes allouées (tant par homme présent) et que surtout les procès-verbaux de pertes de vivres, qui grèvent si lourdement notre chapitre des vivres, disparaissent puisqu'ils sont à la charge des postes, ayant eux-mêmes la responsabilité de leurs transports et de la conservation de leurs denrées. C'est déjà d'après le même principe que les masses de baraquements installés par moi ici ont permis à nos officiers de construire partout, avec la main-d'œuvre de leurs soldats et des indigènes, des maisons, des écoles, des ateliers, etc. Mais le service administratif est naturellement opposé à ces innovations, contraires aux règlements surannés sur la matière, parce qu'elles diminuent ses attributions. Cependant, le contrôle lui reste en entier. C'est pour cela que je demanderai si possible que le commissaire Bernard ne soit pas remplacé à son départ. Un commissaire adjoint me suffira pour diriger le service.

« Je ferai les mêmes observations en ce qui concerne la direction des finances. Nous n'en serions pas où nous en sommes si j'avais écouté leur chef à mon arrivée ici. Malgré sa grande intelligence, il était imbu de règlements financiers absolument inapplicables ici. Pas d'impôts, ou alors l'uniformité, et la recette en argent. J'en ai décidé autrement et arrêté que l'impôt varierait suivant les mœurs et les ressources locales, mais en donnant les instructions les plus formelles pour que l'établissement de l'impôt suive pas à pas la pacification et l'organisation.

« Voici, d'après ces principes, la province de Tuléar qui commence à se pacifier et l'administrateur qui établit un impôt payable en bœufs, riz et pois du Cap. M. Crayssac proteste et fait observer que ce n'est pas régulier, que la conservation de ces animaux ou denrées présente des difficultés, que la comptabilité de l'impôt sera difficile à tenir. Cependant il n'y a pas, dans le pays, de monnaie régulière et, de plus, les pois du Cap forment l'un des principaux articles d'exportation vers les Mascareignes. Il faut donc en encourager la culture. Plus tard, on verra.

« Le directeur des finances en verra bien d'autres si je suis maintenu ici. Il me verra me faire, pour le compte de la colonie, éleveur et marchand de bœufs, cultivateur et marchand de café, et, qui sait ! peut-être mineur ! Nos colons ne faisant pas grand'chose jusqu'à ce jour, je veux leur montrer la voie et je tiens surtout à me créer le plus de recettes possible. Je crois, comme pour la justice, que le service de la direction du contrôle et des finances a été créé trop prématurément ici, au moins avec son organisation actuelle. Il nous coûte déjà 100 000 francs, tend à s'accroître tous les jours et m'occasionne un grand surcroît de besogne, par ma correspondance avec lui, puisque je suis tenu de lui développer préalablement les raisons de toutes les mesures que je prends.

« De même, pour les douanes, nous n'aurions pas eu 3 millions et au delà de recettes en 1897, si je m'étais tenu au timide programme de l'inspection et si, au fur et à mesure de notre occupation, je n'avais installé partout, sur nos côtes, des postes de douanes tenus par des sous-officiers, des soldats même, quand nous n'avions pas de préposés sous la main. C'est ce que fait en ce moment le commandant du territoire sakalave.

« Le directeur du contrôle est utile, mais il ne doit pas

être une gêne et je suis bien certain que les gouverneurs anglais n'auraient pas obtenu les magnifiques résultats que nous voyons, par exemple au Natal ou dans l'Afrique du Sud, s'ils avaient été forcés d'appliquer servilement certains règlements financiers ou administratifs, sans tenir compte du pays et des gens.

« J'aurais voulu vous entretenir encore plus longuement de certaines autres questions, mais je suis pressé par le courrier qui va partir. Je vous demanderai donc de bien vouloir excuser la forme de cette lettre et me permettre par le prochain courrier, si je le juge nécessaire, de vous entretenir encore sur quelques-unes de mes opinions au sujet de la pacification et de la mise en valeur de Madagascar.

« J'ai lu, avec le plus grand intérêt, votre voyage au Sénégal et à Kayes, où vous avez pu vous rendre compte des efforts donnés et des résultats déjà obtenus. Vous avez pu constater qu'aucune entreprise sérieuse de colonisation n'y avait été encore commencée. Nos compatriotes sont décidément bien difficiles à mettre en mouvement. Je vous demanderai à ce sujet de vouloir bien examiner avec bienveillance notre nouveau contrat avec la compagnie Suberbie. Une forte compagnie seule peut arriver à quelques résultats dans ces vastes régions du Boéni et à la condition que, sous le contrôle de l'État, elle ait toute initiative, à tous les points de vue, pour son œuvre. Elle doit être maîtresse chez elle, avec toutes les libertés comme aussi toutes les responsabilités. »

FIN

TABLE DES MATIÈRES

PARIS

TYPOGRAPHIE PLON

8, rue Garancière

1928

A LA MÊME LIBRAIRIE

A Madagascar, par le docteur d'Anfreville de La Salle. Un volume in-16 avec 17 gravures et une carte.... 12 fr.

Une lourde tâche. Étude sur la politique coloniale, par Gabriel Bonvalot. Un volume in-16 avec 3 cartes.... 12 fr.

Propos d'un colonial, par le général Famin. Un volume in-16.... 12 fr.

Yalina. Idylle malgache, par Albert Garenne. In-16.... 12 fr.

La Forêt tragique. Roman, par Albert Garenne. In-16.... 12 fr.

La Captive mue. Roman, par Albert Garenne. In-16.... 12 fr.

La Croisière noire, par Georges-Marie Haardt et Louis Audouin-Dubreuil. In-8° écu avec 53 gravures hors texte et 2 cartes.... 15 fr.

L'édition originale a été tirée sur papier d'alfa avec 4 portraits à la sanguine gravés sur bois par Jacovleff.... 25 fr.

*Édition pour la jeunesse. In-8° écu avec 63 gravures hors texte, 2 cartes et 4 portraits de Jacovleff.... 15 fr.

Grande édition illustrée. Grand in-4° carré sur alfa orné de 21 bandeaux et 36 lettrines en deux couleurs, dessinés par Tcherkessoff, d'après des documents nègres, et illustré de 80 hors-texte.... 150 fr.

La France des cinq parties du monde, par Octave Homberg. In-16 avec une carte en dépliant à la fin du volume.... 12 fr.

*Édition illustrée. In-8° avec 37 gravures hors texte dont une en frontispice, 31 bandeaux et culs-de-lampe exécutés par Georges Tcherkessoff, d'après des documents anciens et une carte en dépliant.... 25 fr.

Expédition de Madagascar. Carnet de campagne du lieutenant-colonel Lentonnet, publié par H. Galli. Un volume in-16 avec des gravures d'après des photographies.... 12 fr.

(Couronné par l'Académie française, prix Montyon.)

Souvenirs de la côte d'Afrique. *Madagascar — Saint-Barnabé*, par le baron E. de Mandat-Grancey. Un volume in-16 avec dessins de Crafty et carte spéciale.... 12 fr.

L'Émigration française aux colonies, par Eugène Poiré. Un volume in-16.... 12 fr.

Cinq ans à la Légion étrangère, dix ans dans l'Infanterie de marine. Souvenirs de campagne. Algérie — Dahomey — Madagascar — Tonkin — Quang-Tchéou-Wan — Chine — Siam — Cochinchine, par le soldat Silbermann, décoré de la médaille militaire, médaillé du Dahomey, de Madagascar, du Tonkin et de la Chine. In-16 avec une lettre-préface de M. le général Galliéni, membre du Conseil supérieur de la guerre.... 12 fr.

(Couronné par l'Académie française, prix Montyon.)

Un programme de politique coloniale. *Les questions indigènes*, par Louis Vignon, professeur à l'École coloniale. Un volume in-8°.... 25 fr.

Les Commencements d'une conquête. L'Algérie de 1830 à 1840, par Camille Rousset, de l'Académie française. Deux volumes in-16 avec 4 cartes. 24 fr.

La Conquête de l'Algérie (1841-1857), par Camille Rousset, de l'Académie française. Deux volumes in-16 avec 3 cartes.... 24 fr.

PARIS. — TYPOGRAPHIE PLON, 8, RUE GARANCIÈRE. — 1928. 36307.

9 782329 081496